道德經으로 읽는 리더십

道德經으로 읽는 리더십

펴낸날 | 1판 1쇄 2015년 10월 5일

풀어쓴이 | 이경은

펴낸이 | 최검열

대표 | 박신준

펴낸곳 | 도서출판 밀알

출판등록 | 제1-158호

주소 | 서울시 서초구 강남대로 198 양재빌딩 2층

전화번호 | 02-529-0140   팩스번호 | 02-579-2312

http://www.milalbook.com

E-mail:hosangke@hanmail.net

ISBN 978-89-418-0291-4(93150)

이 책의 내용에 대한 무단 복제 및 전재를 금하며 저자와 도서출판 밀알의 허락 없이는 어떠한 방식으로든 2차적 저작물을 출판하거나 유포할 수 없습니다.
잘못된 책은 바꿔드립니다.

道德經

으로 읽는 리더십

풀어쓴이 李庚殷

목차

Ⅰ. 책머리에(Prologue) / 10

Ⅱ. 孔孟, 싯다르타, 예수, 老莊, 그리고 天符經:
추구하는 기본가치의 공통점 / 18

Ⅲ. 노자의 도덕경 / 28

※참조

| ★ | 지도방법 | ○ | 도(道) | ◎ | 지도자의 마음가짐 |

제1장 道는 궁극적 진리, 원리 및 과정을 뜻한다 ○ / 29
제2장 지도자는 솔선수범으로 가르쳐야 한다 ★ / 37
제3장 '참나(자율적 인간)'로 존재하기:
　　　마음은 비우고 배는 채워라 ★ / 44
제4장 날카로움이 무뎌지고 얽힘이 풀린다:
　　　텅 비어 있어 세상과 잘 어울린다(和光同塵) ★ / 52
제5장 하늘과 땅 사이는 풀무와 같다:천지의 중심을 지켜라 ◎ / 58
제6장 谷神(참나)은 죽지 않는다 ◎ / 64
제7장 하늘과 땅은 오래 견딘다:지도자는 無我로 자신을 높인다 ◎ / 70
제8장 가장 착함은 물과 같고 '도'에 가깝다 ◎ / 75

제9장 온화하고 절도 있는 지도자:공덕에 머물지 말라 ◎ / 79

제10장 명상과 호흡으로 초월적인 경지에 이르라 ◎ / 83

제11장 빈 공간의 위대한 작용 ◎ / 92

제12장 返照의 시간:

  도인은 오감과 욕망에 휘둘리지 말아야 한다 ★ / 96

제13장 성공:자기를 사랑하는 사람이 나라를 사랑할 수 있다

  -榮辱을 초월하라 ★ / 100

제14장 道의 순환과 복귀

  -도의 이치를 파악하여 일처리를 하라(道紀) ★ / 106

제15장 예민하고 신비한 통찰력을 지녀라(微妙玄通) ◎ ★ / 112

제16장 몸은 죽어도 영은 죽지 않는다. 致虛極 守靜督하라 ◎ / 118

제17장 산파(midwife)되기:최상의 정치는 無爲의 정치이다 ★ / 123

제18장 唯一神(참나, 大道)을 버려 어지러워진 사회 ◎ / 128

제19장 자기향상

  :도의 자리를 잡고 얼을 품어 少私寡欲하라 ◎ / 133

제20장 배움을 뛰어넘어 깨달아야 근심이 없어진다 ◎ / 139

제21장 도는 얼(靈)이요 '참나'이다 ◎ / 146

제22장 구부려라 온전해질 것이다.

  도인은 도무지 다투지 않는다 ◎ / 151

제23장 만물은 끊임없이 운동하고 종국에는 근원으로 복귀한다 / 157

제24장 자기분수를 지키고 스스로를 자랑하지 마라 / 163

제25장 道는 천지이전의 완전한 존재이며 자연을 본받는다

  (道法自然) / 167

제26장 무거움(重心)과 맑고 고요함(基礎)을 꽉 잡아라 / 172

제27장 스승을 공경하고 도반을 사랑하라. 사물을 꿰뚫어 보는
　　　　통찰력으로 밝게 살펴라(襲明하라. 이것이 要妙이다.) / 175

제28장 將帥, 治療師, 그리고 道:無爲自然으로 돌아감 / 179

제29장 밀어붙이기의 逆說:천하는 억지로 다스려지지 않는다 / 184

제30장 전쟁에 이기더라도 뽐내거나 방자하지 말라 / 189

제31장 가혹한 개입:무기는 상서롭지 못한 물건이다 / 193

제32장 국민들은 명령하지 않아도 스스로 제 질서를 찾는다 ◎ / 197

제33장 나의 모순과 장점을 아는 사람이 밝다 ◎ / 201

제34장 모든 것을 내포하는 普遍法則 / 206

제35장 '참나'를 마음으로 잡으면, 천하가 그에게로 갈 것이다 / 209

제36장 부드럽고 여린 마음이 곧고 센 걸 이긴다
　　　　(은미한 명지를 숨긴다는 微明之計) ★ / 212

제37장 道는 늘 하려는 것이 없되 늘 아니하는 것이 없다 ○ / 216

제38장 돈후소박(敦厚素朴)한 리더십이 가장 영향력이 강하다
　　　　★ ◎ / 221

제39장 謙下의 미덕을 항상 유지하라 ◎ / 226

제40장 명상을 통해 '참나'를 찾아라 ○ / 230

제41장 오직 道만이 힘을 빌려주고 목적을 이루도록 해준다 ○ / 234

제42장 道는 하나를 하나는 陰陽沖氣를 그리고 萬物을 낳는다 ○ / 239

제43장 가장 부드러운 것이 가장 견고한 곳을 침투한다
　　　　-無有入無間의 도리 / 243

제44장 만족할 줄 알고 그칠 줄 알아야 위태롭지 않다 ○ / 246

제45장 맑고 고요하면 천하를 바로 잡는다 ★ / 249

제46장 언제나 어디서나 늘 만족하라.

　　　이길 것은 아무것도 없다 ◎ / 253

제47장 여기에서 그리고 지금 천하를 꿰뚫어 알아야 한다 ◎ / 256

제48장 마음을 깨끗이 씻어내어 도를 直覺하라. ★ ◎ (直覺主義)

　　　관찰 대상과 하나가 되어 진리를 깨달아야 / 259

제49장 나타나는 모든 일에 마음의 문을 열어라.

　　　도인은 국민들의 마음을 자신의 마음으로 삼는다 ★ / 264

제50장 實存:삶과 죽음-攝生을 잘하라 ○ / 267

제51장 원리와 과정-도는 낳고 덕은 기른다 ○ / 272

제52장 밝고 영원한 것을 향하라(襲明) ○ / 276

제53장 권력을 이용하여 도적의 우두머리가 되지 말라 ★ / 280

제54장 사물을 있는 그대로 관찰하라 ★ / 283

제55장 진리가 아니면 일찍 그만두라 ★ / 287

제56장 아는 이라도 말로는 못한다:지도자의 원상 ★ / 291

제57장 올바름으로 나라를 다스려라 ◎ / 296

제58장 사태 전개과정을 살펴라-재앙과 축복이 내재해 있다 ◎ / 300

제59장 하늘 섬김과 사람 다스림:정신과 지식을 아끼고

　　　지혜를 적게 써라 ◎ ★ / 305

제60장 귀신도 성인도 사람을 해치지 못하게 하라

　　　(내치 및 종교정책의 원리) ◎ / 310

제61장 큰 나라든 작은 나라든 겸하해야

　　　관용을 상대방에게서 얻어낼 수 있다(외교의 원리) ◎ / 315

제62장 '道'는 구할 수 있고, 죄가 있어도 벗어날 수 있다 ○ / 319

제63장 조짐과 기미가 보일 때 성실하게 다루어라 ◎ / 323

제64장 끝마침을 처음과 같이 삼가면, 그르치는 일이 없다 ◎ / 328

제65장 교활한 잔꾀와 억지로는 국민을 더욱 빈곤하게 한다 ★ / 333

제66장 自謙과 不爭을 미덕으로 삼아라 ★ / 338

제67장 리더십의 자질 3: 慈愛, 儉約, 謙虛 ◎ / 342

제68장 사람을 부리는 진정한 힘 ◎ / 346

제69장 알기 쉽고 행하기 쉬운 도리

　　　-서러워하는 이가 이긴 것이다 ◎ / 350

제70장 베옷을 입고 구슬을 품어라 ★ / 353

제71장 모르면서 아는 체하는 것이 탈이다 ◎ / 356

제72장 영적자각:스스로를 알고 스스로를 아껴라-謙虛하라 ◎ / 360

제73장 국민을 위해주되 더불어 다투지 않아야 天道이다 ★ / 366

제74장 통치자는 폭력을 남용하여 백성을 진압하지 말라 ★ / 371

제75장 세금을 너무 많이 걷지 말라. 탐욕은 금물이다 ★ / 377

제76장 柔弱處上-산사람은 부드럽고 물렁하다 ○ / 382

제77장 天道는 높은 곳을 밀어내리고 낮은 곳을 끌어올린다 ○ / 385

제78장 부드러우나 강한 것(Soft and Strong):

　　　柔之勝强의 道理 ◎ / 390

제79장 天道無親-언제나 착한 사람 편에 선다 ◎ / 393

제80장 단순한 삶-행복한 삶:小國寡民과 創造産業 ◎ / 397

제81장 큰 公的인 것을 위해 私事로움을 추구한다

　　　-大公有私의 삶과 福祉國家의 건설 ◎ / 401

Ⅳ. Epilogue / 408

Ⅴ. 감사의 글 / 412

참고문헌 / 416

I. 책머리에(prologue)

미국에서 주로 사회과학철학을 배워, 정치행정 현상분석에만 몰두하고 이를 가르쳐 온 터에 동양의 고전을 접한 지 6년여 만에 그 내용을 요약하고 그 철학을 세상에 내놓는다. 일본을 거쳐 받아들이던 서구사상을 필자는 직접 수입할 결심으로, 주로 방법론을 공부하고 그 방법을 갖고 한국의 정치행정을 분석해 본 결과 미진한 것을 느꼈다. 60이 넘어서 주역공부를 하고 싶은 마음에 계속 미루다가 정년퇴직한 이후 시간이 많아 동양고전을 공부하기 시작하였다.

미국에서 방법론을 연구하는 과정에서 배운 바 있는 연구대상의 확대의 필요성은 밖으로는 우주까지, 그리고 안으로는 개인 심리에까지 확대해야 한다는 것이었다. 객관주의적 접근으로 현상을 분석하던 것에서 그 원상(原象)을 찾는 주관주의적 접근으로 지향한 것이다. 참여자관찰(participant observation)방법에서 관찰자와 관찰대상이 하나가 되는 경지를 찾아야 하는 이유를 발견한다. 추리분석에서 직관적 방법으로의 전이였다. 전자는 이성의 작용이요, 후자는 영성의 작용임을 확인하여 더욱 흥미를 느끼고 천착했다.

4대성인을 섭렵하여 인생의 날줄을 밝혀보고자 하였으며, 따라서 이들 간의 차이보다는 동일한 주장에 초점을 맞추게 되었다. 동서 고금에 회통(會通)해야 세계평화가 있을 것이라는 신념이 강화되었다. 더욱이 천부경(天符經)을 접하여 우리 선조의 정치철학과 종교가 있었음에, 오히려 우리나라 선조가 세계 인류의 지도자적 철학을 갖고 있었음을 알고 나서는 한국인임에 자부심을 갖게 되었다.

성경의 하나님, 석가모니의 부처님, 노장(老莊)의 도(道), 공맹(孔孟)의 천명(天命), 소크라테스와 플라톤의 이데아(Idea), 천부경에서의 환인(桓因)은 보이지 않고, 인간이 인식할 수 없는 것이나 현상계에 존재하는 만물의 원상(原象)이라는 결론에 도달하였다. 하나님은 모세에게 스스로를 "I Am that I am"이라 하셨으므로 일정한 이름이 없으신 분이다. 각 종교 간에 붙인 이름은 다르나 모두 하나를 지칭하고 있는 것이다. 그래서 도는 하나님의 명령이요, 사람의 본성이요, 만물의 원리로 나타나고 있는 것이다. 사람마다 사물의 원리를 통찰하고, 자신의 본성을 밝혀내어 도와 덕을 실천하며 모든 일을 의리에 맞게 다스리면 하나님(天, 唯一神)의 뜻과 하나가 되는 삶을 살 수 있는 것이다.

성인(聖人)들은 공히 텅 빈 마음자리, 무지(無智), 무심(無心), 무욕(無慾)의 자리, 사랑과 의로움, 예절과 슬기로움, 언행일치로 살기와 같은 신의 자리를 강조하셨다. 성인들은 동서고금을 회통하는 보편적 가치를 강조하신 것이다.

한마디로 요약하면, 이 보편적 가치는 우리 인간이 인간답게 살아가기 위해서는 마땅히 지켜야 할 본심(本心=良知, 良心)에서 발현된다. 인간의 본성 위에 자리 잡아 욕심을 조절할 수 있게 한 것이다. 생리적, 사회적, 심리적 욕구, 자아실현의 욕구를 충족시키되, 인의예지신(仁義禮智信)을 그 구성요인으로 한 양심에 어긋나지 않게 하라는 것이 본심(성령자리-참나)의 지상명령(至上命令)이다. 그 본심의 자리에서 인간은 하나님과 소통한다.

한편, 노자는 BC 5세기경에 도덕경의 5천여 글자로 이러한 뜻을 밝히고 있으므로, 이를 정치지도자와 성인의 바람직한 속성으로 이해하면 될 것이다. 흔히 오해하는 것처럼, 노자는 현실도피를 주장한 것이 아니다. 오히려 공익을 위하여 생사를 버리고 뛰어들어 열심히 할 것을 권고하는 것이다. 많은 일을 하되, 마음을 텅 비워 무심(無心)으로 사적이익을 추구하지 말고, 자기자랑 하지 말고, 대가를 바라지 말라는 것이다. 무지무욕 이무불위(無知無慾 而無不爲) 즉, 아는 것 없고 욕심 없으나 하지 못하는 것이 없는 것이다. 이것이 무위다. 본심에 좇아하는 것이 무위인 것이다. 어둠, 암흑, 무지(dark)는 빛, 성장잠재력, 장수의 잠재력을 내포한다. 노자는 장수를 선택한다. 그리하여 그는 암흑을 택한다. 도는 길, 여행길을 떠나다, 달의 얼굴, 머리, 초승달을 뜻한다. 노자는 "도는 하늘과 땅 사이에 있다. 그것은 하늘의 문이며, 텅 비어 있지만 무진장이다. 그것은 죽지 않는다"고 말한다.

그것은 차고 이지러진다. 멀리 있으며 가물가물하여 보일 듯 말듯 하다. 그것은 가득 채워지려고 하지 않는다. 그것은 눈을 멀게 하지 않는 빛이다. 30개의 바퀴살과 2개의 13일(可視的)의 국면을 갖고 있다. 그것은 활처럼 양끝을 실로 묶을 수 있다. 또는 풀무처럼 확장 또는 수축될 수 있다. 그것은 해에 비해 뒤에 나타나고 떠오른다. 그것은 커다란 형상, 숨겨진 불사체, 초승달의 혼이며, 암흑의 결합, 암흑의 자궁, 암흑을 넘어 암흑이다. 만일 이것이 달이 아니라면 무엇이란 말인가? 확실히 노자는 이러한 이미지를 갖고 있음을 도덕경 여러 군데에서 발견한다. 즉, 그는 도를 달에 연상시키고 있는 것이다. 태극도(太極圖)의 원은 변화의 순환을 표시하며, 음에 양의, 양에 음의 씨가 각각 처음부터 빛나는 판으로 잠재해 있다는 것을 나타낸다.

매월 우리는 달이 무(無)에서 자라서 별들을 뿌리고 우리 모두의 내면에 있는 조수(潮水)를 끌어당기는 것을 본다. 바다도 그것을 느끼며, 식물도 동물도 그리고 인간들도 그것을 느낀다. 비록 그것을 가장 잘 인식하는 것처럼 보이는 것은 여성들이지만 달이 자라기 시작할 때엔, 피와 숨이 파도치기 시작하고, 달이 만월이 되면 피와 호흡은 가득하고, 건(腱: 골격근의 양쪽 끝에 있고 뼈에 붙어 있는 부분, 아킬레스건 따위)과 근육이 가장 강한 상태로 된다. 반대로 달이 완전히 비면, 건과 근육은 가장 약해진다(皇帝內徑:8.26).

노자는 달의 어두운 측면에 주목하고 신월(新月)이 갖고 있는 거듭남의 약속을 닮아갈 것을 우리에게 요구하는 것이다. 반면에 왜 우리는 달보다 더 오래 살 수 없는가를 묻고 있다. 달은 불사체요, 달과 우리는 동일한 본성을 보유하지 않는가? 건강한 삶과 장수를 노래하는 것 이외에도, 정치 및 군사전략에 관한 논설로도, 또는 원시적인 과학적 자연주의(naturalism)에서 연역된 주역으로도 도덕경을 간주하기도 한다. 한편 도덕경은 수천만의 중국인들에게 정신적인 교본으로 영감을 계속 불어넣고 있다. 문인들 가운데 시인들은 도덕경을 한 시인의 말로 받아들이고, 그 시로 하여금 진실을 가르치도록 하고 있다. 도의 개념이 포착하기 어렵고 무명(無名)임에도 불구하고 노자는 덕을 통하여 그것에 접근할 수 있다고 일러준다.

덕은 '도덕적 성격의 의미'에서 뿐만 아니라, '행동할 수 있는 힘'의 의미로 쓰인다. 덕은 도의 나툼(manifestation)이다. 도는 덕이 함유하고 있는 것이다. 도 없이는 덕은 힘이 없다. 덕이 없이는 도는 외양(外樣)이 없다. 덕은 작용하고 있는 도이다. 덕은 도에 들어가는 문이요, 덕은 우리가 수련하는 것이다. 도는 형이상이요 덕은 형이하이다. 그러나 노자의 덕은 도덕적 규범(code)에 집착하는 덕이 아니라 도덕적 규범, 무아(無我), 무타(無他) 즉 무위를 함유한 유위행(有爲行: action)인 것이다.

도, 암흑(玄), 체(體), 정수(essence), 길 그리고 덕, 빛, 기능, 신, 공덕(virtue)은 도덕경이 번갈아 돌고 도는 두 개의 기둥이다. 기원의 용어로는, 도가 먼저 오고, 실천의 용어로는 덕이 앞선다. 검음(玄)은 빛에게 비출 장소를 제공한다. 빛은 우리가 현(玄)을 볼 수 있도록 허용한다. 그러나 너무 많은 빛은 눈을 멀게 한다. 노자는 빛을 추적하여 자신들의 파괴를 서두르는 사람들을 보았다. 빛 대신에 검음을, 더 많음보다는 더 적은 것을, 강함보다 유약함을, 유위행보다는 무위행을 선택할 것으로 그는 우리를 고무시키고 있다. 어느 것이 더 간단할까?

그러기에, 이 책은 자유민주시대인 현대에서는 국민 각자, 그리고 특히 미래세대의 지도자가 닦아야 할 수신서(修身書)라고 본다. 주권이 국민에게 있는 주권재민이요, 자유(自由)라는 것은 본래 스스로 말미암는다는 뜻에 충실하려면, 노자의 리더십론을 체득하여 천손(天孫)으로서의 인격함양에 힘을 쏟아야 할 것이다. 개인적인 차원에서도 마음을 자연이치에 맞게 스스로의 인생을 이끄는 주인공이 되길 바란다.

이 책을 세상에 내놓는 것은 전쟁터나 다름없는 한국정치, 그로써 나타나는 복수심과 적개심, 근시안적 당리당략을 지양하고 시대정신을 반영하는 큰 정치의 실현을 이 고전에서도 찾아보자는 일념에서다. 모름지기, 훌륭한 지도자는 시대정신을 읽어낼 줄 알고, 그 정신을 실현하려는 자세를 굳건히 해야 하기 때문이다. 부정부패, 집단이기주의로 인한 국가이익의 손실 등의 사회문제는 지도자와 국민의 양심 또는 영성회복으로 치유될 수 있는 문제이다. 중국의 공자와 맹자, 그리스의 소크라테스, 인도의 석가, 이스라엘의 예수 등은 그 시대의 큰 스승으로 생을 마쳤지만, 정치가 지향할 철학과 이상을 제시하셨고, 우리의 단군왕검은 3천 명의 도인을 이끌고 이 땅에서 환인 환웅의 정치철학인 홍익이념(弘益理念)을 펼치셨다.

정치가 도덕군자의 영역이 아니요, 오히려 마키아벨리적 권력투쟁의 영역이라고 단정하기 이전에, 도덕군자의 정치철학을 현실적으로 실현하는 정치가를 온 국민은 갈망하는 것이다. 이것이 시대의 요청이요, 현실정치의 판단기준이 되는 날 우리에게는 세계 인류의 지도국(指導國)이라는 밝은 미래가 도래할 것이다. 이 책이 리더십자질의 개발방법을 강조하는 이유이기도 하다.

요컨대, 이 책은 네 가지 주제를 다루고 있다.

1. 자연법(自然法), 또는 어떻게 사건이 발생하는가?
2. 하나의 생활방식 또는 어떻게 자연법과 의식적유위(意識的有爲)의 조화 속에서 살 수 있는가? 그리하여 장수할 수 있는가?
3. 리더십의 도 , 원리와 방법, 즉 자연법에 좇아서 다른 사람을 어

떻게 통할(統轄, governance) 또는 교육(敎育)시킬 수 있는가?
4. 한국이라는 공간에서 지금 살고 있는 우리 천손들이 짊어진 역사적 사명은 무엇이며, 어떻게 이 사명을 실천하여 인류문화발전에 기여할 것인가?

생각건대, 노자의 도덕경은 여러 분야에서 유용할 것으로 본다. 지도자가 되려는 자에게는 필수불가결의 필독서이다. 집단지도자, 심리치료사, 그리고 인문학 교육자를 위한 워크숍에서는 필수불가결의 교과서일 것이다. 더 나아가 인적 자원의 효과적인 관리에도 적용할 수 있을 것이다. 집단, 교회, 학교, 병원, 기업체, 군 조직, 특히 정치 또는 정부행정조직 내에서 국정관리 지도가가 되고 싶은 사람들에게 크게 가치를 부여할 것이다. 일독을 권하는 바이다. 비전 제시, 인적 물적 자원의 배치, 동기부여와 고무적 행동, 솔선수범의 역할수행에 있어서 지도자가 따라야 할 원리(사람의 지혜와 힘을 초월한 모든 것의 근본이 되는 진리인 도)를 자연의 순리에서 찾은 노자의 혜안에 경의를 표하는 바이다.

II. 孔孟, 싯다르타, 예수, 老莊, 그리고 天符經: 추구하는 기본가치의 공통점

데카르트(Descartes)가 "I think, therefore I am"이라고 한 다음부터 서양인들은 야만상태에서 깨어나 과학문명을 발전시켰다. 16세기경이었다. 그때까지는 동양의 과학이 서양을 앞섰으며 모든 문물이 서양을 능가하였다.

공자나 노자 같은 성인의 사상들이 다른 모든 학파의 견해를 제압하였다. 그런데 이들 공맹, 노장들도 경험주의적 방법을 주장했던 것이다. 싯다르타도 진리에 이르는 방법으로 경험적 방법에 의한 증명을 강조하였다. 그가 부처의 경지에까지 철리를 꿰뚫은 것은 허무맹랑한 가설적 이론의 발견이 아니라, 이미 우리 안에 갖추고 있는 것을 찾아내는 것이었다. 결국 그도 그 안에 있는 것을 밝혔을 뿐이었다. 그리하여 경험적으로 증명되지 않는 것은 이론으로 성립할 수 없다는 것을 바탕으로 깔고 있었다.

그렇다면, 데카르트 이후 서양의 과학이 동양보다 더 발달한 이유는 무엇인가? 그 원인은 많겠으나 한 가지 원인은 정치에서 찾아 볼 수 있다. 즉, 정치행정이 과학기술을 장려하지 못했기 때문이다. 동양에서도 주역은 음양의 원리를 철학적으로 발전시켜 우주운행의 기본으로 확립하였다. 원리는 먼저 알았으면서도 이를 실생활에 필요한 기계제작에까지 연결하지 못한 것이었다. 컴퓨터가 미국에서 만들어졌던 것이 그 좋은 예이다. 그 원인 중의 두 번째는 사회를 사농공상으로 구분하여, 공업에 종사하는 것을 타 직종보다 천대했던 것이었다. 다시 말하면, 원리나 이론은 동양에서 먼저 발견했지만 16세기 이후 서양인들은 실용주의를 주창하고 실천하여 과학문명의 발전에 앞장섰다. 산업혁명이 일어나고, 기계문명이 발달하고, 정치적으로는 식민지를 확장하여 세계지배를 하고 있었다.

그러나 서양의 인문학이나 그 철학의 깊이는 아직도 동양의 그것을 능가하지 못하고 있다. 또 그들은 왜 경제발전을 더 이상 하지 못하고 있을까? 아시아제국은 왜 발흥하고 서방국가들은 몰락하고 있는 것인가? 그 이유는 복지지출의 증대도 하나의 중요한 요인으로 작용하고 있는 것이다. 따지고 보면 서양의 근대화는 '인간'의 해방을 '개인'의 이성개발, 개인의 욕구 해방에서 시작한다. 동양의 인간학을 '신비주의'로 폄하하면서, 인간의 욕망을 해방시켰던 것이다. 서양은 이드(id)를 해방시킨 것이지, 인간이 갖고 있는 '신성'을 해방시킨 것이 아니다. 욕구의 충족을 위한 발전이었던 것이다. 서양에서의 인격신으로부터의 해방은 본능의 각성이지 자아의 각성 면은 희박하며, 진정한 자아의 각성은 동양에서 도(道)라는 표현으로서 수천 년 전에 이미 도달해 있었던 것이다. 르네상스의 자아의 각성이라는 것이 본능의 각성이요 해방이기 때문에, 그 후의 서양의 역사는 야만과 붕괴의 역사라고 할 수 있다. 오늘날 서양문명의 정신적 상황은 자아의 상실, 인간성의 상실, 주체성의 상실, 인간의 도구화, 기계와 조직의 지배라는 파탄으로 특징지어진다. 인간소외의 문화인 것이다.

그러므로 서양문명의 위기를 극복하는 유일한 길은 동양적인 인본주의, 동양의 도를 섭취하는 길밖에 없다. 기독교의 종교개혁을 주장하는 토인비, 멈포드 등은 자기이해(self-understanding), 자기검토, 자기기율(self-discipline), 자기제어(self-control)만이 서양의 작금의 위기극복의 길이라고 주장한다. 이는 바로 동양의 도, 동양적 인본주의의 정수이다. 사람이 곧 하늘이고 유·불·선이다. 인간은 신성을 가지고 있고, 이 신성을 가리는 것을 제거하면 성인, 부처, 진인(眞人)이 된다는 것을 주장하고 있다. 인격신을 주장하는 예수님도, 동양의 인본주의적 사고를 하였다는 분석도 많이 있다. 이에 성인, 부처, 진인, 하느님의 아들에 이어 오늘날 천부경의 가르침이 가장 오래된, 유일의 경전이요, 중국의 주역사상의 원조요, 세계종교의 원조라는 '유일신 사상'을 피력하고 있다. 중국의 동북공정에서 발견되는 많은 유물이 이를 증명하고 있는 것이다.

우리나라의 고조선시대 유물들이 많이 발견되는 것은 오히려 우리로서는 다행스러운 일이다. 민족의 주체성을 발견하고, 민족문화를 재창조하는 데에는 문화적 유물이 중차대함은 재론의 여지가 없다.

이제 서양의 지식인들도, 고전탐사에서 자신들 문화의 한계분석에 이르고 있다. 영혼개발을 주창한 소크라테스의 명제는 종국적으로 'Gnothi Seauton!, Know thyself'를 선언한 것이다. 아고라 광장에서 궤변학파들의 무지를 갈파하다가 형장에서 마지막 숨을 쉬는 것으로 천국행을 즐거이 택하고 그곳에 가서 철학을 계속하겠다며 지구상에서 사라졌다. 그러나 그는 아직도 철학의 아버지로 남아 후세에 지대한 영향을 끼치고 있는 것이다. 이제 철인들은 아테네 시민의 영혼의 질을 높이는 것을 자신의 소명으로 여겼던 소크라테스를 다시 찾아야만 한다. "I think, therefore I don't know", "I don't know, therefore I exist."

이제 신성을 다시 찾아야 문명의 파탄을 피할 수 있다. 아니 신성의 세상을 만들기 위해 한 단계 위로 오르는 필사적인 비약이 긴요하다. 인류발전의 마지막단계를 준비하고 이를 앞세워야 한다. 인간의 얄팍한 이성과 해방된 수성(獸性: id)의 결합에서 이성과 신성(참나, 슈퍼의식, 순수의식, 도, 붓다, Idea, 原象)의 결합으로, 즉 일심(一心)으로 발돋움하여 이 땅에 '하늘'에서와 같이 영광, 능력, 행복한 사회를 구축해야 한다. 하나님에게로 도약해야 한다. 그러기 위해서는 새로운 패러다임이 필요하다.

이 패러다임을 세울 민족은 이제까지는 못나니 거렁뱅이요, 갈보 취급을 받은 역사를 등에 지고 길에서 쓰러져 있다가 하느님의 섭리로 숨을 고르고 정신 차려 이제 좀 안정을 차린 한(韓) 배달민족이다. 우리야말로 세계사의 쓰레기통, 하수구였던, 세계 제국주의적 피해를 한 몸에 짊어지고 두 다리로 우뚝 선 것 아닌가? 새로운 역사를 만들라는 천명을 하나님께로부터 물려받을 자격이 우리에게 있는 것 아닌가? 그 수난의 역사를 청산하고 영광의 역사를 창조하라는 명령을 우리는 저버릴 수 없는 것이다. 기꺼이 애를 써서, 그리고 희망을 안고 인류사의 마지막 단계의 발전을 위해 나서자. 이 땅에 하늘의 영광이 있으라.

한민족의 조상으로부터 물려받은 천부경의 정신을 살펴보면, 첫째로 유일신사상이다. 명칭이 무엇이든지간에, 본래는 이름이 없었던 존재인 유일신(God!, I am that I am)인 분, **自本**, **自根**이신 분, 자유요, 자주요, 자재하신 분, 유일한 분, 무극에서 나온 하나(一) 뿐인 존재, 음양을 동시에 구비하신 분, 온 인류를 껴안으시는 분, 그분이 나의 엄마, 아빠이시다. 삼일신고에서는 온갖 지혜의 말씀으로 우리를 이끌어 주시는 분, 이 분이야 말로 모든 종교가 떠받들고 있는 분이시다. 각 종교가 무엇이라 하든 그분은 한 분 뿐이다. '하나'를 인간들이 자기 식으로 모시는 그분은 본래 하나이신 분이다. 그 자기 식으로 모시는 하나님(여호아, 알라, 붓다, 神)은 인간들의 마음에 비친, 그래서 제한적인 신이다. 소위 마야, 魔이다. 절대자로 둔갑을 한 상대적 존재이다. 투사된 존재이다. 그렇게도 금기시하는 우상숭배이다. 플라톤이 언급한 '동굴의 우상'을 숭배하는 것과 같다.

부처님의 지적처럼 속을 텅 비워 공적(空寂)한 마음이라야 만날 수 있는, 분석적인 이성이 멈추는 곳에서만이, 아무것도 모르겠다고 항복하는 마음자리에나 나타나는 신령한 존재이다. 공적한 마음은 영지(靈知)할 수 있다. 그러므로 불취외상 자심반조(不取外相 自心返照)하여야 견성할 수 있다. 견성하는 것은 1단계이고, 승단하기 위해서 계속 닦아야 한다. 인의예지신(仁義禮智信)을 증험할 때까지, 그리고 완성할 때까지……. 인격은 계속 자라는 것이다. 정진하라.

유일신의 관념으로부터 시작하여, 기독교의 바이블에서 주장하는 하느님, 공맹의 천명사상, 싯다르타의 부처, 노장의 도사상, 천부경의 하나(一)사상을 일이관지(一以貫之)하여 보는 것이 본서를 내는 첫째 이유이다.

둘째로, 앞의 공통점을 설파하고 그 당연한 귀결로서 현세에서의 사람이 지켜야 할 가치, 각기의 논리구조나 신앙체계의 상이성에도 불구하고, 그들이 주장하는 세속적 가치체계를 비교해 보면, 이들 성인들이 주창하는 가치가 동일하다는 것을 알 수 있다. 이를 살펴보고자 하는 것이 둘째 목적이다.

유교적 가치는 경(敬: 깨어 있음, 선입견과 편견이 없음), 인(仁: 남을 나처럼 느끼는 마음, 용서의 마음), 의(義: 양심에 어긋나는 행위를 부끄러워하고 미워하는 마음, 공정심), 예(禮: 양보하는 마음, 언행이 상대방에 무례하지 않음), 지(智: 실증에 입각한 결론인가, 선입견 없는 공정한 결론인가?), 신(信: 성실한 마음으로 믿음직하게 실천하는가?)에 있는 것이다. 유교에서 최상의 가치로 천명(天命)은 곧 성(性)을 들고 있는 것이다. 성령(性靈)이 유교가 받들어 모시는 분인 것이다.

불교적 가치군은 선정(禪定): 고요함, 보시(布施): 무욕, 자리이타, 지계(持戒): 청정함, 유혹을 물리침, 인욕(忍辱): 조화로움, 상대방을 받아드림, 정진(精進): 성실함. 지혜(智慧): 선택이 자명함이다. 그리고 최상의 가치는 '니르바나(nirvana)'이다. 니르바나를 만난 사람을 붓다(buddha)라고 하였다.

유교적 가치인 경(敬)은 불교적 가치인 선정(禪定)이며, 인(仁)은 보시(布施), 의(義)는 지계(持戒), 예(禮)는 인욕(忍辱), 지(智)는 지혜, 성(誠)은 정진이다. 불교의 니르바나가 유교의 성령의 경지인 것이다. 그리고 기독교적 가치는 사랑, 온유함, 의로움, 인욕, 욕심 없음, 청정함, 맹세하지 말 것 등 불교, 유교적인 것과 같다.

그리고 제일의 계명은 경천애인(敬天愛人)이다. 기독교에서는 하나(느)님이야말로 최상가치를 점령하신다. 유교의 천명과 성령이 불교의 붓다요 니르바나이며, 천명과 니르바나는 하나님이신 것이다. 절대자인 것이다.

도교적 가치(老子 67장): 자에(慈愛), 儉(단속함), 不敢爲天下先 감히 천하에 앞서려 하지 않음이다. 자애심(仁) 나눔의 정신(단속, 義), 겸양지심(禮), 보물 챙김(智), 전체의 조화로움(誠), 생명에 대한 사랑 등이다. 도교에서 최고의 가치는 道이다. 이 도는 기독교의 하나(느)님이다.

천부경은 우리 민족의 고유경전으로, 이미 4350년 전에 동이족의 정치철학과 수리철학으로 우주만물의 생성변화의 순환성을 밝힌 바, 중국의 주역보다 훨씬 앞선 것이다. 이에 의하면 7, 9, 5, 8, 6으로 표현되는 것은 각기 木, 火, 土(중앙), 金, 水의 오행원리, 춘하추동(春夏秋冬)의 자리, 각기 仁禮(中心)의지(義智)의 자리를 나타낸다. 그러므로 천부경에서 최고 가치는 하나(一) 요, 인간이 추구해야 할 가치로는 인의예지신이라고 할 수 있다. 여기의 중심자리는 태극(太極), 황극(皇極)이라 하며 만물을 운행하는 중심자리이다.

천부경에서 최상의 가치는 선교에서의 삼신(天地人)과 삼위일체로서 그 근원은 하나님 아버지, 즉 유일신이다. 우리는 이를 '참나'

로 통일하여 표현하고 있다. 즉, '참나'는 眞我요, 靈我요, 大我요, 太極이요 絕對요, 하나(一)요, 상대를 초월하는 唯一者요, 自本自根하는 존재요, 창조주와 피조물의 이분법을 초월하는 존재인 것이다. 神性을 본래 구족한 우리는 天孫이다. 天上天下唯我獨尊하는 존재인 것이다. 니르바나로서 常樂我淨인 존재이다. 天性을 이 지구상에서 실현하는 존재요 실현해야만 하는 존재인 것이다.

이상에서 살펴본 바와 같이, 모든 성인들이 가르친 최고의 가치는 궁극적인 진리(veritas)자체이다. 그 명칭이 다를 뿐, 실질적인 내용은 같다는 것을 확인하였다. 즉, 모든 성인들은 하나의 절대적 진리를 각기 다른 언어로 표현하고 있다. 종교적 다원주의라고나 할까? 그러나 천부경은 아예 유일신을 선포하고, 창조론과 진화론을 일축하고 유물론과 유심론을 초월하는 네트워크체제로서의 우주론을 펼친 것이다. 모든 종교가 이 하나의 뿌리에 근거하고 있으며 유교와 불교, 기독교와 도교는 모두 하나의 절대적 진리를 지적하고 있는 것이다. 이 하나의 진리를 '하나님'이라고 할 수 있다. 혼원일기(混元一氣)인 '하나'님이 우주만물이니 우주만물과 '하나'님은 둘이 아니다. 하나님은 특정 종교의 신도 아니고 섬겨야 할 대상도 아니다. 바로 우리 자신이며 우주만물 그 자체인 것이다. 하나님은 에너지 덩어리이다. 천상천하유아독존의 아(我)란 생명의 본체인 '참나(참 본성, 신성, 일심)'를 지칭하며, 예수 그리스도께서 '나를 따르라'고 하신 그 '나' 또한 절대유일의 '참나', 즉 유일신을 가리킨다. '작용은 하지만 흔적이 없고 공하지만 흔적이 없는 것도 아니니 진공묘유(眞空妙有)'라고 하여 본래의 자성(참 본성, 신성), 즉 유일신을 말하는 것과 같다. 즉 유일신은 천지인 삼신이며 우주만물이 하나라는 천부경의 가르침에서 비롯된다. 불교의 삼신불이나 기독교의 삼위일체, 천부경의 삼신일체와 같은 가르침인 것이다.

정치는 교육적이어야 한다. 지배통치만 할 것이 아니라, 국민을 교화(敎化)하고 풍교(風敎)를 일으켜야 한다. 그리고 교육은 또한 정치적이어야 한다. 교육은 반드시 나라를 어떻게 해 가나 그 정치를 가르쳐야 한다. 그런데 정치가 인생의 구경목적은 아니다. 종교적인데 가는 것이 목적이다. 정치는 필요하지만 중간적인 것밖에 못된다. 그러나 현실에 있어서는 정치를 모든 일에 관련짓지 않을 수 없다. 국민의 양심을 일깨우고, 역사적 사명을 짊어질 能, 智, 德을 다듬어내야 할 것이다. 인의예지신을 일깨우자. 황금률을 일깨우자. 역지사지를 가르치자. 하나님과 우리 조상 단군의 이념인 홍익인간 이념을 가르치자.

Ⅲ. 노자의 도덕경

※ 참조

★	지도방법
○	도(道)
◎	지도자의 마음가짐

제1장
道는 궁극적 진리, 원리 및 과정을 뜻한다 ○

도(道)는 궁극적 진리, 원리 및 방법을 뜻한다. 도는 원리, 방법 즉, 사물의 발생 원리와 작동방법을 뜻한다. 도는 모든 창조의 근본이 되는 유일한 원리이다. 도는 신이다. 도는 정의할 수 없는 것이다. 왜냐하면 도는 모든 것에 적용되기 때문이다. 그 자체의 용어로는 개념 정의할 순 없다. 만일 원리를 개념 정의할 수 있다면 그것은 도가 아니다. 도는 원리(原理)이다. 반면에, 창조는 하나의 과정이다. 원리와 과정(what and how)이 있을 뿐이다. 모든 창조는 도(道)에 순응하여 전개된다. 다른 방도가 없는 것이다.

 도는 정의될 수 없지만 알려질 수 있다. 방법은 몰입이다. 도는 무엇이 일어나고 있는지를 깨어서 알기이다. 무슨 일이 일어나고 있는지를 인식함으로써, 그것이 어떻게 발생했는지를 감 잡기 시작한다. 나는 도를 감지하기 시작한다. 무슨 일이 일어나고 있는지를 알기 위해서는, 나는 열린 마음으로 몰입해야 한다. 나의 개인적인 편견과 편의(偏見: prejudices, 偏倚: bias)를 옆으로 치워야 한다. 편견을 가진 사람들은 그 편견에 맞는 것만 본다. 몰입방법(沒入方法)은 효과적이다. 왜냐하면 원리와 과정은 분리할 수 없기 때문이다. 모든 과정은 근본적인 원리를 드러낸다. 이것은 내가 도를 알 수 있음을 뜻한다. 나는 신을 알 수 있다. 도를 앎으로써, 사물이 어떻게 발생하는가를 알 수 있는 것이다.

原文

道可道 非常道 名可名 非常名 無名 天地之始 有名 萬物之母 故 常無欲 以觀其妙 常有欲 以觀其徼 此兩者同 出而異名 同謂之玄 玄之又玄 衆妙之門

주

道: 노자의 형이상학에 있어서의 궁극의 존재, 모든 것의 根源(本體), 無名, 실체는 있어도 이름 붙일 수 없는 것. 개념이 없음. 有名: 이름 붙일 수 있는 것. 개념이 있음. 妙: 감추어져 있는 本質. 體: 도가 순환하는 현상계, 機能, 用. 此兩者: 무명 유명을 가리킴. 玄: 그윽하고 신비한 것. 아득하고 심오한 것. 그래서 神學공부를 玄學공부라고도 한다.

노자의 모든 철학이 이장에 실려 있다. 나머지 5000여 글자는 이 제일장을 근거로 펼쳐진다(德淸-明朝의 僧侶). 일반적으로 도는 도덕적 또는 정치적 예규이지만, 영원불변의 '道'는 이 세상에 정신을 수호하고 평화를 가져오고 빛을 발산한다. 비유컨대, 조개속의 진주요 바위속의 비취같이 안으로는 반짝 빛이 나지만 밖으로는 그 빛을 가려 어둡다(河上公). 노자시대엔 철학자들의 주요관심은 명칭과 실재(reality)의 상응성(correspondence)與否였다. 사물은 변하고 그 이름은 불변이다. 그러면 어떻게 명칭을 통하여 실재를 알 수 있을까? 無(非存在)는 天地의 처음, 有(存在)는 모든 사물의 어머니의 명칭을 뜻한다. 無限少에서 만물은 생겨나고, 무욕의 상태에서 우리는 사물의 시작점을 볼 수 있고, 有欲일 때 사물의 종착지를 볼 수 있다. 둘은 '처녀'와 '어머니'를 지칭한다(王弼). 무지무욕일 때 순진난만하고, 조용함, 惺惺寂寂한 상태는 非存在에 상응하고 유욕일 때는 움직임(movement)은 存在에 상응한다. 임시적으로는 서로 다르지만, 종국적으로는 같은 것이다. 양자는 캄캄한 곳에서 만난다(曹道沖-송대의 道敎修女).

● ● ●

해석

하나의 길이 된 그 길은 영원불변의 길이 아니다. 하나의 이름이 된 그 이름은 영원불변의 이름이 아니다. 無名(無極)이 天地의 시작점(體)이요, 有名(太極)은 모든 사물의 어머니(用, 機能)이다. 따라서 無知無欲일 때엔 우리는 그 시작점(妙-神秘)을 볼 수 있고, 우리가 욕망의 지배를 받을 때에는 그 끝(펼쳐짐)을 본다. 두 개의 서로 다른 이름들은 하나이며 동일한 것을 지칭하고 하나인 것을 우리는 검님(玄, 唯一者)이라고 한다. 그윽하고 심오하니, 모든 것의 시작점들에 이르는 문(門)이다.

해설

우리 인간 마음의 핵(nucleus)이 양심(본심)이다. 道心의 자리이다. 이 양심(본심)에 따라 사는 것이 무위의 삶이다. 동이족의 경영철학인 인의예지신(仁義禮智信)으로 사는 것이다. 우리가 일관되게 표현하는 '참나'가 바로 양(본)심이다. 하나님, 도, 신성, 불성, '一', '性'이 다 같은 것이다.

방법론적으로 살피면, 현상계는 우리 이성작용에 의한 분석적 추론의 방법에 의존하고, 그 추론의 궁극에 이르면 알 수 없는 영역에 도달하는 바, 이때에 우리의 靈性인 우리 내부의 하느님이 최종적인 판단으로 검증(verification) 또는 확인(confirmation)해준다. 즉, 앞의 단계에서는 개념과 사실간의 상응성-경험적 타당성, 논리적 일관성이 유지되어야 하며, 뒤의 단계에서는 앞의 개념과의 상응성을 직관적이며 체험적으로 판단해준다. 시비판단이 즉각적으로 이루어지는 것이다. 불교식 용어로는 개념+체험으로 증득했다고 한다. 이 판단의 명료성을 보장하기 위해서는 영성가능을 높여야 하는 바, 이에 동원된 방법은 명상이요, 4단분석을 통한 자성의 시간을 갖는 것이 도움이 된다.

평소 명상을 통해 이 '참나'를 만나고 확인 할 수 있다. '모른다!'는 마음과 '괜찮다!'는 마음으로 시공간을 모르는 마음, 생각과 감정 오감을 떠난 마음, 그냥 존재감을 갖는 것, 이분법적 관점이 없어지고 우주와 하나 되는 마음이 나타난다. 그러면 원래의 강하고 참된 마음이 나타난다. 커다란 힘이 나타난다. 이 마음의 5가지 결이 인의예지신(仁義禮智信)이며, 이를 밝히는 것이 大學에서 가르치는 바, 명명덕, 친민, 지어지선이다. 이 참된 법력은 3주일간을 지속하기 힘들다. 그러므로 수행을 지속적으로 해야 한다. 핵심을 잃지 말라. 양심을 견지하라. 매일 자기반성의 시간을 가져라. 공자님처럼 하루에 3번 이상 인의예지에 어긋나는 말과 행동이 없었나를 반성하라.

道라고 이름붙인 것은 영원한 도가 아니다. 왜? 이름 붙이는 것은 나와 남을 구별하는 상대세계에서 붙이고 부르는 것이기 때문이다. 절대세계에서는 시공이 없고, 나남이 없고, 이곳에서의 도는 못하는 것이 없다. 도와 하나가 되면, 그대로 무위불위(불치)가 된다. 이렇게 되면 신이다. 고로 무위의 힘, 즉 '참나'의 힘으로만 영성기능을 높일 수 있다.

한 나라의 대통령의 영성이 높아야 국민이 편하다. 자율적인 사람이 도인이다. 민주제도라 해도 지도자가 영성이 높아야 국민의 돈을 불려줄 수도 있고, 남의 모범이 될 수도 있다. 자기욕심만 챙기고 자기를 내세우는 지도자는 사이비 지도자이다.

자신의 욕심을 텅 비워서 국민들의 마음이 곧 자신의 마음이 되는 지도자만이 국민들을 스스로 무위자연으로 살게 해준다. 무욕(無慾)으로, 지족(知足)으로 도와 하나가 되면 세상이 음양으로 돌아가는 것이 다 보인다. 간단히 모른다하면 4단에 맞는, 인의예지에 맞는 결정을 할 수 있다. 국민과 神靈으로 상호연결되어 있음을 직시하라. 개체로서의 '나'는 전체로서의 국민의 마음과 격리되어 있는 고독한 존재가 아니다.

노자는 현실 도피를 주장하는 것이 아니다. 오히려 만물의 시작점인 도를 추구한 철학, 만물의 근원인 唯一者를 찾아, 상대에서 절대를 보아 절대에서 상대가 나왔음을 알고 있으므로 현실을 초월하여, 상대에 살면서 절대와 하나가 되기 때문에 도에서 살고 도에서 끝나는 삶을 산다. 도는 玄妙하고 玄妙하다. 그윽하고 심오하다. 장자(莊子)는 천지(天地편)에서, 현주(玄珠)를 찾은 놈은 상망(象罔)이라는 사람이라고 한다. 많이 아는 지인(知人)이 아니고 눈 밝은 이주(離朱)도 아니고, 말 잘 하는 끽후(喫詬)도 아닌 형상이 없는 놈, 즉 형상이 없는 상망(象罔)이었다. 도를 찾은 것이다(無心=象罔). 즉 도는 무심으로만 찾을 수 있다는 말이다.

禪불교는 老莊철학에서 나왔다. 그냥 모른다 하라. 그게 곧 바로 도에 들어가는 지름길이다. 무위의 세계는 모르는 마음이다. 아는 마음으로는 안 된다. 귀(耳)가 아니라 마음으로, 아니 마음으로도 듣지 말라. 텅 빈 자리로 들어라. 허정(텅 빈 마음과 고요한 마음(치허극 수정독)을 즐겨라(16장), 정성(精誠)을 다 하여 신뢰(信賴)

를 얻어라. 왕자의 자식은 스스로 깨어나도록 한다. 무위자연대로 살아가되 걸리면, 내려놓고 그냥 '모른다!'하고 선정에 들어라. 새로운 정치를 연구하여 하려는 것이 進步(progressive)이며, 기존의 방식대로 정치하자는 것이 保守(conservative)이다. 사안마다 진보와 보수가 다르다. 그러므로 상황을 봐야 한다. 우리를 통해서 우주의 원리가 표현되도록 하라. 나를 통하여 性靈이 드러나도록 하라. 노자는 내성외왕(內聖外王)을 주장했다. 불교에서 부처와 전륜성왕(轉輪聖王)을 동일시하는 것과 맥을 같이 한다.

이는 국민주권을 처음 주장한 루소(J. J. Rousseau)의 양심복종론(良心服從論)과 같다. 국민은 군주에 복종하는 것이 아니고, 자기 양심에 복종하는 것이다. 대한민국 임시정부의 삼강령(三綱領)은 홍익인간의 정신을 구체화하고 있다.

요컨대, 도는 현대문명의 위기를 극복하고, 인간의 비인간화, 자기상실을 극복하는 치료제로써 지대한 의의를 찾을 수 있다. 왜냐하면 도는 주체성이요, 자각(自覺)이며 자기지배(自己支配)요, 내적지배(內的支配)인 동시에 최고의 성숙이요, 자유(自由)이고 자율(自律)이며 건설적인 힘이기 때문이다. 노자의 도는 예수의 얼(spirit), 석가의 법(Dharma), 중용(中庸)의 성(性)과 같은 '참나(眞我)이다. '참나'야말로 시간, 공간, 인간을 초월하여 영원, 무한, 신령한 생명이다. '참나'가 내 몸속에 있으므로 거룩한 생각이 솟아오르기도 하고 진리도 생각하는 것이다. 無極은 상대세계가 없는 절대허공이요, 상대세계를 내포한 절대허공이 太極이다. 무극과 태극을 함께 이르면 검님, 곧 하느님이시다.

제2장
지도자는 솔선수범으로 가르쳐야 한다 ★

모든 행위는 상극 또는 양극성을 내포한다. 어느 것이라도 더욱더 많이, 반복해서 행할 경우 그 양극성이 드러날 것이다. 예컨대, 아름답게 꾸미려는 노력으로 한 사람을 추하게 만들며 지나치게 친절하고자 하는 것은 이기성의 한 형태이다. 지나치게 결정적인 행태는 그 반대를 자아낸다.

생(삶)에 대한 고정관념은 죽음에 대한 두려움(공포)을 암시한다. 진정으로 단순하기란 쉽지 않다. 우리가 만난 지 오래 되었는가 또는 얼마 되지 않았는가? 허풍쟁이는 아마도 왜소함과 불안정한 감정을 가졌을 것이다. 첫째가 되고자 하는 사람은 꼴찌로 되어 버린다. 현명한 지도자는 어떻게 양극성이 작동하는지를 알기 때문에 사건이 발생하게끔 밀어붙이지 않고, 과정자체가 스스로 전개되도록 놔둔다. 지도자는 마땅히 해야 할 일을 타인에게 강설하기보다는 솔선수범으로 가르친다. 지도자는 끊임없이 반복적으로 개입하는 것은 집단과정을 저해할 것이라는 것을 잘 알고 있다. 지도자는 일정한 방식으로 일이 처리될 것을 고집하지 않는다. 현명한 지도자는 많은 돈 또는 칭찬을 추구하지 않는다. 그럼에도 불구하고 둘 다 충분히 갖게 된다.

原文

天下皆知美之爲美 斯惡已 皆知善之爲善 斯不善已 故有無相生 難易相成 長短相較 高下相傾 音聲相和 前後相隨 是以聖人處 無爲之事 行不言之敎 萬物作焉而不辭 生而不有 爲而不恃 功 成而弗居 夫唯弗居 是以不去

주

우리가 아름답다거나 추하다고 말하는 것은 우리들의 감정(feelings)에 의존한다. 감정이 아름답다거나 추하다고 하기 이전에는 필연적으로 아름답다거나 추한 것은 아무것도 없다. 그러나 감정들은 서로 다를지라도 이들 감정은 모두 우리의 본성(nature)에서 나오며, 우리는 똑같은 본성을 갖고 있다. 그러므로 도인들은 자신들의 감정을 변형시켜서 자신들의 본성으로 복귀함으로써 또 다시 하나(一)가 된다. 현상계에서의 高下, 先後, 有無, 難易, 長短, 善惡 등은 시공에 의존한다. 그러므로 영원하지 않다. 그러나 도인은 영원한(不朽) 도에 좇아서 행동하기 때문에, 애쓰지 않고도 행동하며 말없이 가르친다. 美醜나 善惡은 그들의 마음에 침투하지 못한다. 다만 사물의 자연스러운 순환유형(生長收藏)을 따를 뿐이다. 이것이 도인들의 질서이다. 도인들은 또한 이기심이 없으므로 자신들을 잃지 않는다. 자신들을 잃지 않으므로, 딴 사람들도 잃지 않는다. 노자는 신비하고도 자명한 것만을 명확히 밝히고 있다. 고로, 도를 얻는 데에나, 나라의 질서를 잡는 데에, 그리고 **修身**에도 도움이 된다. 도를 실천하는 사람들은 구별하던 것을 그치고, 이름과 모양에서도 탈피하고, 자신들을 도와 덕을 위한 집으로 삼는다.

• • •

> 해석

세상 사람들은 모두 아름다움을 알고 있다. 그러나 그것이 아름다운 것이 되면 이것은 추한 것이 된다. 사람들은 모두 선한 것을 알고 있다. 그러나 그것이 선한 것이 되면 이것은 악한 것이 된다. **有無**는 서로 낳고, **難易**는 서로를 이루며, **長短**은 서로 모양을 갖추고, **高下**는 서로 기울며, **音聲**은 서로 어울리고, **先後**는 서로 따른다. 그러므로 성인들은 '**無爲**의 일'에 머물며 '무언의 가르침'을 베푼다. 만물을 진작시키지도 않고 만물에 의존하지도 않으며, 만물이 이루어졌을 때에도 내가 그렇게 했다고 자랑하지 않고, 만물을 모두 낳고도 내 것으로 소유하려 하지 않으며, 만물을 위하되 나만 믿으라고 하지 않고, 만물을 위해 큰 공덕을 세우고도 '내 공덕'으로 삼지 않는다. 오직 그 공덕을 자신의 것으로 주장하지 않으니, 그 공덕이 사라지지 않는다.

> 해설

도는 음(−), 양(+)의 이원성을 초월한다. 그러므로 도에 입각한 지도자는 상황을 살펴서 음, 양을 선택적으로 구사한다. 평소에는 무위에 처하고 솔선수범으로 가르친다. 사랑할 때 봄처럼 부드럽고, 의로울 때는 서늘하고 냉엄(가을처럼)하다. 절대계인 도는 상(常) 즉, 무한의 究竟原理이고, 현상계에서는 상대적인 현상이 전개된다. 도에 입각한 리더십은 현실을 객관적으로 관찰하고 이에 대응하여야 한다. 그 관찰방법은 직관(intuition)으로 직입하는 것이다.

도인으로 사는 지도자는 솔선수범한다. 즉, 지도자는 무위의 덕에 머물러 침묵으로 가르친다(處無爲之事 行不言之敎). 무위는 오온(色受想行識) 즉, 자신의 감정, 생각, 의식 등에 대한 집착 또는 동일시하는 것을 버리고 자연의 도와 하나가 되어 우주만물이 양과 음의 운동을 한다는 것을 철저히 알고 있다. 자연현상과 인간의 심리현상이 이와 같이 우주만물의 음, 양 운동법칙에 순응한다. 즉, 도의 입장에서 음양의 양극현상(相生相剋)을 알아차리고 이에 좇아 대응한다. 그리하여 상대적인 것(高下, 有無, 善惡, 難易, 長短, 音聲, 前後)의 순환반복을 철저히 인식한다. 현상계의 이러한 상대성을 간파한 도인(지도자)은 무위의 입장에서(道樞의 자리에서), 전체 이익의 관점에서 선악을 판단한다. 결코 이기심(利己心)의 발로로 판단하지 않는다. 사태를 있는 그대로 관찰한다. 고로 그 마음은 청정하고 사심이 없다. 대응은 자연의 이치대로 돌아가도록 놔둔다. 개입을 많이 하지 않는다. 사태의 자연적인 진행과 정대로 놔둔다. 그러므로 지도자는 함이 없고 말이 없이 가르친다.

공자님도 "하늘이 무슨 말을 하더냐? 4계절이 베풀어짐에 만물이(生 長 收 藏으로) 살아간다. 하늘이 무슨 말을 하더냐? 침묵의 가르침, 소리도 냄새도 없는 하느님의 주재하심, 하늘은 4계절을 성실히 펼치심에 만물에게 자연의 길을 가르치며, 성인은 四端(仁義禮智)을 성실히 펼침에 인간에게 인간의 길(人道)을 가르치신다"고 하였다. 그리하여, 지도자는 만물을 진작시키고도 '내'가 했다고 자랑하지 않고, 만물을 낳아주고도 '내' 것으로 소유하려고 하지 않으며, 만물을 위하되 '나'만 믿으라고 하지 않고 만물을 위해 큰 공덕을 세우고도 '내 공덕'으로 삼지 않는다. 오직 그 공덕을 자기의 것으로 삼지 않기에 그 공덕이 사라지지 않는다.

석가모니도 금강경에서 같은 취지의 가르침을 주고 있다. 즉, 무릇 모든 상이 허망한 것이니 만일 모든 상이 그 상이 아님을 보면(알면) 곧바로 여래를 보는 것이다. 즉 무지무욕으로, 텅 빈 마음과 순수한 마음으로 보면 여래를 본다는 뜻이다. 보통은 개인 업에 따라 편견을 깔고 이 편견을 투사(投射 projection)하여 '자기 마음을 자기가 보는 것'이지만 그 보는 마음이 텅 비어 있어 청정심(淸淨心)으로 사물을 있는 그대로 비추어 짐을 보는 것이니, 이것을 여래(如來)를 보는 것이라고 한다. 또한, 금강경(莊嚴淨土分)에서는 "형상에 머무름이 없는 자리에 응하여 그 마음(형상)을 내어라"라고 설파하고 있다. 즉, 형상에 머무름이 없는 자리에 응하여 청정심으로 보시를 행하라는 말이다! 만약 보살이 형상에 머무르지 않는 보시를 행하면 그 복덕이 헤아릴 수 없을 것이다. 바라는 것(돈, 또는 명예)없이 청정심으로 보시하라. 그러면 부처님으로부터 그 복덕을 무량으로 받는다. 너는 구제할 때에 너의 오른손이 하는 것을 왼손이 모르도록 하여 네 구제함을 은밀하게 하라. 은밀한 중에 보시는 너의 아버지께서 갚으시리라. 바리세인이 천당 가기위해 드러내어 계율을 지키는 것을 경계하신 예수님의 말씀과 맥을 같이 한다.

 요약하면, 성인은 善惡, 有無, 難易, 長短, 高低, 音聲의 이분법적 마음에서 벗어나 무위의 일에 머물며 '침묵의 가르침'을 베푼다. 현상계의 이분법적 갈림에서 초월하여 절대계의 자리에서 도를 역행(力行)한다. 도인은 천지자연의 이치에 따를 뿐이다. 그러므로 지도자는 모든 국민을 진작시키고도 자랑하지 않고, 국민 모두를 생육시키면서도 소유하지 않고, 국민을 위하면서도 당연히 본인이 해야 할 것을 한 것으로 여기는 것이다. 봉사한 것에서 충족감을 얻는 것이다. 道(하나님, 佛性, 聖靈, 참나, 大我)의 공(功)으로 돌린다. 결코 小我(ego)의 공덕이 아닌 것이다. 하늘에 공을 쌓는다는 경지인 것이다. 국민의 공으로 돌린다. 한울님께 그 공을 바친다. 노자의 도는 선(善)이요 미(美)이다. 神靈(spirit)이요 진(眞)이다. 주관적으로 보면 얼(spirit)이요, 객관적으로 보면 참(眞)이다. 얼과 참은 둘이 아니다.

인류는 眞善美를 추구하게 된 것을 기점으로 원숭이시대와 인간시대로 구분된다. 노자(570~479 BC)가 처음으로 진선미를 말한 이라고 할 수 있다. 소크라테스(469?~399 BC)보다 앞선 사람이기 때문이다. 상대세계를 초월한 하느님이야말로 진선미하시다는 것을 처음으로 밝혔다. 절대세계에 계신 하느님만이 진선미하시다. '참나'로 거듭나야 지도자라 할 수 있다. 짐승의 성질인 貪瞋痴를 저지르지 않고, 말없이 가르친다. '참나'를 깨달으면 사상(四相)인 小我를 여읜다. '참나'가 하느님이다. 이것을 아는 것이 깨달음이다. 탐진치로 죽고 진선미로 거듭남이 '참나'를 깨달음이다. '참나'는 우리 마음의 핵이다. '참나'는 '道心'이요 우리의 본심은 본성이다. 우리의 靈性이다.

제3장
'참나(자율적 인간)'로 존재하기: 마음은 비우고 배는 채워라 ★

도인은 무지무욕의 상태, 즉 재물과 욕정에 대한 집착을 뿌리치는 솔선수범을 보인다. 재물과 명예에 눈이 팔린 소위 '스스로 잘났다고 하는 자'들이 국민의 욕망만을 다스리려는 자가당착을 범하는 것이 통치의 실상임을 직시하여 이를 경계한다. 슬기로운 지도자는 등급을 매기지 않는다. 성공과 실패의 분위기를 조성할 터이기 때문이다. 경쟁과 질투가 뒤따르기 때문이다. 외양(appearances)을 강조하면, 사람들이 좋게 보이려고 다툰다. 물질적인 성공을 강조하는 것도 이와 같다. 즉, 많이 가진 자들은 탐욕스러워지며 가진 것이 없는 사람들은 도적이 된다.

슬기로운 지도자는 모든 행태에 관심을 보인다. 그리하면 추종자 집단은 모든 가능한 행태의 가능성에 개방적이게 되고, 사람들은 스승을 기쁘게 하는 것만 생각하는 것이 아니라 모든 것에 개방적일 때에 많은 것을 배우게 된다.

지도자는 형식이 내용의 대용물이 아님을 보여준다. 지도자는 몇 개의 사실을 아는 것보다 단순한 지혜가 더 강력하다는 것을, 마음의 중심에서 나오는 행동이 특정의 인상을 연출하는 것보다 영향력이 있음을, 침묵과 존재감에서 마음의 화평과 효과적인 행동이 나오는 것을, 현실적이고 실용적인(down-to-earth) 사람이 바쁘기만 한 사람보다 효과적인 것을 알고 실천한다.

原文

不尙賢 使民不爭 不貴難得之貨 使民不爲盜 不見可欲 使民心不亂 是以聖人之治 虛其心 實其腹 弱其志 强其骨 常使民無知無欲 使夫知者不敢爲也 爲無爲 則無不治

주

尙: 숭상하다, 존중하다. 可欲: 욕망을 자극하는 것. 爲無爲: 국민들을 규제하고 간섭하는 일을 될 수 있는 한 피하는 것을 뜻한다. 백성들의 자율성을 존중하는 것이고, 그렇기에 불간섭주의의 정치를 선호한다. 민주적인 통치방식이다. 虛其心: 추론(리)(reasoning)과 迷妄 幻相(delusion)의 마음을 비우기. 實其腹: 충성심(loyalty)과 정직성(honesty)으로 배를 채워라. 弱其志: 겸허와 순종으로 뜻을 약화시킨다. 强其骨: 이미 안에 갖고 있는 것으로 뼈를 강화시킨다. 뼈는 문제를 일으킬 줄 모른다. 혼란을 야기시키는 것은 의지이다. 마음을 비우면, 의지가 약화된다. 허심은 분별하지 않는다. 實其腹되면, 욕망(desire)이 없다. 뼈가 강하면 홀로

설 수 있으며, 외부 힘에 좌지우지 안 된다. 마음은 알고 선택한다. 배는 알지 못하고 다만 가득 채우고만 있다. 의지는 원하고 움직인다. 뼈는 알지 못하고 그냥 그곳에 서 있다. 성인들은 아는 것을 비우고 모르는 것으로 채운다. 바라는 것을 약화시키고 원하지 않는 것을 강화한다. 無爲: 오온(色受想行識)과 同一視하는 것 또는 집착하는 것을 그치는 것이 무위이다. 생각, 감정, 충동, 의식 등에 달라붙지 않고, 마음을 청정하게 두는 상태에서 행동하는 것이 爲無爲이다. 도인은 마음을 비우고 숨을 조용히 가라앉힌다. 실체에 집중하고 영성을 강화시킨다. 이 장은 도인이 修心하는 방법을 보여주고 있다.

• • •

해석

도인(道人)의 리더십은 소위 '현명하다는 사람'을 숭상하지 않아서, 국민들이 다투지 못하도록 할 것이다. 얻기 어려운 재화를 귀히 여기지 않아서 국민들이 도둑질하지 못 하도록 할 것이다. 그리고 욕심낼만한 것을 보지 못하게 하여 국민의 마음이 어지럽지 않도록 해야 한다. 즉, 사회적으로 인정받고자 하는 욕구, 희소자원에 대한 욕구, 견물생심의 욕구를 봉쇄해야 한다. 즉, 지도자는 솔선수범으로 자신과 국민이 도에 근접하도록, 도와 하나 되도록 노력할 것이다.

이 때문에 도인의 리더십은 그 마음을 텅 비게 하고 그 배를 채워주며, 그 뜻을 약하게 하고 그 뼈를 강하게 한다. 항상 국민으로 하여금 아는 것이 없게 하고 욕심도 없게 하며, 안다고 하는 자들이 감히 함부로 행동하지 못하도록 막아야 한다. 이렇게 무위로 다스릴 수 있다면 다스리지 못할 것이 없을 것이다.

해설

도인은 무지무욕(無知無欲)의 자리는 모르는 자리로서 생각과 감정, 오욕이전의 마음자리, 父母未生 이전 본래면목의 마음자리, 텅 비어 있으면서 온 우주에 가득 차 있는 마음 , '참나', 성령(holy spirit), 일심(一心), 슈퍼의식으로 국민을 통괄(統括, 국정관리, governance)한다. 명상과 단전호흡으로 정기신(精氣神)이 충만하도록 권고한다. 弱其志 强其骨 虛其心 實其腹해야 한다는 것이다. 하느님 자리에 직입하면, 허기심 실기복은 저절로 된다. 배를 무엇으로 채우나? 정기신을 충전시켜야 한다는 말이다. 우리의 영적 에너지를 단전에 쌓아 영적인 육체를 만들라는 말이다. 우리 선조의 가르침인 〈龍虎秘訣〉에 의한 단학수련법이 중국에 넘어가 중국 도가의 수련법이 되었으니, 노자도 이 수련법을 수행한 것 같다. 그 알 수 없는 곳에 그칠 줄 아는 것이 지극한 것이니, 만약 이 경지에 나아가지 않는다면 천균(天鈞-자연의 조화)이 무너지는 것이다. 천균은 만물은 하나라고 하는 자연의 법칙, 이 자연법에 의해 제재를 받는다.

보조 지눌스님은 〈修心訣〉에서 "만약 알기를 구한다면, 마침내 알 수 없을 것이다. 다만 '모른다는 것'만을 똑똑히 알면 되니, 이것이 바로 자신의 '본성'을 본 것이다"라고 설하고 있다. 이성으로 따지고 비교하여 아는 것은 궁극적인 진리에 도달할 수가 없는 것이다. 이성의 작용을 접고, 감정과 오감을 내려놓아야 도를 볼 수 있다. 옛사람들이 깨달아 증득한 그 자리! 불법이란 것이 원래 별다른 것이 아니니, 감정과 생각만 끊어 버릴 것 같으면 당장에 깨닫고 안정할 것이다.

하느님의 성전이고 하느님의 영께서 그대들 안에서 살아계신다는 것을 그대들은 모르겠습니까? 누구라도 '하느님의 성전'을 파괴하는 자가 있다면 하느님께서 그를 파멸시킬 것 입니다. 하느님의 성전은 거룩하기 때문입니다. 여러분이 바로 그 성전입니다! 자신을 속여서는 안 됩니다. 그대들 중에 어떤 사람이라도 스스로 이 세상의 기준으로 지혜롭다고 생각해서는 안 됩니다. 그가 정말로 지혜로워지기 위해서는 '바보'가 되어야 합니다. 이 세상의 지혜는 하느님의 시각에서는 어리석기 때문입니다. 성경에 기록하기를 "하느님께서는 지혜로운 자들을 그들의 꾀로 붙잡으신다"라고 하였으며, 또 기록하기를 "주님께서는 지혜로운 자들의 생각이 헛되다는 것을 아신다"라고 하였습니다. 그러므로 누구도 '인간의 것'을 자랑하지 마십시오.

살아 있는 신의 아들은 자유롭고 영원한 생명으로 살아 있으며, 신의 마음과 일치하여 신과 함께 참된 애국치민을 실천한다. 이성과 감성으로 일반대상을 알 수 있지만 하느님을 만나기 위한 道, 神性은 몸과 마음과 혼, 정성을 다 바쳐야 한다. 이것이 자신을 극진히 위하는 일이요, 이와 같이 너의 이웃을 사랑하라는 하느님의 계명을 지키는 일이다. 현명한 지도자는 고액의 돈이나 과다한 칭찬을 추구하는 것이 아니다. 그럼에도 불구하고, 양자 모두 풍부히 차지하게 된다.

공자는 〈論語 子罕〉편에서 말씀하셨다. "내가 아는 것이 있는가? 나는 모를 뿐이다! 비속한 사람이 내게 와서 물으면, 나는 마음을 텅 비우고 그 일의 '양 극단'을 두드려서(중도를) 남김없이 드러내 보일 뿐이다." 또한 공자께서는 4가지가 일절 없었다. 즉, 망상이 없으셨고, 반드시 이러해야 한다는 기대가 없었고, 묵은 것을 굳게 지키는 고집이 없었으며, '나'를 중시하는 아집이 없었다.

 우리는 이 장에서 노자의 자율적 인간관과 만민복지(萬民福祉)의 정치관을 발견할 수 있다. 즉, 노자는 인간이 정해놓은 여러 가지 가치개념(미추, 선악 등)이 모두 상대적이라고 단정하고, 상대성을 초월한 근원의 진리인 도로서 천지자연의 자연스런 이치로 하는 무위의 정치를 주장한다. 도인은 지선무악(至善無惡)의 마음을 견지하여 정치를 하는 것이다. 결코 우민정치(愚民政治)가 아닌, 그 반대인 만민복지의 정치, 국민 스스로 하는 자율성을 고양시키는 안정된 정치, 무위의 정치를 이상으로 삼는다. 그래서 불간섭주의의 정치가 가장 좋은 정치라고 말하고 있는 것이다. 그리하여 협잡꾼, 특권의식에 가득한 정치인, 약한 자를 누르고 강한 자 앞에서는 약한 권위주의자들, 政商몰이배들을 배격한다. 이들은 심지어 형식주의에 빠져버린 유가(儒家)에게까지도 경고한다. 다만, 하나님처럼 생육하고 돌보면서 자기의 공으로 내세우지 않는 대보살(大菩薩)이기를 원하는 정치를 하는 것이 노자의 이상이라고 할 수 있겠다. 지도자는 이렇게 함으로써 자리이타(自利利他)를 할 수 있는 것이다.

그러므로 도인은 추종자들이 (1) 인정받고자 하는 욕구 (2) 희소한 재화에 대한 욕구 (3) 견물생심을 갖지 않도록 모범을 보이고 무지무욕하게 양심대로 살아가도록 한다. 한마디로 국민들로 하여금 하나님(天道)에게 가까이 가도록 이끈다. 공자처럼 현자를 숭상하기도 하고, 노자처럼 스스로가 현인이라는 相을(명예욕을) 바로 부술 줄도 아는 자가 진짜 도인이다. 진인(眞人)이다. 젊은이여! 제일 높은 도에 서서 뜻(의지, 의도: intentionality)의 원칙에 따라 소원을 성취하라.

젊은 소년소녀시대엔 색(色)과 음란(淫亂)을 삼가고, 장년시대엔 투쟁을 삼가고, 노년에는 가짐을 삼가라. 부귀와 여색을 숭상하는 사회는 멸망한다. 음란한 출판물과 영상 때문에 사회가 이성을 잃고 있다. 마음에 욕심을 비우고, 배에 힘을 채우면 색정이 가라앉고 잡념이 사라지고 두려움이 없어진다. 내 마음의 핵심(道樞)에와 있는 신령이 있어 우리는 영생하는 것이다. 강기골(强其骨)하여 영성의 뼈대(志操)를 굳건히 하라.

제4장
날카로움이 무뎌지고 얽힘이 풀린다:
텅 비어 있어 세상과 잘 어울린다(和光同塵) ★

원하는 만큼 깊이 천착(穿鑿)하라. 그리하여도 도나 하느님으로 불리는 것에는 결코 이르지 못할 것이다. 도는 사물이 아니다. 도는 원리 또는 법칙이다. 도는 방법을 뜻한다. 모든 사물은 도에 의거하여 움직인다. 하지만 도는 움직이지 않는다. 도는 결코 하나의 객체 또는 하나의 과정이 아니다. 도는 모든 사물과 사건의 법칙이다. 도는 모든 창조의 공통기반이다. 창조는 사물들과 사건들을 내포한다. 모든 사물과 사건들은 진동성이 있다. 진동에는 반대되는 것 또는 양극성을 내포한다. 양극은 서로 협동할 수도 있고, 정도의 차이는 있지만 갈등적일 수도 있다.

모든 사물과 사건들은 협동적이거나 갈등적이거나, 또는 조화롭거나 소용돌이치거나 도에 따라서 그 형태를 취하고 해결된다. 그러나 도는 진동하는 사건이 아니다. 예컨대, 도는 소리가 아니다. 도는 정반대 또는 양극성이 없다. 도는 하나이다. 도는 조화, 원융, 일치, 전체이다. 내가 아는 한 아무것도 도(道) 이전에 오지 않는다. 아무것도 도를 만들지 않았다. 아무것도 하느님을 창조하지 않았다.

原文

道沖而用之 或不盈 淵兮 似萬物之宗 挫其銳 解其紛 和其光 同其塵 湛兮 似或存 吾不知誰之子 象帝之先

주

도는 텅 비어 있다. 도를 사용하는 자 또한 마음을 텅 비워야 한다. 가득 채운다는 것은 도에 反한다. '깊다'는 것은 '측량할 수 없는 것'을 뜻한다. 宗은 우리 모두의 조상으로, 도는 만물을 통일시킨다. 국민 통합은 도로써 된다. 옛 도인들은 야망이 없었다. 고로, 그들은 날카로운 것을 꺾어 무디게 하고 아무것도 고집부리지 않았다. 그들은 두려움이 없었으며, 고로 엉킨 것을 잘 풀었고 아무것도 피하지 않았다. 美에도 관심을 두지 않았으므로, 그들의 빛을 부드럽게 하여 자신들을 잊어버렸다. 그들은 醜함을 미워하지 않았으므로, 티끌과 하나가 되어 타인을 버리지 않았다. 날카로움을 이용하여 타인과의 갈등을 야기하고, 밝은 빛을 비춤으로써 타인들의 먼지를 비춘다. 고로, 날카로운 것을 마모시킴으로써 갈등은 사라지고, 빛을 누그러뜨림으로써 티끌과 티끌 그리고 깜깜함과 하나가 되게 한다. 자신들의 빛을 군중의 빛에 조절할 수 있고 세상의 티끌과 하나가 될 수 있는 사람은 보통의 식물 가운데 신비한 버섯과 같다. 볼 순 없지만, 모든 식물의 냄새를 좋게 만든다. 마치 세상의 도인과 같다. 도는 볼 수 없으니 노자는 湛(clear)이라고 하였다. 湛은 깊은 것, 있는 듯 하지만 있지 않은 것을 묘사하는 것이다. 텅 비우면 깊고, 깊으면 湛하다. 맑다. 도는 無에서 나온 고로, 도는 무의 자식이다. 象帝之先. 上帝 이전에 도가 있었을 것이다. 그러나 도의 본성은 순종하는 것이므로, 노자는 '하느님 이전에 온 것처럼 보인다'라고 한 것이다. 도는 인간 중에 제일 높은 上帝의 조상이기도 하다.

• • •

해석

도는 비었지만 이를 쓰는 사람들은 다시 가득 채우지 않는다. 그것은 깊고 깊어 不可測이며, 우리 모두의 조상과 같다. 그것은 우리들의 날카로움을 무디게 하고, 모든 매듭을 풀어주며, 우리들의 빛을 부드럽게 하며, 우리들의 먼지들을 융합시킨다. 추함을 미워하지 않으며 먼지와 하나가 되며 타인들을 버리지 않는다. 언제나 물이 가득 찬 깊은 연못과 같다. 그래서 물과 같이 맑아 보이지 않는다. 그것이 누구의 아들인지 우리는 알지 못하지만, 그곳은 실체를 파악하기 힘든 형체로써 태고의 제왕 이전부터 존재하고 있었던 것으로 보인다.

해설

도심(道心)으로 하는 큰 정치인의 마음자리의 특성과 이들이 그 마음의 날카로운 점을 꺾고 어지러운 것을 잘 풀어서 자신의 빛나는 점(하나님의 빛, 정신적 광명의 빛)을 조화롭게 하여 티끌과 같이 할 것을 권한다. 큰 정치인은 마음이 원만하고 정돈되어 있으며, 조화롭고 맑아야 한다(湛)고 강조한다. 그리하여 그 마음을 청정하게 하는 도인(정치인)은 화광동진(和光同塵)한다. 국민과 더불어 사귄다. 동사섭(同事攝)하도록 권한다. 국민들이 좋게 하기 위해 화광동진한다. 마치 예수님이 인간으로 몸을 받아 태어남과 같은 것이 화광동진이다. 화광의 진리정신과 동진의 근로정신의 극치를 말한다. 즉, 하느님과 같은 마음은 항존(恒存)하고 생활은 국민과 병존해야 한다는 것이다. 노자 45장에서 말하는 마음이 맑고 고요하면 천하를 바로 잡는다(淸淨爲天下正)이다.

출애굽기 3장 14절의 'I am that I am'이다. 하느님은 시공을 초월하여 항상 존재할 뿐인 '나'이다. '여여한 나'일 뿐이다. 어떤 것이든 될 수도 있는 상태이다. "I am hungry"에서의 hungry같은 어떤 상(相)이 붙지 않아 순수 하게 존재하는 '나'이다. '참나'이다. 객관적으로 보면 '참'이고 주관적으로 보면 영성 즉 하느님의 영이다. 참이 영(spirit)이요 영이 참이다. 둘이 아니다. 우주의 텅 비어 있는 자리에서 살불살조(殺佛殺祖)하라. 즉, 수도자가 갖고 있는 부처의 상(相)을 없애 버려야 자신이 부처라는 마음자리(佛性)에 도달한다.

요약하면, 지도자는 무위자연의 도에 눈을 떠서 자신의 욕심을 죽이고, 다툼에 끼지 않으면서 건전하게 조화롭고 맑게 살아간다. 도인은 태어날 때부터 생래적으로 우리 마음에 있는 양심이 시키는 대로 살아간다. 사랑하라. 정의로워라. 남과 조화로워라. 옳고 그름을 정확히 판단하라. 항상 성실하라. 노자는 자(慈), 검(儉), 겸양(謙讓:나서지 않음), 지혜와 성실을 말한다. 그러나 통상적으로는 이렇게 쪼개지 않고 그냥 도라고 한다. 석가가 말하는 불성이요, 공자가 말하는 性이요, 마음의 근저에 있으면서 모든 것을 알아내는 주체이다. 도는 무형이지만 덕의 본체이다. 덕은 도의 작용이다.

즉, 도가 체(體)라면 덕은 용(用)이다. 도의 구체적인 표현은 인의예지신(仁義禮智信)이다. 이것이 동양의 성인들의 가르침이다. 도는 무지무욕(無知無慾)의 경지에 서는 자라야 볼 수 있는 것이다. 참(道, 하느님)은 텅 비어서 작용하기 때문에 더 채울 수 없는 것 같다(道沖而用之 或不盈). 무한한 우주인 허공과 같다. 꽉 차 있으면서도 텅 비어 있다. 만공(滿空)이다. 그래서 도인은 항상 마음이 뿌듯하다. 가득 찼으면서 써도 채울 필요가 없이 꽉 찬다. 眞空妙有이다. 텅 비어 있으면서 신령으로 가득 차 있다. 진리로 가득 차 있다. 이것이 '참나'요, 하느님이다. 이것을 깨달음이 믿음이다. 하느님이라면 무조건 싫어하는 이들이 있다. 특히 불교신자들 가운데 그런 이가 많다. 그러나 그들도 '참나(眞我, 法身)'를 부정하는 이는 거의 없다. 이 '참나'가 하느님인 것이다. 니르바나(nirvana, 涅槃)가 '참나'라는 것이다. 사람이 하느님의 얼(道)을 받으면 그 날카로움이 무디어진다(挫其銳). 비폭력 무저항의 상징인 마하트마 간디가 이 모습을 보여준다. 죽음 앞에서도 두려워하지 않고 미워하지도 않았다. 瞋性이 무디어진 참사람이다. 얽히고설킨 마음이 알렉산더의 단칼에 잘라버렸다는 매듭보다도 풀기 어려운 인생문제가 '참나'의 깨달음으로 화로에 눈 녹듯이 풀어진 것이다(解其紛).

노자의 解紛은 석가의 解脫, 예수의 자유와 같은 뜻이다. 和其光同其塵은 예수, 석가, 톨스토이, 간디와 같이 和光의 진리정신과 同塵의 근로정신의 극치를 말한다. 〈중용〉 1장에 나오는 中節謂之和와 같은 뜻이다. ego의 몸과 마음이 '참나'에 순종하여 조화를 이룬 것이다. 그래서 이를 일러 하느님과 함께함이라 한다(是謂玄同). 인류애를 실천하는 것이 同其塵이다. 이렇게 되면 人乃天이요, 하느님의 뜻을 받드는 하느님의 아들이다. 화광동진이란 진인이 하나인 천과도 다양한 인과도 다 같이 하나가 될 수 있어야 한다는 것을 뜻한다. 자본자근은 내가 나의 뿌리이다. 천지가 있기 전부터 나는 있다. 무극이다. 상제도 나로 인해 신령하게 하였다. 여기의 '나'는 천지가 있기 이전부터 있는 '참나'를 말한다.

제5장
하늘과 땅 사이는 풀무와 같다:
천지의 중심을 지켜라 ◎

하늘과 땅 사이는 풀무와 같다. 자연법은 무차별적이며, 그 정의는 공평하다. 행동의 결과는 피할 수 없으며, 사람이라 해도 예외일 수 없다. 슬기로운 지도자는 국민들을 그들 자신으로부터 보호하려는 노력을 기울이지 않는다. 알아차림의 빛은 기쁜 일에나 그렇지 않은 일에 똑같이 비춘다. 사람은 여타 피조물보다 더 나은 존재가 아니다. 그러므로 인류의 기초가 되는 것은 다른 모든 것에도 똑같이 적용된다. 일인이거나 또는 하나의 국민이 여타의 인류보다 우월하지 않다. 동일한 원리가 어느 곳에나 적용된다. 개인(個人)은 다른 개인과 같이 가치 있다. 그런데 어찌하여 편애를 하는가? 만사가 이 법칙을 시현하고 있다. 신이 물건이 아니기 때문에 하나님이 아무것도 아니라는 것을 뜻하지 않는다. 작은 겸허가 필요하다. 이것을 알기 때문에, 지도자는 특별한 척하지 않는다(특권의식이 없다). 지도자는 타인의 험담을 하지 않고, 또한 경쟁적인 이론들 간의 장단점을 논의하며 시간을 낭비하지 않는다. 침묵이야말로 강력한 힘의 원천이다.

原文

天地不仁 以萬物爲芻狗 聖人不仁 以百姓爲芻狗 天地之間
其猶橐籥乎 虛而不屈 動而愈出 多言數窮 不如守中

주

芻狗: 짚으로 만든 개, 하늘과 땅은 만물에 대해 비정(非情)하다.
橐: 풀무. 中: 시간과 공간과 인간의 초월점 또는 속알, 마음속을
뜻함. 즉, 道.

주해

'천지는 자애롭지 않다'는 말은 하늘과 인간은 같은 형상이라는 고대의 신념을 잘라내고, 자연철학의 기초를 창조하였다(胡適, John Dewey의 제자이며 중국의 신문화운동의 지도자). 천지는 편파적이지 않다. 도인도 이와 같다. 芻狗는 기우제 지낼 때에 사용되었음. 그리고 풀무는 야금술에서 사용됨. 풀무(bellows)는 텅 비어 있어서 응답할 수 있는 것. 응답하지만 아무것도 간직하지 않는다. 마치 천지가 만물을 대하듯 도인은 국민을 대한다. 풀무는 적당히 맞는 것으로 응답한다. 현재나 과거에 매이거나 집착하지 않는다. 입을 열고 혀를 움직일 때마다, 재난이 바로 뒤따른다. 차라리 내면의 덕을 지키고, 생명력인 정기신을 기르며, 영혼(神)을 보호하고 생명(氣)을 귀히 여겨, 말을 많이 하는 것을 피하는 것이 좋으리

라(多言數窮). 말을 많이 하지 않으면 우리들의 神(spirit)은 우리 가슴에 머물고, 많이 듣지 않으면 우리의 정(精, essence)은 우리의 생식기에 머문다. 시간이 경과함에 따라, 精은 우리의 氣(breath)가 되며, 氣는 神이 되고, 神은 '텅 빔(空, emptiness)'으로 복귀한다(宋常星, 도교의 7대주교). 중국어로 不仁은 no heart라는 의미로 '불친절하다'라는 의미와 중심에 씨 또는 골수, 핵심(kernel)이 없는 과일을 지칭하기도 한다. 추구는 서구에서의 크리스마스트리처럼 의식에 사용됨.

• • •

해석

하늘과 땅은 어질지 않다. 그들에게 있어서 만물은 짚으로 만든 강아지로 여긴다. 성인도 어질지 않다. 국민을 짚으로 만든 강아지로 여긴다. 그러나 하늘과 땅 사이는 마치 풀무와 같은 것이라고 할까? 그 내부는 텅 비어 있지만 힘이 다하는 일이 없고, 움직이면 움직일수록 힘이 더욱 튀어나온다. 한편 말이 많으면 이치에 궁하게 된다. 그러므로 마음속에 간직하여 둠만 같지 못하다.

해설

天地不仁이라. 천지 뒤에는 하느님(玄)이 계신다. 고로 아예 天地神明이라고 불렀다. 하늘에 머리를 두고 있는 인간은 하늘을 쳐다보며 우주에서 생명의 고동과 율동을 느끼면서 살라는 것이다. 천지자연의 도는 인정이 없는 비정한 존재라고 한다. 인간적인 감정이나 가치의식을 전혀 갖지 않은 차가운 존재라는 것이다. 천지대자연의 몰인정(沒人情, impersonal)한 도를 체득한 도인도 역시 무자비한 존재이다. 천지불인(天地不仁)이요 성인불인(聖人不仁)이라. 천지대자연의 이법(理法)을 그대로 적용하고 할 일을 다 하면 미련 없이 사라진다. 玄님은 칼날같이 도를 실행한다. 물건을 1m 높이에서 떨어뜨리면 가차 없이 떨어진다. 만유인력의 법칙이라 하여 예외 없다. 그래서 도의 입장은 냉엄한 것이다. 공인(公人)으로서는 사사로움을 떠나야 한다. 공(公)과 사(私)를 엄격히 구분하여야 한다. 이와 같이 지도자는 공평무사해야 한다.

할 일이 끝나면 미련 없이 자리를 떠나야 한다. 국민들의 정치는 국민들 자신에게 맡기고 구름처럼 바람처럼 떠난다. 노자의 자율적 인간관이 또 다시 들어나는 부분이다(3장에서 자율적 인간관을 피력하고 있다). 제7장, 제10장에서도 그리고 16, 48, 49, 50, 53, 81장에서도 무사공평(無私公平)을 강조한다.

하늘과 땅 사이는 말하자면 풀무와 같아서 속은 비어 있으나, 쪼그라들지 않는다. 텅 비어 있되 기운이 가득 차 있기 때문이다. 움직일수록 힘은 언제나 쏟아져 나온다. 우리의 생명, 진리, 시간, 공간, 우주, 자연, 가족도 인간 개인의 것이 아니고 '참나(하느님)'의 것이다. 내 것이라고 생각하면 망상이다. 하느님(참나)께 일단 돌리고 나서 다시 받아쓰는 거다. 그러면 몸도 마음도 가볍다. 이 세상에서의 고통도 원망해서는 안 된다. 풀무처럼 우리에게 참생명을 불어넣는 것이요 담금질 하는 것이다. 하느님이 '참나'이며 나에게도 '참나'가 있다는 것을 깨닫는 순간부터 인생이 그렇게 기쁘고 즐거울 수가 없다. 하늘로 나선형으로 오르는 것이다.

독수리같이 또는 장자의 표현대로 大鵬과 같이 공중비행을 하는 것이다. '참나'는 내재적이며 초월적이다. '참나'는 내속에도 있고, 하늘과 땅 사이에도 무진장 존재한다. 본래 허허공공한 자리에 있다가 이 땅에 인간 속으로 들어와 살고 있는 것이다. 이것을 깨달으면 天孫이다. 진리를 향한 마음은 常樂我淨한 것이다. 실존철학자들이 뇌까리는 것처럼 허무나 절망이 아닌 것이다. 그 마음은 항상 텅 비어 있어 고요하되 신령스럽게 안다(空寂靈知). 말을 많이 하면 자주 막히니 가슴에 간직하느니만 못하다. 천지의 텅 빈 공간처럼 적막함을 마음속에 간직하여 그것을 지켜나가느니만 못하다. 그것이 최상의 처세술이다.

간디도 침묵 지키기에 힘썼다. 그는 "침묵을 통해서 모든 것을 깨달을 수 있다는 체험이 늘어나고 있다"고 말했다. 다언삭궁 불여수중. 다문삭궁(多聞數窮)이기도 하다. 말을 많이 하거나, 많이 듣거나 다 같이 궁색해 지므로, 정기신(精氣神)을 한 군데로 모으는 것만 못하다. 정기신은 단전에 모인다(불멸의 육체(意成身)를 만드는 질료가 된다). 요언은 천지자연의 대도를 체득한 사람은 공평무사(公平無私)한 정치를 해야 한다는 것이다. 그러므로 도인은 몰입으로 '참나'의 마음자리에서 공적영지(空寂靈知)하되 침묵으로 대하고 솔선수범으로 가르치고, 공평무사하게 공적인 업무를 처리한다.

제6장
谷神(참나)은 죽지 않는다 ◎

당신은 개방적이고 수용적(receptive)이며, 침묵을 지키며 욕정이나 탐욕 없음을 학습할 수 있겠는가? 개방적이고 수용적인 것은 음(-), 여성적인 것 또는 계곡으로 불린다. 이 계곡에 연못하나 있다고 상상해보라. 공포(fears)나 정욕(desires) 등으로 연못의 표면을 휘젓지 않으면, 물은 완벽한 거울이 된다. 이 거울에서, 우리는 도의 반사광을 볼 수 있다. 우리는 하나님을 볼 수 있으며 하나님의 창조를 볼 수 있다. 계곡 안으로 들어가거라. 그리고 조용히 연못을 응시하라. 될 수 있는 대로 자주 가라. 너의 침묵은 더 오래 지속될 것이며, 연못은 메마르지 않을 것이다. 계곡, 연못, 그리고 도(道)는 모두 네 안에 있느니라.

原文

谷神不死 是謂玄牝 玄牝之門 是謂天地根 綿綿若存 用之不勤

주해

곡신: 계곡은 물의 힘이 집중하는 곳으로 그 신의 거대한 작용을 상상할 수 있다. 천지를 낳는 신, 穀神 즉, 만물을 생성하는 신으로 해석해야 한다는 설도 있다(王弼 225~240, 중국 삼국시대 魏나라의 학자). 天道의 별칭. 텅 비어 있으면서 우주만물을 낳는다. 玄牝: 현묘한 여성이며 모성이다. 丹田을 상징한다. 숨을 통해 우주의 에너지를 담아 두는 곳으로 만물을 생성하는 신비로운 힘이 저장된다. 천지의 뿌리이다. 인도의 마야와 같다. 黎明의 谷神(valley spirit)은 玄黃(black and yellow)의 빛을 띠우며, 8척의 길이에 8개의 꼬리와 8개의 머리를 갖고 있으며, 얼굴은 사람의 얼굴을 한 동물이다(山海經, 주술사를 위한 중국의 산과 강의 안내서). 谷神은 달이다. 30일 순환기의 마지막 8일간은 해에 앞서며 한 달의 첫 8일간은 해에 뒤지고, 그 영광의 8일간은 해를 바라본다. 나머지 날에는 해와 너무 가까워서 보이질 않는다. 중국문화에서 달은 피조물 가운데 여성적인 요소의 體現(embodiment)으로 간주하였다. 계곡은 가운데에 존재하며, 아무것도 없으며, 형체도 없고, 그림자도 없고, 장애물도 없다. 가장 낮은 지점을 차지하고 있으며, 움직이지 않고 있으며, 부패하지 않는다. 만물이 여기에 의존하여 발전하고 있으며, 아무도 그 생김새를 보지 못한다. 비어 있기 때문에, 계곡이라 부르고, 그 대응성에 한계가 없으므로 '神'이라 한다. 무진장이므로(inexhaustible) 不死한다고 말한다. 이 셋이 도의 用인 덕, 즉 장점이라고 할 수 있다. 神은 5개의 臟器의 神을 뜻하는 바, 쓸개, 심장, 신장, 비장을 일컫는다. 玄(dark)은 하늘을 지칭

한다. 인체에서는 하늘과 연결 짓는 코를 의미한다. '자궁'은 땅을 지칭하고, 인체에서는 땅과 연결 짓는 입을 뜻한다. 입과 코를 통하여 넘나드는 氣는 섬세한 비단보다 더 섬세하기 때문에 거의 감지되지 않는다. 빈 계곡이야말로 神(spirits)들이 거주하는 곳이며, 氣(breath)가 메마르지 않는 곳이다. 숨이 가파르면 곧장 꺼진다. 생명을 창조하는 것은 그 자체는 살아 있지 않은 것이다(列子:1.1, 4th BC 도교 주교. 바람을 탈 수 있었다고 알려짐).

• • •

해석

곡신(谷神)은 죽지 않는다. 이것을 현묘한 암컷(현빈 玄牝)이라고 한다. 현묘한 암컷의 문, 이것은 하늘과 땅의 근원(뿌리)이라고 한다. 마치 섬세한 生絲처럼 끊어질 듯 이어지며 있는 듯 없는 듯하니 아무리 퍼내도 결코 다하는 일이 없다.

해설

도의 작용을 여성에 비유하여 만물을 낳아주고 길러주며 보호해주는 작용에 비유한다. 谷神은 하늘과 땅을 낳는 뿌리이다. 우주가 나오고 말씀이 나오는 형이상의 골이라 神이다. 우주는 靈谷이다. 이 靈谷을 마주 대하자는 것이다. 간디도 갈망했던 '참나'의 깨달음과 하느님의 얼굴을 마주보는 해탈을 얻자. 하느님을 뜻하는 靈光을 석가는 '니르바나'의 빛(寂光)이라 하고, 장자는 숨겨진 빛이라 했으며, 간디는 거룩한 빛(divine refulgence)이라 하였다. 절대적인 존재는 상대적인 존재와 달리 不生不死하는 존재이다. 谷神은 不死하는 존재이다. 우주의 뿌리요 돌아갈 곳(歸一)이다. 하느님은 하나이다. 남녀의 상대성을 초월한 절대적 하나이다. 아버지, 어머니라고도 할 수 없듯이 하나의 님이시다. '참나'는 무수한 별보다 그 별을 담고 있는 無의 허공에 감격한다. 없음의 허공이 하느님이시다. 노자의 철학은 물의 철학이다. 물이 갖는 유연성, 만물을 키우는 성질, 더없이 신비한 힘, 낮은 곳에 처하는 성격 등이 도의 原象이라고 하는 것이다. 하느님이 주시는 얼(靈)이다. 몸은 老病死이지만 얼(靈)은 眞善美이다. 몸은 죽지만, 영은 죽지 않는다. 영은 예수, 석가에게 나타났던 영원한 생명이니 시공을 초월하는 존재이다. 時越인 존재이다.

노자는 마치 어머니의 지칠 줄 모르는 사랑의 실천, 테레사 수녀같이 무한한 사랑실천을 강조한다. 아무리 써도 지치지 않는 사랑을 강조한 것이다(用之不勤). 여기에 테레사 수녀의 진심어린 충고를 들어보자.

"People are often unreasonable and self-centered. Forgive them anyway. If you are kind, people may accuse you of ulterior motives. Be kind anyway. If you are honest, people may cheat you. Be honest anyway. If you find happy, people may be jealous. Be happy anyway. The good you do today maybe forgotten tomorrow. Do good. Give the world the best you have, and it may never be enough. Give your best anyway. For you see, in the end, it is between you and God. It was never between you and them anyway."

-Mother Theresa of Calcutta.

"사람들은 자주 비합리적이고 소아 중심적입니다. 여하튼 그들을 용서하시오. 당신이 친절하게 대해주면, 사람들이 혹시 숨겨진 동기가 있지 않을까 당신을 비난할지도 모릅니다. 그래도 무조건 친절 하십시오. 만일 정직하게 대해주면 사람들이 당신을 속일지도 모릅니다. 어떻든 정직하십시오. 만일 당신이 행복하다면, 사람들이 질투를 할 것입니다. 어떻든 행복하십시오. 오늘 당신이 베푼 선행이 내일은 잊힐지라도 선행을 하십시오. 당신이 보유한 것 중에 최선의 것을 세상 사람들에게 주어도 그것은 충분하지 않을 것입니다. 그래도 최선의 것을 주십시오. 왜냐하면 당신이 아시다시피 종국에는 당신과 하느님간의 관계이지 그것은 당신과 그들 간의 관계가 결코 아니었기 때문입니다."

-캘커타의 테레사 수녀

이것은 대보살(菩薩)의 사랑실천이다. '참나'로 하느님을 닮아, 항상 충만한 경지에서 용서하고 친절하며 정직할 것이며, 행복하게 살며, 선행을 베푸는 인생의 주인공이 되기를 권면하는 글이다. 나날이 정기신(精氣神)이 충만한 삶이 될 것이다. 谷神이 불사하듯이 대보살은 곡신의 정신으로 살며, 남에게 봉사함에 수고롭지 않으므로 그의 정신은 죽지 않고, 사심이 없음으로 곡신 같은 마음으로 살아간다. 가히 하느님을 대신하는 역군이라고 할 수 있다.

제7장
하늘과 땅은 오래 견딘다:
지도자는 無我로 자신을 높인다 ◎

진정한 이기성(利己性)은 무아(無我 selfless-ness)를 지칭한다. 하늘과 땅은 오래 견딘다. 왜냐하면 천지는 단지 이기적이기만 하지 않고 만물을 대신하여 존재하기 때문이다. 현명한 지도자는 이것을 알기에 자기중심적임을 삼가함으로써 보다 효과적일 수 있다. 계발된 지도자는 봉사적이지 이기적이지 않다. 지도자는 자신 혼자만의 복지 위에 모든 이의 복지를 놓기 때문에 보다 더 성장하고 보다 더 오래 견딜 수 있다. 역설적인 것은 무아가 됨으로써, 지도자는 자신을 높인다.

하늘과 땅은 오래도록 사니, 하늘과 땅이 능히 오래 살 수 있는 것은 '자신'을 위해서 살지 않기 때문이다. 그래서 오래도록 살 수 있는 것이다. 이 때문에 성인은 자신을 뒤로하여 자신을 앞서게 하며, 자신을 밖으로 놓아 자신을 보존한다. '나'라는 이고가 없으므로 능히 '나'라는 ego를 이룰 수 있는 것이다.

原文

天長地久 天地所以能長且久者 以其不自生 故能長生是以聖人
後其身而身先 外其身而身存 非以其無私耶 故能成其私

주

自生: 자신의 목숨을 늘리려 하면 남과 다투게 된다(王弼註). 자신이 살기위하여 남과 다투어 남의 것을 빼앗아서 자신을 기르는 일(河上公註). 私: 자신의 욕망을 만족시키고자 하는 행위, 또는 그 결과. 天地人은 동일한 근원을 공유한다. 왜 천지와 다르게 인간만이 장수를 못하는가? 그것은 인간만이 자신을 의식하기 때문이다. 자신만을 위하여 투쟁하기 때문이다. 성인처럼 無我로 산다면 장수 할 수 있다. 다투지 않으면 에너지를 보존할 수 있기 때문이다. 不爭이 오래 사는 길이다. 自利利他만 할 수 있어도 장수한다.

※ 〈중용〉 지성여신(지극한 정성은 하느님과 같은 것이다). 경=몰입, 주일무적 하나에 집중하여 딴 생각이 없음. 성=진실무망. 중=도, 화=덕, 용=평상심, 항상심.

∙∙∙

해설

도는 ego를 초월한 자리이다. ego는 개체이고 '던져진 존재'이며 전체를 잃어버린 상태에 있는 현 존재이다. 이 현 존재가 전체의식을 회복할 때 실존이 된다. 예수와 석가는 전체의식을 회복한 실존자들이다. 無知의 상태를 바로보고 잃어버린 전체를 찾아야 한다. 이 전체는 하나(一)이다. 하나는 온전하다. 단 하나밖에 없는 하나(전체)는 허공이다. 허공은 무한하다. 허공은 우리의 오관으로 감지되지 않는다. 존재하는 것은 허공뿐이다. 영생하는 것이다. 우주를 보고 하느님의 존재를 느껴야 한다. 눈에 보이는 것에서 보이지 않는 것을 늘 생각해야 한다. 모든 현상 속에서 살아 있는 우주가 지니고 있는 생명의 율동을 느껴야 한다. 하늘을 쳐다보며 우주에서 생명의 고동을 느끼면서 기쁨으로 살아야 한다. 그 고동은 唯一者의 숨결이다. 눈에 보이지 않는 허공이 참이다. 석가는 아예 눈에 보이는 현상세계를 신기루와 같은 환상이나 잠 속에서 꾸는 꿈이라고 하였다. 우리 모두가 할 일은 개체를 초월해 있는 영원한 생명인 '참나'로 거듭 나는 것이다. 우리 모두가 靈의 존재임을 알아야 한다. 자아(ego)는 죽고 '참나'로 사는 사람이 公人이다. 자기 위에 유일자가 계시다는 것을 아는 것을 지각이 있다고 말한다. 이렇게 공인은 거룩한 생명 즉, 성령을 자꾸 받아서 하느님처럼 온전한 인격을 갖추자는 것이다. 이 사람이 지도자이다. 예수, 석가, 공자, 맹자, 노자 같은 분이다.

진정한 이기심(利己心)은 이기심 없음(selflessness)을 즉, 無我를 가르친다. 마치 하늘과 땅은 단지 이기적이기만 하지 않고 만물을 위하여 존재하기 때문에 오래 견뎌낼 수 있는 것과 같다. 사심 없이 봉사하는 것이 훌륭하다. 언제나 자기를 무욕(無欲), 무심(無心)의 경지에 두고 있기 때문이다. 천장지구(天長地久)다. 하늘은 길이, 땅은 오래 견딘다. '나'를 살리고자 하지 않기 때문에 오래도록 살 수 있는 것이다(以其不長生 故能長生). 이 때문에 도인은 '나'라는 ego가 없으므로 능히 '나라는 ego를 이룰 수 있는 것이다(非以其無私耶 故能成其私). 다시 말하면 '참나'와 이고를 일직선으로 연결시킬 수 있다는 말이다. '참나'를 위하여 그 몸을 버릴수록 몸이 있나니 사리사욕이 없음이 아닌가? 그러므로 나를 거듭나게 한다. 전체의식 즉 진리의식, '참나'는 나에게도 또한 초월적으로도 존재한다는 것이 예수나 석가의 생각이다. 마음속에 일체의 相을 없애, 허공처럼 되면 神靈이 깬다. 장자는 이를 唯道集虛 즉, 自我(ego)가 죽어 마음이 비면 참나(道)가 모여든다고 하였고 예수의 靈生肉滅, 석가의 苦集滅道, 노자의 無私成私와 같은 말이다.

〈중용〉에서도 '하늘과 땅의 길'은 한마디 말로 다 표현할 수 있으니, "그 물건 됨이 오직 한결같아서 만물을 낳음에 헤아릴 수 없다"는 것이다(天地之道 可一言而盡也 其爲物不貳 則其生物不測).

또한 '지극한 정성'은 하느님과 같은 것이다(至誠如神). 정성스러우면(ego를 초월하여 우주의식, 순수의식과 합일) 저절로 이루어지니, 길(인간의 5가지 길)이 저절로 인도하기 때문이다(誠者自成也

而道自道也). 정성스러우면 우주의식과 하나가 되어 절로 전지전능해진다. 따라서 지도자는 천지 대자연의 이법(理法)인 '도'를 자신의 생활원리로 하여 참된 영도자가 될 수 있는 것이다. 사사로움이 없이 도에 맞게 처세하여야 한다. 인의예지에 맞게 상황에 따라 처세함을 성실히 해야 한다. 봄처럼 따스하게, 또 가을처럼 서늘하고 의롭게, 여름처럼 예를 갖추고 온화하게 겨울처럼 냉정하게 판단하라. 항상 깨어 있으라. '참나'로 존재하라. 진정한 지도자는 봉사한다. 국민을 섬긴다. 소아를 버리고 대아를 살린다.

제8장
가장 착함은 물과 같고 '도'에 가깝다 ◎

현명한 지도자는 물과 같다. 물은 모든 것을 차별을 두지 아니하고 정화하고 새롭게 한다. 물은 자유롭게 그리고 두려움 없이 사물 표면의 밑으로 깊숙이 침투한다. 물은 유동적(流動的, fluid)이며 응답적(應答的, responsive)이고 물은 자연의 법칙(law)을 자연스럽게 따른다. 지도자는 어느 환경에서나 불평함 없이 일을 한다. 어느 사람하고도 또 어떤 현안이라도 모두 혜택을 볼 수 있도록 공평하게 처리한다. 단순하게 그리고 솔직히 말하고 조화로운 분위기를 조성하거나 빛을 비추기 위해서만 타인의 행동에 간섭한다. 지도자는 물의 흐름을 관찰한 결과, 행동에 있어서 시중(時中)이 전부일 정도로 중요하다는 것을 배운다. 물과 같이 지도자는 순종적이다. 지도자는 압박을 하지 않기 때문에 추종자집단은 후회하거나 저항하지 않는다.

原文

上善若水 水善利萬物而不爭 處衆人之所惡 故幾於道 居善地 心善淵 與善仁 言善信 政善治 事善能 動善時 夫唯不爭 故無尤

주

衆人所惡: 여러 사람이 싫어하는 곳. 즉, 물은 낮고 아래의 위치에 있는데, 이곳은 모든 사람이 싫어하는 곳이다. 幾於道: 幾는 거의 가깝다는 뜻. 따라서 물은 거의 도에 가깝다는 뜻. 尤: 허물, 잘못.

• • •

해석

최상의 선은 물과 같다. 물의 선함은 만물을 이롭게 하면서도 다투지 않고, 모든 사람들이 꺼려하는 곳에 있으면서도 이에 만족하는데 있다. 따라서 물은 도에 가깝다. 사람들이 주거지를 만드는데 있어서는 지반이 튼튼한 땅을 좋아하고, 여러 가지 생각 중에서는 뜻 깊은 것을 좋아하며, 벗을 사귐에 있어서는 어진 사람을 좋아하고, 말에 있어서는 신의 있는 것을 좋아 하며, 정치에 있어서는 질서 있는 것을 좋아하고, 일을 처리하는데 있어서는 실효성 있는 것을 좋아하며, 움직임에 있어서는 때(時)를 어기지 않는 것을 좋아하며, 어느 경우에도 다투지 않으므로, 따라서 결코 허물이 없게 된다.

해설

물은 자강불식한다. 밤낮으로 쉬지 않는다. 그래서 우리도 공부를 쉬면 안 된다. 선천8괘의 작용은 안 보인다. 현빈(玄牝)은 신이다. 진재자(眞宰者)이다. 천지는 誠하다. 말을 이룬다. ego가 없어서 그렇게 할 수 있다. 진실무망(眞實無妄)이다. 敬이 主一無敵이듯이 誠은 眞實無妄이다. 敬을 통해서 誠을 이루어야 한다. 中-中, 道 中-和, 德 中庸의 庸=평상, 항상. 無爲는 인위적인 것이 하나도 없는 상태이다. 五蘊에 집착함이 없는 마음으로 하는 행위이다. 감정, 생각, 오감에 휘말림 없이 도심으로 하는 행위를 무위라고 한다. 하나님은 무위이시다. 도의 작용 또한 무위이다. 항상 중화를 한다. 誠이다. 말을 이루신다.

물의 특성을 살펴보면,
1. 만물을 이롭게 해주면서 다투지 않는다.
2. 모든 사람들이 싫어하는 곳에 자리한다.
3. 全知는 乾이 全能은 坤이 맡는다. 하느님은 전지전능하시다.
4. 거처함이 선한 것이 땅과 같다. 낮은 곳에 임한다.
5. 마음의 선함은 연못과 같다. 마음이 깊다.
6. 베풀기를 잘 한다. 인자하다.
7. 말이 선하여 믿음직하다.
8. 천지만물을 잘 다스리고
9. 일처리에는 유능하며
10. 때에 잘 맞추어 움직이며
11. 상대방과 다투지 않고 피해서 제 갈 길을 간다.
12. 그러므로 허물이 없어 누구나 그와 싸울 수 없다.

하나님의 속성을 물이 많이 갖고 있다. 上善은 若水이다. 노자는 무위자연의 원리를 물과 같은 無欲不爭의 원리로 주장하고 있는 것이다. 물은 서로 엉기고 모일 뿐이다. 그리하여, 큰 강물, 큰 바다의 물을 이룬다. 물은 더러운 것을 정화시킨다. 밑으로만 흐른다. 물이야말로 무위의 '도'에 가까울 수 있는 것이다. 그러므로 지도자는 물처럼 자기를 겸손한 위치에 두고 최상의 '선'을 행하도록 해야 한다.

제9장
온화하고 절도 있는 지도자: 공덕에 머물지 말라 ◎

양호한 집단이 눈부신 집단보다 낫다. 지도자가 인기배우가 되면, 그 스승은 가르침을 훨씬 능가하여 빛이 난다. 인기배우는 현실적이지 못하고, 명성은 명성을 낳지만 오래지 않아, 사라진다. 그런 다음엔 중심을 벗어나서 파괴된다. 현명한 지도자는 즐거운 일에 전념하고 타인으로 하여금 발언권을 갖도록 한다. 지도자는 일어난 일에 대한 모든 공(功)과 명예를 취하지 않으며, 평판에 대한 욕망도 없다. 온화하고 절도 있는 (중도의) 지도자야말로 지혜를 나타낸다.

原文

持而盈之 不如其已 揣而銳之 不可長保 金玉滿堂 莫之能守 富貴而驕 自遺其咎 功遂身退 天之道

주

揣: 단련의 뜻. 헤아리다. 咎: 허물. 天之道: 하늘의 법칙

● ● ●

>해석

이미 갖고 있는데 또 채우려는 것은 그만 두느니만 같지 못하고, 칼날을 버려 날카롭게 하여도 오래도록 보존할 수가 없다. 금과 옥으로 집을 가득 채우더라도 능히 지킬 수 없고, 재산과 명예를 얻었다고 하더라도 교만하다면, 스스로 화를 초래하게 된다. 공(功)을 이루고 나면 물러나야 하는 것이 '하늘의 도(道)'이다.

>해설

충만과 완성이 있으면 반드시 쇠퇴가 있다. 몸을 지키기 위해서는 물러서는 것이 최선의 처세술이다. 그러므로 가득 채우려고 하는 것은 그만 멈추는 것만 못하다. 그것은 어리석은 짓이다. 날카롭게 한 쇠는 오래가지 못한다. 오래 간다고 생각하는 것은 어리석은 짓이다. 부귀하더라도 교만하면 재앙만 가져온다. 일이 끝나면 물러나는 것이 하늘의 길이다. 하늘의 법칙이다. 욕심이 지나치면 종국엔 파멸을 자초한다. 차라리 텅 빈 마음으로 '참나'로 돌아가서, 일을 처리하는 것이요, 일이 완수되면 얼른 물러나는 것이 슬기로운 지도자이다. 진퇴(進退)를 잘해야 더 큰 자기를 이룰 수 있는 것이다. 功成名 遂身退라. 할 일 다 하고 '생명의 본자리(하느님)'께로 가는 것이다. 예수처럼 지구상에 정신 혁명을 일으키고(功成名) 하느님께로 가시면서(遂身退 天之道) 한 약속이 神靈을 보내겠다는 약속이다. 노자는 부귀자체를 완전히 부정하진 않았다. 그것보다는 진퇴를 잘해야 한다는 것을 가르친다. 석가도 三毒(貪瞋痴)의 욕망을 채우려 하지 말고 그만두자고 하였다. 이는 우주사 138억년에서 가장 놀라운 기적이다. 持而盈之 不如其已라고 하였다. 가지고 채우겠다는 것은 그만 두는 것만 같지 못하다. 요즈음 보도에 성폭력이나 성희롱 기사가 많다. 본래 동물들도 하지 않는 강간이나 매음을 인간들은 서슴지 않고 자행한다. 강간이나 매음이 횡행하는 것이 어찌 자본주의 사회에서만의 일인가. 성폭력이나 강간이 다 같은 말 아닌가? 차라리 욕심을 채우려 하지 말고 그만두자는 석가와 노자의 말에 찬사를 보내야 하지 않겠는가? 역사의 진보가 아니라 퇴보요 망하는 길은 막아야 한다.

헤아려보는 날카로움은 길게 지니지 못한다(揣而銳之 不可長保). 병아리가 껍질을 깨고 세상에 나오는 것 같이 사람에게는 상대세계를 깨고 절대세계로 나오도록 날카로운 叡智를 주었다. 이 예지가 '반야바라밀다'라고 한다. 4~50대가 가장 날카롭다. 도는 주입식으로 가르치는 지식이 아니다. 도는 무의 생명력을 받아들이는 일이다. 도는 금욕적 수행이나 훈련도 아니다. 오히려 神靈으로 거듭나야 될 문제인 것이다. '참나'로 다시 태어나 도약해야 한다. 우리의 본래모습은 천손으로서 유일신이 본래 우리 안에 살아계신다. 그 신령은 우리 안에도 계시고 개체를 초월하여 계시기도 하다는 것을 우리의 조상 단군할아버지께서 천부경 삼일신고를 통해 가르치신 바이다. 그 '참나'를 빨리 찾아 받들어 모시자. 우리 자신이 天孫임을 믿자.

참된 지혜는 겸손하게 도를 믿는 것이고, 참된 능력은 자신을 낮추어 국민에게 봉사하는 것이다. 도의 목적은 사라지지 않는 생명을 낳는 것이다. 부귀자체보다도 그것을 자랑하는 것이 심각한 문제이다(富貴而驕 自遺其咎). 봉사, 겸손, 절제, 자성은 성인들이 욕의 허상을 떨치고 하늘로 오르는 일이다.

부드러움을 계속 유지하면 오래 산다. 그렇지 않으면 날카로워지고 딱딱해지고 그 다음은 죽음이다. 국무총리라도 국무총리라는 상을 갖지 말아야 한다. 분노해도 그 형상을 가득 채우지 않는다. 이것이 부드러움이다. 인간은 의도적으로 마음먹기에 따라(공을 세우고도 도에 회향하고, 잘못을 저질렀더라도 참회하면 회복시켜 주신다.) 움직인다. 자연은 자연의 원리에 의해 움직인다. 공덕을 이루었으면 자신은 물러나는 것이 '하늘의 길'이다. 공수신퇴 천지도. 그러므로 도인(道人, 指導者)은 재산과 명예를 얻어도 겸양할 것이고, 공덕을 이루면 물러나야 한다. 완벽한 것을 추구하지 말고 여유를 두어라. 이것이 최선의 도(道)이다.

제10장
명상과 호흡으로 초월적인 경지에 이르라 ◎

어느 일방을 편들지 않으면서 감정적인 현안을 중재할 수 있겠는가? 마음에는 열렬한 공포와 욕구(정욕)가 있음에도 자유로이 숨 쉬고 태연할 수 있는가? 당신 자신은 당신 내면의 갈등들을 명쾌히 해결하였는가? 당신의 집은 청소됐는가? 모든 파벌들을 신사답게 대할 수 있는가? 그리고 그 집단을 지배함이 없이 이끌어 갈 수 있는가? 무슨 일이 발생하더라도 개방적이고 수용적일 수 있는가? 무슨 일이 일어나고 있는지 알 수 있나? 타인들이 스스로 알 수 있을 때까지 평온을 유지할 수 있는가? 상생하는 방법으로 이끄는 법을 배워라. 소유함 없이 지도하는 법을 배워라. 대가성 없이 남을 돕는 법을 배워라. 강제 없이 이끄는 법을 배워라. 만일 당신이 공평하고, 분명하고, 현실적이라면, 이러한 것들을 할 수 있을 것이다.

原文

載營魄抱一 能無離乎 專氣致柔 能如嬰兒乎 滌除玄覽 能無疵乎 愛民治國 能無知乎 天門開闔 能爲雌乎 明白四達 能無知乎 生之畜之 生而不有 爲而不恃 長而不宰 是謂玄德

주

營魄=魂魄. 영(營)은 형(熒)으로써 헷갈리고 어지럽다(惑)는 뜻. 魄은 본래는 인간의 신체를 가리킨다. 예로부터 '넋'의 뜻을 가졌지만 신체와 관련하여 육체에 활력을 주는 정기(精氣)라는 의미가 포함되어 있다. 백(魄)에 대응하여 하늘로부터 부여되는 넋을 혼(魂)이라 한다. 載는 乘. 탄다, 싣는다, 둔다, 안정시킨다는 뜻. 滌除: 씻어내다. 玄覽: 만사를 覽知하는 것 즉, 마음을 뜻한다. '신비로운 망상'이라 옮겨도 좋으리라. 天門開闔: 河床公註에서는 사람에게 있어서 이 천문은 '코(鼻)'라고 한다. 無爲를 無知라 했다. 王弼註에서는 "천하의 가장 중대한 일을 다루는 것"이라 하였다. 雌: 牝과 같이 여성을 상징하는 원리. 玄德: 나오는 곳을 알 수 없는 불가사의한 힘.

・・・

:해석:

어지러운 넋을 안정되게 유지하고 하나에 집중시켜 능히 방황하지 않게 할 수 있을까? 기운을 하나로 모으고 부드럽게 하여 능히 젖먹이처럼 될 수 있겠는가? 눈을 감고 內觀할 때에 무언가 보이는 망상을 그치고 한 점 티끌도 없게 할 수 있을까? 백성을 사랑하고 나라를 다스리되 노력 없이도 능히 할 수 있을까? 하늘의 관문을 열거나 닫을 때 암컷처럼 받아들이는 태도를 능히 취할 수 있을까? 마음이 나라 사방으로 명백히 통달하면서도 아는 것 없이 능히 할 수 있을까? 만물을 낳고 기르고, 그것들을 낳으면서도 '내 것'이라 주장하지 않으며, 그것들을 성장시키면서도 결코 그것들을 통제하지 않는다. 이것을 '신비로운 덕(玄德: 불가사의한 힘)'이라 한다.

:해설:

이 장에서는 精氣神의 합일(合一)을 통해 신선에 이르는 길을 노래하고 있다. 그 내용을 살펴보고 실천에 옮겨보자.

1. 정기(精氣)의 합일-存心, 깨어나기 載營魄抱一 能無離乎. 혼과 백을 하나로 껴안아서 분리되지 않도록 할 수 있겠는가? 혼백 위에 올라앉아 무위의 '도'를 꽉 잡고서 거기서 떨어지지 않을 수 있겠는가? 살아 있는 육체에 충실하여 거기서 떨어지지 않을 수 있겠는가? '혼(魂)'이란 생각과 감정을 맡은 영체인 '얼'을 말한다. 이에 반해 '백(魄)'이란 육체적 작용을 맡은 영체인 '넋'을 말한다. 육체를 다시 창조하고 복원하는데 필수적인 영체이며, 원신의 몸을

갱생하는데 '魄'이 필수적이라는 것이다. 혼비백산(魂飛魄散)이란 우리가 죽게 되면 혼과 백이 분리되어 혼은 영계로 날아가고 백은 땅에서 흩어진다는 말이다. 그러나 신선들은 정신, 기운, 정액을 하나로 합치시켰기 때문에, 죽음을 모르고 언제 어디서나 육체(불교적 표현으로는 化身)를 자유자재로 나타낸다. 이러한 경지는 예수님이 말씀하신 '영적 거듭남'에 해당한다. 누구든지 다시 태어나지 않으면 하늘나라를 볼 수 없을 것이다. 사람이 물과 성령으로 나지 아니하면 하늘나라에 들어 갈 수 없느니라. 물은 불순물을 씻어내는 정화수이자, 생명의 정수인 피나 정액이다. 원기(元氣)이다. 물의 도움을 받아 성령 즉 원신(元神)으로 거듭 날 수 있다. 백두산족의 바이블인 〈삼일신고(三一神誥)〉에서도 같은 뜻을 말하고 있다. 즉, 자신의 불변의 본성을 각성하고(원신각성), 닦아야 할 공부를 완수한(원신갱생) 사람만이 하늘나라에 올라가 영원한 행복을 누릴 수 있다.

2. 기운의 배양-陽氣, 充塡하기
기운을 하나로 모아 부드럽게 하여 갓난아이와 같이 될 수 있겠는가?(專氣致幼 能如嬰兒乎). 예수의 어록인 〈도마복음〉에는 '아이가 되어야만 천국에 갈 수 있다'는 뜻도 바로 여기에 있다. 예수님께서 몇 명의 젖을 먹고 있는 아이들을 보시더니, 그의 제자들에게 말씀하셨다. "이 젖 먹는 아이들과 같아야만 천국에 들어갈 수 있을 것이다." 제자들이 예수님께 묻기를 "그렇다면 우리가 아이처럼 된다면, 천국에 들어갈 수 있는 것입니까?"라고 하였다. 예수님께서 제자들에게 말씀하시길, "너희들이 둘을 하나로 만들 수 있을 때, 안을 바깥처럼 그리고 바깥을 안처럼 만들 수 있을 때, 남성과 여성을 하나로 만들 수 있어서 남성이 더 이상 남성이 아니며 여성 또한 더 이상 여성이 아니게 될 때, 너희들이 너희가 육체의 눈 대신에 새로운 눈을 만들 수 있고, 육체의 발 대신에 새로운 발을 만들 수 있고, 육체의 형상 대신에 '새로운 형상'을 만들 수 있을 때, 너희는 천국에 들어갈 수 있을 것이다"라고 하셨다. 이것은 육신의 재생이 아니라 영적인 재생을 말한다. ① 둘을 하나로 즉 '용(양적 에너지)'과 '호랑이(음적 에너지)'를 하나로 합칠 수 있어야 아이가 될 수 있다. ② 부활하신 예수님처럼 안에 있는 성령이 밖으로 몸을 나타낼 수 있어야 하고, 그 몸을 바람처럼 흩어서 안으로 갈무리할 수도 있어야 한다. ③ 남성 즉 불과, 여성 즉 물을 합하여 감로수로 성스러운 태아(聖胎)를 잉태시킨다면, 우리의 '속 사람'은 남성 여성을 초월하게 될 것이다. ④ 육체의 형상이 아닌 '새로운 형상'을 만들 수 있어야 한다. 즉, 영적인 몸이자 불멸의 몸, 장차 하늘나라에서 살아갈 몸이다. 보통 원신각성을 하여 '참나'를 발견하는 것은 불교의 1지 보살에 해당된다. 원신의 몸을 갱생시키는 것은 5지 보살일 때 가능하다. 7지 보살이 되면 본래의 청정함이 완연히 드러나서 더 이상 이기적 ego의 번뇌에 시달리지 않게 된다. '참나'의 빛으로 ego를 성스럽게 하는 수련이 필요하다. '참나'를 발견한 다음에도 계속하여 황금률(黃金律, Golden Rule), 역지사지(易地思之), 6바라밀이나 인의예지신의 생활화로 7단 이상 9단까지 올라가길 바란다. 적어도 도인(지도자)을 꿈꾸는 젊은이라면 마땅히 수련해야 할 것이다.

3. '참나'의 각성
'현묘한 거울'의 때를 씻어내고 벗겨내어 한 점 티끌도 없게 할 수 있는가? 滌除玄覽 能無疵乎에서 滌除는 장자의 心齋와 같은 말이다. 마음을 깨끗이 씻는 것이다. 이것이 마음을 비우는 것이다. 그러면 하느님의 얼이 그 빈자리를 채우신다. 그러므로 영성은 마음의 핵이다. '玄覽'은 '하느님이 보시기에'라는 뜻이다. '검을 玄자'의 검은 몽골어의 '칸', 이는 '하느님'을 뜻한다. 단군왕검의 검이다. 6祖 慧能대사의 말처럼 항상 무주, 무상, 무념(無住, 無相, 無念)으로 二相의 모든 번뇌를 떠나 眞如의 본성에 이르러, 본래 태양처럼 밝은 명덕(明德, 밝은 덕, 良心)으로 만 가지 일에 응하여 주체가 될 수 있는 것이다.

4. 애인 愛人, 자비의 완성
백성을 사랑하고 나라를 다스리되 아는 것이 없이 할 수 있겠는가? 愛民治國 能無知乎. 이웃 사랑과 나라 다스림에 영성의 뜻에서 하라는 뜻이다. 能無知乎. 능히 아는 척함이 없이 할 수 있겠는가? ego의 뜻을 내세우지 말고 하라는 뜻이다. 능히 무위일 수 있겠는가? 인간적인 허위허식을 버릴 수 있겠는가?

5. 역행(力行), 오감의 통제
하늘의 관문을 열고 닫음에 암컷처럼 할 수 있겠는가? 天門開闔 能

爲雌乎. 하늘 문이 열리고 닫힐 때, 여성처럼 순종적일 수 있겠는가? 허심(虛心)한 태도를 가질 수 있겠는가? 태식(胎息)을 통해 '원신의 몸'을 배양하면, 원신이 갱신되어 하느님이 계시는 하늘로 통하는 문인 '천문(天門)'이 열릴 것이다. 평지에서 신선이 되어 하늘로 올라가는 것이 가능하다는 것이다. 노자가 바로 이러한 신선을 노래하는 것이다. 단전에 기운을 모으는 것 즉, 폐기(閉氣)를 하게 되면 태식과 火候(불기운의 조짐)가 온몸을 달구는 '周天火候'가 절로 일어난다. 오직 하단전(下丹田)에 정신과 기운을 모아주기만 하면 된다. '정기신(精氣神)'은 내면의 세 가지 보물이고 '귀, 눈, 입'은 외면의 세 가지 보물인데, 내면의 세 가지 보물은 바깥 사물을 쫓아가지 않도록 해야 하며, 외면의 세 가지 보물은 마음을 유혹하여 흔들지 않도록 해야 한다. 소크라테스(BC 469~BC 399)의 말대로 "육체에서 완전히 해탈하여 모든 욕망에서 청정해진 존재만이, 신들이 사는 세계에 들어가서 함께 살 수 있다."

6. 궁리(窮理), 지혜의 완성

사방으로 명백히 통달하더라도 아는 것이 없이 할 수 있겠는가? 明白四達 能無知乎. 능히 감추고, 아는 것이 없는 것처럼, 어리석은 모양을 할 수 있겠는가? 무지는 자아(ego)가 죽은 상태이다. 無知無欲이면 '참나'로 一心으로, 즉 영성과 이성의 합일로 일을 처리함을 뜻한다. 일심(一心)이야말로 만 가지 원리(原理)를 갖추고 있다. 불심(佛心)은 지실(知悉)이라. 모든 것을 다 알고 있다. 일심구만리(一心具萬理)이다. 원리를 궁구함은 예컨대 '본성' 가운데 인의

예지가 있으며, 그것이 발동하여 '측은, 수오, 사양, 시비'의 양심이 되는 것을 아는 것이다. 단지 이 4가지 범주가 있을 뿐이니, 세상의 만 가지 사물이라 할지라도 모두 이 4가지 범주 안에서 벗어나지 않는다. 生之 蓄之 生而不有 爲而不恃 長而不宰 是爲玄德. 이것(원신의 胎兒, 道胎)을 낳고 이것을 기르고, 그래서 이것을 낳고도 내 것이라 하지 않고, 내 소유로 하지 않는다. 하는 것이 있으되 '나'만 믿으라고 하지 않으며, 이것을 길러주되 '내 뜻'대로 주재하려고 하지 않으니, 이것을 일러 '현묘한 덕'이라고 한다. 이것이 '하느님의 사랑'이다. 성경에서도, 어린아이의 독립적인 인격을 인정하고, 낳고 기르고 위해주는 것이 하느님의 인격을 믿기 때문에, 자신의 소유물인양 여기지 말라는 것이다. 天孫으로 잘 위해주어야 한다는 것이다.

불교의 가르침도 개인(個人) 별업(別業)이라는 것을 인정한다. 개인주의를 인정하는 것이다. 집단으로서의 업인 공업(共業)과 함께 별업을 인정한다는 것이다. 그러나 배달민족은 '나'보다 '우리'라는 말을 즐겨 쓴다. '나'라고 하는 순간부터 '우리'로부터 떨어진다. 외로운 방랑자가 되는 것이다. '우리'라고 하면 내재적이며 초월적인 유리자도 포함된다. 참으로 좋은 말이다. 종국으로는 개개인의 업보는 개인의 책임 하에 소멸해야 한다는 것이다. 개인이 보유한 불성을 존중하라고 가르친다. 일심(一心)으로 '참나'로 거경(居敬)하고, 궁리(窮理)하여 4단을, 사랑을, 의로움을, 육바라밀을 역행(力行)하자. 그리하여, '현덕(玄德=하느님의 사랑)'을 쌓자. 지도자는 이러한 도를 실천하는 주인공이어야 한다. 지도자는 추종자들에게 이 도태(道胎)를 양성하도록 권면하고 지도하라.

제11장
빈 공간의 위대한 작용 ◎

조용함(침묵)에 주의를 집중하라. 집단 내에서 아무 일도 없을 때에 무슨 일이 일어나고 있는가? 이것이 집단의 장(group field)이다. 13명이 원을 그리고 둘러앉았다고 하자. 아무런 일이 없을 때에, 그 집단의 장의 성격을 결정하는 것은 그 원의 중심에서 느껴지는 기풍 또는 분위기이다. 빈 공간을 주시하도록 학습하라. 빈 집에 들어 갈 때, 그곳의 분위기를 느낄 수 있는가? 항아리나 단지도 이와 같다. 내부의 빈 공간을 관찰하라. 그 공간은 항아리의 쓸모를 담고 있다. 사람들의 말과 행동들은 상징들이고, 그 집단에 형태와 내용을 부여한다. 반면에 침묵과 빈 공간들은 그 집단의 본질적인 기풍을, 즉 일어나는 모든 일의 맥락을 나타낸다. 이것이 집단의 장인 것이다.

原文

三十輻共一穀 當其無 有車之用 埴以爲器 當其無 有器之用 鑿戶牖以爲室 當其無 有室之用 故有之以爲利 無之以爲用

주

輻: 바퀴살. 轂: 바퀴 통. 無: 여기서는 빈 공간을 의미함. 埏: 처서 둥글게 한다. 埴: 진흙, 鑿:끌로 구멍을 파는 것. 戶牖: 지게문, 출입문과 들창문, 벽 창. 중국에서는 점토로 만든 벽돌로 이루어져 있다. 사방이 모두 벽이라면 거기에 구멍을 뚫은 것이 지게문이고 창인 것이다. 30개의 바퀴살(spokes)이 모이는 하나의 바퀴통(hub)은 적은 것이 보다 많은 것의 祖上임을 나타낸다(唐 玄宗). 30개의 바퀴살은 달의 週期를 모방한 것임(河上公 159 BC. 황하 옆 움막에서 살았다고 하상공이라 함. 王弼다음으로 유명함).

성인들의 마음들은 텅 비어 있으므로, 사람들이 그들에게 도움을 청하느라 돌아온다. 마차, 주전자, 방 같은 것에 빈공간이 없다면 그 쓰임새가 없을 것이다. 이와 같이 우리의 몸이 살아 있는 것은 氣(breath) 때문인데, 기를 생산하는 것은 텅 빈 비존재의 마음이다. 門은 사람의 입과 코를 지칭하고 창문은 귀와 눈을 지칭한다. 天과 地는 형태를 보유한다. 하늘과 땅이 유용하다는 것을 잘 알고 있다. 그러나 그들이 모르는 것은 그 유용성이 大道의 虛空性에 의존한다는 것이다. 이와 같이, 우리는 형체를 갖고 있으며 우리가 유용하다고 생각하지만, 우리의 유용성은 우리의 텅 빈 형체 없는 마음에 의존한다는 것을 알지 못한다. 고로 존재는 그 쓰임새가 있으나, 그 쓰임새는 비존재에 의존한다. 비존재가 더 중요한 것이다. 하지만, 비존재는 그 자신은 작동하지 않는다. 그것은 존재의 도움이 필요한 것이다(德淸-명나라의 禪僧). 노자의 존재와 비존재는 陽과 陰과 같은 것이다.

• • •

> 해석

30개의 바퀴살이 하나의 바퀴통에 집중되어 있다. 그 아무것도 없는 빈 공간에 수레바퀴의 유용성이 있다. 찰흙을 반죽하여 그릇을 만든다. 그 아무것도 없는 공간에 그릇의 유용성이 있다. 지게문(戶)과 창문을 뚫어 방을 만든다. 그 아무것도 없는 공간에 집의 유용성이 있다. 그러므로 무엇인가가 있는데서 이로움을 얻지만, 그것은 실은 아무것도 없는 것의 유용성이 그 근본에 있기 때문인 것이다.

> 해설

노자는 수레바퀴, 그릇, 방의 간단한 예를 들어 그의 철리(哲理)를 밝히고 있다. 즉, 無에서 有를 낳는 근원의 진리를 주장하는 것이다. 무극에서 태극, 황극이 나온다. 예술에 있어서도, 空白이 중요하다. 그러므로 지도자는 '참나'로 무지무욕의 자리에서 현상계의 움직임을 파악하여, 국민의 마음과 이에 대처하는 대응책을 강구해야 하는 것이다. '참나(道, 神靈)'와 함께 있으면(玄同), 현상계가 잘 보인다. 석가와 마하가섭의 염화미소로 전해진 무언지교(無言之敎)의 핵심은 이 우주의 정체가 빔(空)이라는 것이다. 천문학자들에 의하면 하늘의 별은 $10^n(n=24)$개로 추산된다. 즉, 육안으로 볼 수 있는 별의 수는 6000개 정도이지만, 우리가 속해 있는 별인 지구를 포함한 은하계가 10n(n=12)개, 그 만한 수의 은하계가 10n(n=12, 1000억 개)개가 있어 별의 총 수는 10의 24승개로 추산된다. 이 많은 별을 감싸고 있는 무한한 공간은 허공이다. 석가가 꽃을 들었을 때에 우리는 대부분 꽃만 보듯이, 하늘을 보면 우리는 대부분 별만 보고 감탄한다.

그러나 석가와 마하가섭은 이 우주의 정체가 허공이라는 것을 본 것이다. 그 많은 별보다 훨씬 넓은, 무한공간이 우주의 정체이고 텅 빈 공간은 영생하는 것이다. 여기의 별 들은 수명이 제한되어 생멸을 하지만 공간은 영원히 존재한다. 즉, 불생불멸, 불구부정, 부증불감하는 것이 허공이다. 별들을 포함한 모든 법(일체의 심리 및 물리현상)이 空相(텅 빈 모습)이라는 眞理를 반야심경에서 가르치는 것과 같다. 데카르트는 모든 것을 의심하고, '의심하는 주체인 나만은 있다'라 하고 명석하게 판명된 인식만을 진리라고 하였다. 데카르트는 참으로 반쪽의 진리만 알고 있었다. 장자는 "생사존망의 일체자"를 알고 있었다. 사람은 허공(本無)에서 나와서 本無를 그리워하고 살다가 본무로 돌아가는 존재이다.

제12장

返照의 시간:
도인은 오감과 욕망에 휘둘리지 말아야 한다 ★

집단 내에서의 끊임없는 드라마가 의식을 흐려지게 한다. 지나친 소음이 분별력을 압도한다. 정보의 부단한 입력은 순수한 통찰력(insight)을 흐리게 한다. 선정주의(sensationalism)로 학습을 대체시키지 말라. 정기적으로 침묵의 반성을 위한 시간을 가져라. 내면을 향하여 이미 일어난 일을 다시 반추(digest) 하라. 감각을 쉬고 정지시켜라. 국민으로 하여금 그들의 피상적인 수다나 망상을 멀리 하도록 일러라. 국민에게 상황에 대한 전신적인 반응(the whole body's reaction)에 관심을 기울일 것을 가르쳐라. 집단구성원들이 반성할 시간에, 자신들과 딴 사람들에게 무엇이 긴요한가를 보다 분명히 알 수 있을 것이다.

原文

五色令人目盲 五音令人耳聾 五味令人口爽 馳騁田獵令人心發狂 難得之貨令人行妨 是以聖人爲腹不爲目 故去彼取此

주

馳騁: 말을 달리는 것. 田獵: 사냥. 五色: 靑, 黃, 赤, 黑, 白. 五音: 宮, 商, 角, 徵, 羽. 五味: 신맛, 짠맛, 매운맛, 쓴맛, 단맛. 爽: 정상 상태를 잃어버린다는 뜻. 妨: 해로운 일. 去彼取此: 저것은 감각에 호소하는 외계의 사물을 가리키고, 이것(此)은 자신의 내부에 있는 정신의 작용을 가리킨다. 고대 중국인은 만물을 물, 불, 나무, 금속, 흙의 5개 요소로 분류하는 것을 선호했다. 이에 상응한 색깔은 청색, 적색, 흑색, 백색, 황색이고 이에 상응하는 맛(味覺)은 짠맛, 쓴맛, 신맛, 매운맛, 단맛이며 그리고 상응하는 음은 라, 솔, 미, 레, 도이다. 색깔은 눈 속의 송곳과 같다. 소리는 귀속의 가시 같다. 맛은 혀를 통과하는 도끼 같은 것이다. 오감을 자유롭게 놔두면, 보고 듣고 냄새 맡고, 맛보고 느끼고 생각하는데 있어서 진짜를 알지 못한다. 우리의 행동도 자유로이 풀어놓으면, 소유나 이윤에서 옳지 못하게 된다. 배는 채워지면 안다. 그러나 눈은 만족할 줄을 모른다. 눈이야 말로 예의를 지켜서 보아야 한다. 눈이 환상(속임, 미망)의 6개 원천 가운데 첫째가는 것이다. 장수의 비결은 외적인 유혹을 무시하고 있는 그대로의 자신에 만족하는 것이다.

• • •

해석

오색의 찬란한 빛은 사람의 눈을 멀게 만들고, 오음(五音)의 아름다운 소리는 사람의 귀를 멀게 하며, 오미(五味)의 좋은 맛은 사람의 입을 버려놓고, 말을 타고 달리며 사냥하는 유쾌한 일은 사람의 마음을 미치게 만들며, 희귀한 재물은 사람의 행동을 방황하게 한다. 이 때문에 성인은 '배(참생명, 道胎)'를 위하지 '눈'을 위하지 않는다. 그러므로 저것을 버리고 이것을 취하는 것이다.

> 해설

사치와 향락에 빠져 들어가는 감각 만능의 쾌락주의를 비난하고 있다. 그러한 사회는 인간을 타락시키고, 병들게 하며 범죄자로 만들 뿐이다. 無爲自然의 道를 체득한 성인은 감각적인 허례허식을 찾지 않고 쾌락주의를 배격한다. 3장에서의 근본적인 것을 부연하고 있다. 오색, 오음, 오미로 사람의 마음을 유혹하고, 사냥과 오락으로 인간의 마음을 타락시킨다. 그러므로 도를 체득한 지도자는 쾌락주의를 멀리하고, 내부의 힘을 기른다. 도태(道胎)를 키운다. 실기복(實其腹)한다. 자기 내부의 정기신을 단속한다. 老子는 뱃속의 도태(道胎)를 보았던 것이다. 그러므로 도인은 '참나'를 위하지 눈을 위하지 않았다(爲腹不爲目).

사람들을 무지무욕의 소박한 경지에 있게 하고, 기만, 협잡, 잔꾀, 잔머리 굴리는 사람들이 끼어들지 못하도록 한다. 진정한 평화가 깃들어, 인간을 인간답게 하는 사회가 구축되기를 노자는 희망하는 것이다. 마음은 본래 텅 빈 것이어서, 사물에 감응함에 흔적과 자취가 없다. 이러한 마음을 '붙잡아 챙기는 것(마음 챙김)'에는 요령이 있으니 보는 것을 준칙으로 삼아야 한다. 겉으로 눈을 단속하고, 속으로 마음을 편안케 할 수 있어서, 극기복례(克己復禮)할 수 있을 것이니, 오래도록 잘 닦아 가면 정성스러워지는 경지에 이를 수 있을 것이다.

몸의 눈(肉眼)을 감고 마음의 눈(心眼)으로 생각과 감정 오감 너머에 있는 靈의 나라에 다다라야 한다. 이를 內觀이라하고 直觀이라고 한다. 그래서 기도와 참선은 육안을 감고하는 것이다. 석가는 아예 '참나'에는 눈, 귀, 코, 혀, 몸, 뜻도 없고 빛깔, 소리, 냄새, 맛, 촉감, 인식도 없다(無眼耳鼻舌身意 無色 聲香味觸法)'라고 하였다〈반야심경〉. '참나'는 몸뚱이가 아니라는 뜻이다.

제13장

성공: 자기를 사랑하는 사람이
나라를 사랑할 수 있다—榮辱을 초월하라 ★

성공을 칭찬(총)과 비난(욕)의 용어로 측정한다면, 불안(환)은 끝이 없을 것이다. 좋은 명성이나 평판은 더 이상의 발전에 방해가 된다. 명성은 자신을 적절히 돌보는 것만큼이나 짐스러운 것이다. 칭찬(총애)이나 비난(욕)은 왜 문제가 되는가? 만일 집단이 한 가지를 칭찬하면, 기분이 좋아지고 그 다음에도 똑같이 박수를 보내지 않으면 근심을 할 것이다. 또한 비난하거나 따지거나 불평하면 마음이 상할 것이다. 어떠하든 불안하고 의존적이다. 좋은 명성이 어떻게 방해가 될 수 있는가? 좋은 업적으로부터 좋은 평판(명성)이 나는 것은 자연스러운 것이다. 그러나 그 명성을 소중하게 여기려고 하거나 그 명성을 보존하려 하면 당신은 더 이상의 발전을 위해 필요한 자유와 정직성을 상실한다. 좋은 업적을 쌓기 위해서는 당신 자신을 잘 돌봐야 한다. 당신은 자신을 높이 평가하고 타인도 당신을 평가하도록 허용해야 한다. 그러나 지나치면, 당신은 자기중심적으로 변하고 이때의 자기중심성(自己中心性, ego-centrality)은 자신과 일 모두를 해치게 된다. 만일 당신이 성공의 열매와 더불어 살고 자신을 적절하게 돌본다면, 타인에게도 성공을 심어 촉진시킬 수 있는 것이다.

原文

寵辱若驚 貴大患若身 何謂寵辱若驚 寵爲下 得之若驚 失之若驚 是謂寵辱若驚 何謂貴大患若身 吾所以有大患者 爲吾有身 及吾無身 吾有何患 故貴以身爲天下者 可以寄天下 愛以身爲天下者 可以託天下

주

총애를 받으면 존경을 받는다. 존경받으면, 자만해지고, 자만은 미움을, 미움은 치욕을 부른다. 따라서 도인은, 성공과 실패를 똑같이 경고로 받아드린다(王眞-당나라의 장수로서 평화주의자로 독특하다). 흔히 총애는 상승을, 모욕은 하강으로 여기지만 총애와 모욕은 분리될 수 없다. 모욕은 총애로부터 야기된다. 총애 또는 영예를 얻으면, 벼랑 끝에 서 있는 것처럼 너무 높아지지 않았는지 걱정해야 한다. 자신들의 지위나 부를 자랑하지 말아야 한다. 총애를 잃고 치욕에서 사는 사람들은 근심에 더 많은 걱정을 해야 한다. 총애와 영예는 외적인 사물이지 우리에게 속한 것들이 아니다. 우리가 이것들을 소유하려고 하는 순간, 모욕과 근심으로 변한다. 만일 우리가 우리 몸을 귀히 여기고 사랑하고, 남과의 교제에서 자연질서를 따르고, 우리의 욕망에 빠지지 않으면 대환을 모면할 수 있다(司馬光 1019~1086, 宋나라 정치인). 우리는 우리 안에 선한 것과 고상한 것을 모두 보유한다. 修身은 이것으로부터 시작해야 한다. 총애나 모욕, 영예나 근심에 의해 영향을 받는 이는 영광의 왕국을 받을 자격이 없다(王弼 226~249, 그는 비록 24살의 어린 나이로 갑자기 죽었지만 도교를 종교보다는 형이상학으로 논한 최초의 학자이다).

• • •

해석

총애와 굴욕은 사람을 미치게 한다. 그것은 커다란 憂患을 자신의 몸과 같이 소중히 하는 것이다. '총애와 굴욕'이 사람을 미치게 한다는 것은 어떤 의미인가? 신하된 자는 총애를 얻었을 때는 몹시 흥분한다. 그것을 잃었을 때에도 흥분한다. 이것이 총애와 굴욕은 사람을 미치게 한다는 뜻이다. 커다란 우환을 자신의 몸과 같이 소중히 한다는 것은 어떠한 의미인가? 우리가 커다란 해를 입는 까닭은 우리에게 신체가 있기 때문이다. 신체가 없으면 우리에게 무슨 해가 있을 것인가? 따라서 다음과 같이 말할 수 있다. 자신의 몸만을 아끼는 것이 천하를 위하는 것보다 더 크면 그러한 사람에게야 말로 천하를 맡길 수 있고, 자신의 몸만을 아끼는 것이 천하를 위하는 것보다 크면 그러한 사람에게야 말로 천하를 부탁할 수 있다.

해설

자신을 천하만큼 귀히 여겨라. 천하만큼 아껴라. 그런 사람이면 나라를 맡길 수 있다. 총애와 모욕을 받으면 빨리 빠져 나와라. 자신의 몸뚱이를 나라만큼 귀히 여겨라. 이것이 道이다. 총애와 모욕은 현상계에서 대립적인 것으로 여겨진다. 그러나 현상을 초월한 자리에서는 이는 위 양자를 초월하여 道에 귀의한다. 불교식으로 말하면, 총애와 모욕은 다 같이 相이다. 그 어느 것에도 끄달려서는 안 된다. 이렇게 상에 끄달리는 생활은 노예 같은 삶이다. 그러므로 이러한 相을 멀리하여 집착하지 말라. 이것이 지도자가 걸어야 할 道이다.

아끼는 몸뚱이로써 세상을 위해 같이 귀하게 여기는 자에게는 나라를 맡길 수 있고, 자신의 몸뚱이만큼 나라를 사랑하는 자에게는 나라를 부탁할 수 있다. 몸을 사랑하고 아낌은 자기가 하늘의 아들임을 알기 때문이다. 나라와 권세와 거기 따르는 영광은 사람의 것일 수는 없다는 것을 명심하여야만 나라 일을 맡을 자격이 있다는 것이다. 그런 사람과 그런 나라는 영원 무한할 것이니, 이것이 길(道)이요 진리(眞理)요, 생명(生命)이다. 몸을 정말 사랑하고 아끼는 길은 예수나 석가처럼 '참나'에 순종하여 몸을 불사를 수 있어야 한다. 몸이 없는 곳에 진리인 법신(法身)이 있고, 몸을 불사르는 곳에 신령스런 몸인 , 얼 나인 '참나'가 나타나기 때문이다. 육신 없음에 이르면 근심 없다는 말이 그 말이다(及吾無身 吾有荷患). 그러므로 귀히 여기는 몸으로써 세상을 위하는 이에게는 나라를 맡길 수 있고 사랑하는 몸으로써 세상을 위해 일하는 사람에게는 나라를 기탁할 수 있다. 육신 대신에 신령스러운 몸인 법신이 '참나(眞我)'요, 진리요, 생명이요, 길이기 때문이다.

세상 사람들은 지배자의 세상이고, 지배자가 명예와 돈과 지위를 높이 추켜올리면 국민들은 이를 좇아간다. 그래서 경쟁하는 규칙을 만들기도 하지만, 근본적으로 사기, 협잡, 살인 등 각종의 범죄를 근절하지 못한다. 寵辱, 대환, 번뇌 및 각종 질병도 거기에 있다.

 정치를 하고자 하는 사람이거나, 정치를 올바르게 하기 위해 비판하는 사람도, 진리(truth)를 말해야 한다. 즉, 권력을 쟁취하기 위해서도 국민에게 진리를 말해야 하고, 권력자를 위해서도 진리를 말해야 한다. 권력을 얻기 위해 진리를 말하는 것은 국민의 양심(본심)에 호소하여 감동어린 지지를 얻기 위함이다. 이에 국민의 양심의 결인 仁義禮智信을 강조하는 이유가 있다. 그러면, 정치가 진리를 구현하는 것이 될 수 있으며, 구체적으로 與野의 갈림도 국민의 양심에 따른 선택에 의존하게 된다. 다만 이때에 중요한 것은 자율적인 국민에 의한 선택을 보장해야 하는 것이다. 노자도 예수도 석가도 다 같이 이와 같은 진리를 말하고 있음을 간파해야 한다. 그러면, 하늘에서 이룬 것 같이 땅에서도 평화와 번영이 있을 것이고, 이 땅에 불국토를 세울 수 있을 것이다. 한 민족이 온 인류에게 선사하는 홍익이념이 펼쳐져, 사랑과 의로움, 조화로움과 옳은 판단 그리고 믿음의 사회가 형성될 것이다.

〈논어〉에서도, 공자님은 사랑의 올바른 방법에 대하여 다음과 같이 말씀하신다. "사랑하는 자는 자기가 나서고 싶으면 남을 먼저 내세워주고, 자기가 이르고 싶으면 남을 먼저 이르게 하는 것. 이것을 '사랑의 올바른 방법'이라고 말할 수 있다."

그러므로 지도자는 무엇보다도 먼저 자기 몸을 아껴야 한다. 그리고 그 몸을 바쳐 무위자연의 도를 먼저 깨닫고 실천해야 하는 것이다. 자신을 무한히 사랑하라. 그리고 자신을 무한히 믿어라. '도'의 정신으로 자율적 인간이 되어라. 자율적 인간으로 살아라. 그 정신으로 남을 아끼고 천하의 정치를 잘 할 수 있는 것이다.

제14장
道의 순환과 복귀
−도의 이치를 파악하여 일처리를 하라(道紀) ★

집단 내에서 무슨 일이 벌어지는지를 알 수 없다면, 더 열심히 응시하지 마라. 긴장을 풀고 당신의 내면적인 눈(心眼)으로 온화한 표정으로 살며시 바라보아라. 사람들이 말하는 것을 이해할 수 없을 적에는, 말꼬투리만을 잡지 말라. 문리적인 해석을 포기하라. 마음을 조용히 가라앉히고 보다 심오한 자신으로 경청하라. 보는 것과 듣는 것으로 혼란스러울 때에는, 일일이 따져서 이해하려 하지 말라. 잠깐 뒤로 물러나서 마음을 가라 앉혀라. 사람이 마음을 가라앉히면 복잡한 사태도 단순해진다. 무슨 일이 일어나는지를 알려면, 밀어 붙이는 것을 덜고, 속을 비우고 밖으로 마음을 열고 깨어 있으라. 응시하지 말고 보며, 열심히 듣기보다는 조용히 경청하라. 일일이 따지고 분석하지 말고, 직관과 통찰을 이용하라.

애쓰는 일을 덜 할수록, 보다 개방적이고 수용적일수록 보다 쉽게 사태를 파악할 수 있을 것이다. 또한, 지금 이 순간에 머물러라. 현재는 과거의 기억과 미래의 환상보다 더 많은 정보를 입수 할 수 있다. 그러므로 지금 현재에 일어나고 있는 일에 대해 주의를 기울이고 돌보아라.

原文

視之不見 名曰夷 廳之不聞 名曰希 搏之不得 名曰微 此三者 不可致詰 故混而爲一 其上不皦 其下不昧 繩繩不可名 復歸於無物 是謂無狀之狀 無物之象 是謂惚恍 迎之不見其首 隨之不見其後 執古之道 以御今之有 能知古始 是謂道紀

주

河上公은 이 장을 贊玄의 장이라 하여 "무색, 무성, 또는 무형인 것을 입으로는 말할 수 없고, 책으로는 가르칠 수 없다. 조용한 가운데 그것을 발견할 수 있을 뿐이며, 우리의 영으로 그것을 추구 할 수 있을 뿐이다. 그것을 조사연구를 통해 발견할 수는 없다"라고 말했다. 우리는 우리 안에서 그것을 볼 수 있을 뿐이고, 들을 수 있을 뿐이며, 붙잡을 수 있을 뿐이다. 精(essence)이 하나가 될 때, 우리는 그것을 볼 수 있으며, 우리의 氣가 하나가 될 때, 그것을 들을 수 있으며, 우리의 神(spirit)이 하나 될 때, 그것을 포착할 수 있다.

・・・

해석

그것을 보려 해도 보이지 않기 때문에, 이(夷, 불명료함, indistinct)라 한다. 그것을 들으려고 해도 들리지 않기 때문에 희(希,

faint, 희미한)라 한다. 그것을 손으로 잡으려 해도 잡히지 않기 때문에 미(微, ethereal, 미세함)라 한다. 이들 세 가지는 더 이상 밝혀 낼 수 없고, 서로 섞여 '하나(一)'로 되어 있다. 그 위라고 더 밝지 않고, 그 아래라고 그림자가 없다. 긴 노끈처럼 너무 미세하여 이름 붙일 수도 없고, 아무것도 없는 곳으로 되돌아간다. 이것을 '형체 없는 형체(無狀之狀)'라 하고, '물상 없는 상(無象之象)'이라 한다. 이런 것을 황홀하다고 한다. 앞으로 마주 보아도 그 머리를 볼 수 없고, 뒤를 따라가면서 보아도 그 후미가 보이지 않는다. 그러나 옛 '道'의 이치를 파악하여 지금 있는 일을 다스리면 능히 태고의 시초도 알 수 있다. 이것을 일러 '도의 실마리(紀綱, thread)'라고 한다.

해설

전반은 '도의 실재'를 설명하고, 후반은 '도를 아는 방법'을 말했다. 도는 무색, 무성, 무형(無色, 無聲, 無形)인 존재라서 인간의 시각, 청각, 촉각으론 알 수 없는 존재이다. 그것은 또한 명암으로도 알 수 없다. 끊기지도 않고, 무한정 계속되며, 이름 붙일 수도 없다. 그것은 무물(無物)의 세계로 돌아가는 것이다. 무에서 유로, 유에서 무로 돌아가는 것이다. 도는 황홀하고, 머리도 없고 꼬리도 없어 인간인식을 초월하여 존재한다. 시간적으로도 無始無終이다. 그러므로 '道를 아는 방법'은 옛 도를 잡고 지금의 일을 처리하니 옛 처음(道)을 알 수 있으니 이를 일컬어 '도의 실마리'라고 한다. 시월적(時越的)인(초시간적인) 무(無)에서 유(有)를 보라. 그러면,

역사도 시간도 넘어선 無의 본질을 알 수가 있을 것이다. 이것이 도기(道紀) 즉, '도의 벼리, 도의 큰 줄기, 도의 안목, 도의 기강(紀綱)'이라고 하는 것이다. 몸의 獸性을 다스리는 권위가 道紀이다. 즉 기강을 잡는 것이다.

사회문제도 道로 풀어야 한다. 사회의 기강을 바로 잡는 운동을 전개하는 데에는 사람이 天賦의 양심을 일깨우는 것이 핵심적인 목적이어야 한다. 평소 정규적인 교육과정에 고전을 통한 인간으로서 지켜야하는 도리와 우주의 생성과 운행원리 및 홍익이념을 각인시키는 교육이 필요하고, 때로는 범사회적인 운동을 전개하여 국민의 자부심을 각성시키도록 힘써야 할 것이다. 우리 민족의 역사적 사명을 국민에게 가르쳐야 한다는 것이다. 민족의 조상 얼을 되살리는 일이다. 종교적으로도, 기복신앙의 수준에서 한 걸음 도약하여야 한다. 그러면, 하느님도 도울 것이고, 부처님과 신장님들도 우리를 도울 것이다. 능동적으로 이 땅을 정화시키고자 하면 하느님도 우리를 돕고, 부처님도 신장님들로 하여금 힘을 보탤 것이다. 사람이 먼저 능동적인 행동을 취해야만 한다. 깨어 일어나자. 1장, 25장과 함께 도에 대한 원리적인 설명을 하고 있다.

데카르트를 비롯한 경험주의, 콩트 같은 실증주의 철학자, 마르크스 같은 유물론자들은 오관의 중요성을 인정하여 오관으로 지각하는 것만이 거짓이 아니라고 주장했다. 이들의 주장은 허깨비 같은 유령을 물리치는 데는 성공했지만, 오관으로는 지각할 수 없는 神

靈(道)을 부정하는 엄청난 잘못을 범했다. 오관은 형이하의 몸 살림에는 긴요하게 쓰이지만 형이상의 진리를 인식하는데 한계가 많다. 형이하의 물질계도 다 지각하지 못한다.

시공간을 초월하여 존재하는 절대적 존재인 '참나(唯一神)'은 몸의 감각기관이 아니고 마음으로 직관한다. 칸트는 시공간 안에서 직관을 하여 유일신을 찾지 못하였다. '참나'로 시공간 밖을 직관하면 유일신을 볼 수 있다. 칸트가 이것을 몰라 사람은 하느님을 인식할 수 없다는 망발을 함으로써 그 뒤에 수많은 무신론자가 나타나게 되었다. '참나'로 직관하는 것을 장자는 '氣로 듣는다'고 하였다.

氣란 순수한 마음, 텅 빈 마음이다. 이 텅 빈 마음으로 '참나'를 만나는 것은 증득이요 체득이다. 경험과 관념이 만들어내는 것이 아니다. 사실을 인식하는 체험이요 심득이다. 우리의 생각, 감정, 오감 너머에 존재하는 도는 따지고 물어서 알아지는 것이 아니다. 그 도가 우리 마음의 핵으로 존재한다. 이 심중의 영성은 절대세계(無)를 껴안고 있는 것이다. 그래서 온통 하나(混而爲一)이다. 노자가 말하는 이희미(夷希微)를 한글자로 나타내면 道이다. 황홀한 지경이다. 승승혜(繩繩兮)는 끊이지 않고 이어진다는 뜻이다. 시공간적으로 무한하다는 뜻이다. "예부터 오는 얼(참)은 도의 이치를 잡아 이제 있음(몸)을 다스리는데 쓴다(執古之道 以御今之有)"라는 말은 옛사람들이 얼 나를 깨달은 것을 古之道라 한다. 석가, 노자, 장자, 공자, 맹자, 예수, 우리조상 단군할아버지, 그리고 수많은 선비 선지자들에게 나타난 유일신을 천손인 우리도 깨달아야 한다. 그 도는 예부터 하느님이 계시는 위로부터 끊이지 않고 드리워져 있다.

제15장
예민하고 신비한 통찰력을 지녀라(微妙玄通) ◎★

그들은 명상법을 실천하셨다. 명상은 그들이 사태추이를 잘 파악할 수 있도록 도왔다. 명상은 그들로 하여금 무한(infinite)에 정초(定礎)할 수 있도록 도왔다. 그것이 그들이 때로는 심오하고 불가사의(不可思議, inscrutable)하게, 때로는 위대하게까지 보였던 이유이다. 그들의 지도성은 기술이나 또는 연기술(theatrics)에 근거를 둔 것이 아니고, 침묵과 그들의 주의집중능력에 근거를 둔 것이었다.

그들은 신의 은총과 알아차림(with grace and awareness)으로 움직였고, 복잡한 상황을 안전하게 협상할 수 있었다. 그들은 배려심이 강했고, 남에게 상처를 주지 않았다. 그들은 마치 손님처럼 예의바르고 조용하였다. 그들은 우아하게 순종하는 법을 알았고 자연스럽고 잘난 척하지 않는 법을 알았다. 그들은 마치 언덕 가운데에 놓인 골짜기처럼 개방적이고 수용적이며 항상 그곳에 있었다.

그들은 남을 위하여 사태추이를 명백히 할 수 있다. 왜냐하면 그들도 자신들을 위해 그렇게 했기 때문이다. 그들은 타인의 깊은 심연에 말할 수 있었다. 왜냐하면, 그들 또한 그들 자신의 깊은 갈등과 장애물들을 알아

냈기 때문이다. 그들은 그들의 이기심을 포기했기 때문에 타인을 드높일 수 있었다. 그들은 깨달은 사람이 되고자 하지 않았으며, 이는 그들이 이미 깨달았기 때문이다.

原文

古之善爲士者 微妙玄通 深不可識 夫唯不可識 故强爲之容 豫兮若冬涉川 猶兮若畏四隣 儼兮其若客 渙兮若氷之將釋 敦兮其若樸 曠兮其若谷 混兮其若濁 孰能濁以靜之徐淸 孰能安以動之徐生 保此道者 不欲盈 夫唯不盈 故能敝不新成

주

微妙玄通: 微는 예민하다. 妙는 정묘하다는 뜻. 玄通은 신비로운 통찰력. 强: 억지로. 容: 여기서는 형용한다는 뜻으로 쓰임. 猶豫: 조심하여 경계함. 儼: 엄연한 모양, 渙然: 녹아서 풀리는 모양, 敦: 도타운 모양, 중후함, 소박함. 曠: 빈 것, 넓게 훤히 트인 공허한 모양. 混: 하나로 섞인 모양.

• • •

해석

옛날의 가장 위대한 선비는 미묘하고 현묘하게 통찰력을 지니고 있어 그 마음의 깊이를 알 수 없다. 그런 까닭에 그들의 세상에 나타낸 모습을 억지로 형용해 볼 수밖에 없다. 머뭇거림이여, 마치 겨울에 냇물을 건너는 듯하다. 조심스러움이여, 마치 사방의 위험을 두려워하는 듯하다. 근엄함이여, 손님을 대하는 듯하다. 풀어짐이여, 얼음이 녹아 풀리는 것 같다. 질박함이여, 통나무인 듯하다. 텅 비어 있음이여, 골짜기인 듯하다. 모든 것을 포용하여 시비를 가리지 않는 태도는 탁류와 같다. 누가 능히 탁류를 고요히 정지시켜 서서히 맑게 정화시킬 수 있겠는가? 누가 능히 안락한 상태에 오래도록 머물면서 만물을 움직여 서서히 소생시킬 수 있겠는가? 이러한 도(道)를 잘 보존하는 사람은 가득 채우려고 하지 않는다. 대저 오직 가득 채우려고 하지 않기 때문에 능히 모든 것을 다 덮어 새로이 만들 필요가 없는 것이다.

해설

도(道)를 체득한 인물의 용모와 생활태도를 설명한다. 신중하고 깨어 있으며, 중후하며 부드러우며, 개방적이며 수용적이고, 맑고 밝으며, 또렷또렷하고 고요하여(惺惺寂寂) 그 살아가는 모습이 끈질기고 다부지다. 이 혼탁한 병적사회에서 자신을 보호하고 끈질기고 다부지게 살아가는 태도야 말로 주위사람들의 모범이 될 만하다. 도인은 소아적(egoistic) 효율성에 떨어질 것을 조심한다. 그리하여 도를 꽉 잡아 보존한다.

이와 같은 생활태도로 노자는 약한 인간들, 천대받고 이용당하는 사람들, 남을 속일 줄 모르고 억압 수탈당하는 사람들, 생활에 지친 불우한 이들에게 굳세고 다부지며 끈질기게 살아가는 철학을 심어 준 위대한 스승이었다.

노자가 닮고 싶은 마음속의 사람으로 보이는 성자의 모습은 "옛날에 착함을 이룬 선비는 미묘하게 현통하여, 하나님께로 뚫린 깊이를 알지 못하겠어라(古之善爲士者 微妙玄通 深不可識)"라고 하였다. 노자의 고지선사(古之善士)는 장자의 고지진인(古之眞人)과 같다. 노자는 착한 선비의 모습을 일곱 가지로 그려 놓았다. 삼가하기(豫), 두려워하기(猶), 정숙하기(儼), 너그럽기(渙), 도탑기(敦), 비우기(曠), 하나 되기(混)가 그것이다.

첫째, 삼가기(豫). 아홉 가지를 생각하라는 공자의 구사(九思), 여덟 가지를 바르게 하라는 석가의 팔정도(八正道)도 인생을 삼가면서 살아가라는 구체적인 가르침이다. 공자의 구사(九思)는 밝게 보고, 똑똑하게 들으며, 낯빛은 온화하게, 모습은 공손히, 말은 충직하게, 공경히 섬기고, 궁금하면 묻기를, 성냄에는 어려움을, 얻게 되는 것을 보면 옳은지를 생각하라는 것이다. 또한 석가의 팔정도는 보고, 생각하고, 말하고, 일하고, 숨쉬고, 정진하고, 기도하고, 자리하는데 있어서 바르게 해야 한다는 것이다. 즉 이 세상의 일체의 유위법은 마치 꿈과 같고, 물거품 같고, 아침 이슬 같고, 번갯불과도 같으니 마땅히 이와 같이 세상을 관할지니라. 즉, 우리가 보는 허깨비같은 有爲세계의 실상을 깨닫고, 보이는 것에 속지 말고 자신에게 속지 말며, '참나'에 비추어 그냥 무위의 세계에서 순수하게 살라고 하신 것이다.

둘째, 두려워하기(猶). 선사는 하느님을 두려워하기 때문에 이 세상이 두렵지 않다. 예수는 "성령을 두려워하라"고 하고, 공자는 "천명, 대인, 성인의 말씀(聖人之言)을 두려워한다"고 하였다.

셋째, 정숙하기(儼). 내 마음속에 우주보다 크신 우주의 임자가 계시는데 정숙해야 한다. 칭찬이나 비난, 위협이나 유혹, 이익이나 손해, 기쁨이나 슬픔에도 의젓해야 한다. 마음은 무념무상하게 되어야 한다.

넷째, 너그럽기(渙). 내 속에 북극의 빙산처럼 자리하고 있던 의심과 邪念이 얼음 녹듯 다 풀어지고 나면 다른 사람에게도 너그럽게 대할 마음의 여유가 생긴다.

다섯째, 도탑기(敦). 개체인 내가 전체인 '참나'를 홀로그램처럼 가지고 있으니 전체인 등걸(樸, 통나무)이다. 개체가 전체로 승화하였다. '참나'를 깨달아야 전체이다. '참나'로 사는 삶, 이것이 영원한 삶이다.

여섯째, 비우기(曠). 골짜기 같이 텅 빈 마음이라야 한다. 그 자리에 햇빛, 바람이 몰려오듯 성령의 '참나'가 자리한다. 맹자도 "마음

기르는 데는 욕심 적은 것보다 좋은 것이 없다"라고 하였다.

일곱째, 하나 되기(混). 전체와 하나 되면 죄악을 저지른 나에게도 신비한 빛이 나고 거룩한 향내가 난다. 아무리 지구가 오염되었다 해도 우주의 신비와 거룩에는 조금도 흠이 가지 않는다. 육신은 감방과 같다. 너와 나를 갈라놓는다. 그러나 헤어지고 나면 빔에 돌아간다. 태공(太空)이다. 마음이 평안하다. 아무도 없는 것이 아니고 일체가 거기에 담겨 있다. 누가 능히 흐린 것을 조용함으로써 천천히 맑히랴. 누가 능히 빠진데서 나올 수 있도록 감응시켜 차차 살려내랴. 이 일은 '참나'를 깨달은 사람만이(保此道者) 하는 일이다. '참나'를 간직한 이는 탐진치 삼독의 욕망을 채우려고 하지 않는다.

자신이 기여한 만큼, 국가발전에 기여한 정도만큼의 보상만 바라는 것이다. 善隣운동은 새로운 길이 아니고 옛 성현들이 가던 길이다(能蔽不新成). 그러므로 공적(公的)인 지도자를 꿈꾸는 젊은이들은, 수신을 통하여 道를 깨우치고 미묘현통(微妙玄通)하여 도를 생활화할 것이며, 치국평천하(治國平天下) 할 수 있을 때까지 능력을 배양하여야 한다.

제16장
몸은 죽어도 영은 죽지 않는다. 致虛極 守靜督하라 ◎

보다 더 심오해지기 위해서는 이기심을 포기하라. 완전하려는, 또는 부유해지려는, 또는 안전해지려는 또는 존경받으려는 너의 노력을 내려놓아라. 이러한 노력들은 당신을 한정짓는다. 당신의 보편성을 차단한다. 포기하는 것은 죽는 것과 같다. 모든 것이 생겨나고, 형태를 취하고 소멸한다. 당신도 같다. 당신이 죽을 때, 당신은 이기심을 포기한다. 그러면 당신은 여타의 모든 것과 하나가 된다. 나의 심오한 자아는 내가 여타의 모든 것과 하나라는 것을 알고 있다. 모든 피조물은 유일의 원리에 좇아 작동하는 유일의 전체이다.

나는 나의 이기심을 놓아버리고, 별개로 존재한다는 환상을 버린다. 나는 전체를 대신하여 행동한다. 나는 나에게도 그리고 너에게도 이롭게 한다. 나는 그 어느 누구와도 불화하지 않는다. 나는 평온하며 이 평안을 나눌 에너지가 많다. 일어나는 모든 것에 저항하지 않기 때문이다.

죽음은 두렵질 않다. 내려놓는 방법을 알고 영원의 본질을 알기 때문이다.

原文

致虛極 守靜篤 萬物竝作 吾以觀其復 夫物芸芸 各復歸其根 歸根曰靜, 靜曰復命 復命曰常 知常曰明, 不知常 妄作凶 知常容 容乃公 公乃王 王乃天 天乃道 道乃久 沒身不殆

주

竝作: 일제히 모두 生成發動하여 번성하는 것. 吾以觀復: 復은 본래의 상태로 돌아가는 것. 觀은 냉철히 관찰한다는 뜻이지만 동시에 그 도리를 깊이 생각한다는 뜻도 포함되어 있다. 芸芸: 꽃과 잎이 무성한 모양. 各復歸其根: 가을이나 겨울에 나뭇잎이 떨어져 뿌리 쪽에 쌓여 있는 모양을 가리킨다. 命: 天命, 하늘의 법칙. 常: 언제나 떳떳한 것, 언제나 그러한 것. 여기서는 영원불변의 법칙으로 해석된다. 明: 明察. 忘作: 법도나 사리에 맞지 않는 행동. 容: 포용한다. 용납한다는 뜻. 公: 공평한 것, 公爵. 天: 天理, 하늘의 법칙. 沒身: 몸이 마칠 때까지, 즉, 죽을 때까지.

・・・

해석

텅 빔의 극치에 이르고 靜寂을 일심으로 지키면 만물이 일제히 번성한다. 나는 그 만물들이 어디로 되돌아가는지 찬찬히 바라

본다. 만물은 아무리 무성하더라도 각기 그 뿌리로 되돌아간다(순수한 정기신의 회복). 뿌리로 되돌아감을 '고요함(靜寂)'이라고 하고, 이것을 天命대로 돌아간다고 한다. 천명대로 되돌아가는 것을 '상(常: 영원불변함)'이라 하고, '상'을 아는 것을 '明察'라고 한다. '상'을 알지 못하고 무턱대고 행동하면 불행을 초래하게 된다. '상'을 아는 사람은 그 마음이 천지와 같이 커서 만물을 포용할 수 있다(仁). 만물을 어느 것이나 다 포용하면 곧 공평한 것이다(義). 공평하면 그것이 곧 왕도이며, 왕도는 곧 하늘의 법칙이다. 하늘의 법칙이 곧 '道'인 것이다. '道'는 영원하다. 따라서 이 도를 지닌 사람도 영원하다. 죽을 때까지 위태함이 없을 것이다.

해설

허극(虛極)은 무극(無極)과 같이 유일신을 뜻한다. 허극은 허공(虛空)이다. 치허극(致虛極)은 생각으로 유일신께 이르는 것이다. 밖으로는 허공에 이르고, 그 허극이 마음속에 오면 소리 없는 소리로 속삭여준다. 그래서 정독(靜篤)이라 한다. 적멸(寂滅)과 그 뜻이 같다. Nirvana의 의역이 적멸이다. nir=無, vana=소리 즉, 소리가 없다는 뜻이다. 치허극 수정독(致虛極 守靜篤)이라면 유일신에 이르고 유일신을 마음속에 간직한다는 것이다. 즉, 유일신과 하나가 된다는 경지이다. 예수님의 "내가 아버지 안에 있고 아버지께서 내 안에 계시다"이며 석가의 선정(禪定)과도 일치한다.

산스크리트어의 '디야나(dhyana)의 음역이 선나(禪那)이고 의역이 정려(靜廬)이며 유일신과 함께 있을 때 방황하지 않는다. 노장의 사상과 석가의 사상이 만나서 꽃피게 된 것은 대승불교의 추진력이었다.

이 세상에 상대적 존재가 나고 죽는 것으로 절대자(唯一神)의 존재를 드러내 영광스럽게 하는 것이다. 이것이 상대적 존재의 사명이요, 보람이요, 목적이다. 죽어서 얼(靈)이 하늘나라로 간다고 믿는 것이다. 내 힘으로 가는 것이 아니라 유일신의 힘으로 간다. 그것이 유일신의 사랑이다. 노자는 얼 생명을 '거듭 목숨' 즉, '부명(復命)'이라 하였다. 부활과 같은 뜻이다. 몸은 죽어도 얼(靈)은 죽지 않는다(沒身不殆). 타고르는 몰신불태의 靈性을 인류공통의 생명이라고 하였다. 유일신이 인류 공통의 생명이다. 유일신이 계시는 한 우리는 죽지 않는다. 유일신은 無始無終에 불생불사의 영원한 생명이기 때문이다. 사람의 마음속에 유일신의 얼이 오지만 사람은 유일신이 아니다. 그러나 사람은 유일신의 거룩한 불꽃의 일부분을 지닌다. 21세기에는 유일신에 대한 생각이 밝아져야 한다. 사람이나 조형물을 신앙의 대상으로 삼는 것은 지극히 유치하고 우매한 일이다.

또한 황극사상(皇極思想)의 극치를 말한다. 하늘, 땅, 사람을 꿰뚫은 존재는 왕, 하늘, 도가 될 수 있다는 사상이 황극사상이다. 하늘은 명찰(明察), 포용(包容), 공평무사(公平無私)한 덕을 실현한다. 이것이 도를 실현하는 정치요, '무위자연의 진리'와 일치하게 되는 것이다. 불가의 선(禪), 백두산민족의 용호비결(龍虎秘訣), 또한 용호비결에서 배운 도가의 장생법(長生法)은 황극사상과 무관하지 않다. 무에서 나와 유로서 생장 변화하다가 다시 무로 복귀한다. 무에 돌아와 다시 유로 변하는 것이 영원불변인 모습이다. 불교식 표현으로는 반야(般若 prajina), 智를 행한다고 한다. 선정(禪定)으로 저 언덕에 이르는 것을 반야바라밀이라고 한다. 파도가 사라지고 끊임없이 흐르는 물과 같이 생멸(生滅)이 없는 경지를 일컫는다. 이 상태가 부처요 법신이다. 항상 무념(無念)이다. 기억과 집착이 없어서 거짓되고 허망함을 일으키지 않나니 이것이 곧 眞如의 성품이다. '지혜로써 보고 비추어 모든 법을 취하지도 아니하고 버리지도 않나니, 곧 자성을 보아 부처님 도를 이루느니라.' 영원불멸의 상(常)에 눈이 뜨는 밝은 지혜, 즉 반야인 것이다.

도를 실천하는 정치인은 이러한 진리를 터득하여, 개인적으로는 무지무욕의 경지에 마음을 두어 공평무사하게 국민을 포용하는 정치를 펴는 것이다. 老子가 복귀, 복명사상을 주장한 것은 후세에 지대한 영향을 끼친 원형(原型)이다. 서양의 니체의 영겁회귀(永劫回歸)사상과 일치한다.

이 글을 정리하는 필자도 귀근하여 후세의 천손들에게 영양분이 되고자 하는 마음으로 가득하다. 이 순간만은 영겁으로 회귀하는 것이다. 그러므로 후세의 천손들은 조상 桓因의 얼을 세계만방에 빛나게 하기 바란다. 이 지도자의 道를 체득하여 실천한다면 훌륭한 지도자가 될 것을 확신한다.

제17장

산파(midwife)되기:
최상의 정치는 無爲의 정치이다 ★

현명한 지도자는 불필요하게 간섭하지 않는다. 지도자가 존재한다는 것이 느껴지지만, 집단은 스스로 운영한다. 좀 더 적은 수의 지도자는 많은 일을 한다. 추종자도 있고, 숭배자 무리도 형성한다. 더 나쁜 지도자들은 집단에 활력을 넣기 위해 공포를 이용하며, 저항을 극복하기 위해 강제력을 사용한다. 가장 악랄한(지독한) 지도자들만 사악한 평판을 갖게 된다. 딴 사람의 소송을 촉진시킨다는 것을 기억하라. 당신의 소송도 아니다. 개입하지 말라. 통제하지 말라. 당신의 욕구를 강요하고 통찰력을 전면에 강요하지 말라. 만일 한 사람을 신뢰하지 않으면, 그 사람도 당신을 신뢰하지 않을 것이다.

당신이 산파라고 상상해보라. 누군가의 출산을 돕고 있는 것이다. 허세나 야단법석을 부리지 말고 잘 해야 한다. 지금 벌어지고 있는 일을 촉진시켜라. 네가 일어나야 된다고 생각하는 대로가 아니라. 만일 선두로 앞에 나서야 한다면, 산모가 도움을 받도록 리드하고, 그러나 책임이 주어진 것은 역시 아니다. 아이가 탄생했을 때에 그 산모는 "우리가 스스로 해냈습니다"라고 옳게 말할 것이다.

原文

太上 下知有之 其次 親而譽之 其次 畏之 其次 侮之 信不足 焉
有不信焉 猶兮 其貴言 功成事遂 百姓皆謂我自然

주

太上: 가장 훌륭한 것. 여기서는 가장 훌륭한 통치자. 下: 아랫사람들. 猶兮: 조심하는 모양. 貴言: 말을 중히 여겨 함부로 하지 않는다는 뜻. 2000년 전 삼황오제시대가 가장 평화롭고 조화로웠다고 중국인은 믿었다. 이 전설적인 통치자들은 그들의 권력을 겸허히 행사했기 때문에, 국민들은 그들의 존재를 인식하지 못했다. '해 뜨면 일어나고, 해 지면 나는 쉰다. 샘을 파서 물마시고, 밭 갈아서 나는 먹네. 황제의 권력이 나에게 무슨 상관이 있으리오'라는 口傳의 노래를 듣는 것처럼 덕으로 다스리는 것이 최상이요, 덕이 감소했을 때에는 친절함과 정의로 다스리고, 이것들로도 국민의 마음을 통제할 수 없으면 법과 형벌로 통치하고, 이것들로도 더 이상 국민의 마음을 통제할 수 없을 때에는, 힘과 거짓으로 행동하여 국민들의 경멸을 받는다. 통치자가 장관들을 자신의 손과 발처럼 여길 때, 그 장관들은 그를 심장과 영혼으로 여긴다. 먼지나 잡초로 보면, 그들은 그를 적으로 그리고 도둑으로 여긴다(孟子:390~305BC. 孔子, 荀子와 더불어 유교로 알려진 철학의 스승. 그는 공자의 손자인 子思와 함께 공부했음). 사랑과 칭찬, 두려움과 경멸 등은 상관에 대한 불신에서 나온다. 신뢰가 없어지면, 혼란이 나타난다(宋常星). 正直함은 修身(cultivation)의 시작이요 끝이다. 우리가 이 진리를 껴안을 때에, 세상은 평화를 향유하고, 이 진리를 등질 때엔 세상은 고통을 받는다. 위에 있는 사람이 밑의 사람을 不正直으로 대하면, 밑의 사람들은 거짓으로 대응한다(河上公-159 BC). "말이 있는 곳에 응답이 있다. 고로 성인은 머뭇(조심)거린다"(王弼).

· · ·

해석

최고의 정치는 백성들이 통치자가 존재한다는 것만을 안다.
그 다음은 백성들이 통치자를 친애하고 존경한다.
그 다음은 백성들이 통치자를 두려워하며,
그 다음은 백성들이 통치자를 업신여긴다.
통치자에게 믿음성이 부족하면 백성들이 그를 믿지 않는다.
통치자가 조심하여 그 말을 중히 여기면, 功을 이루고 일을 성취하여도 백성들은 알지 못하고 "그것이 저절로 그렇게 되었다"고 말할 것이다.

해설

현대사회는 목가적인 자율적 사회가 아니다. 그러므로 국민들이 道를 닦아야 국민들의 양심이 발동한다. 자율적 사회를 만드는 것이 목적인 정치, 백성들을 도인으로 만들어 주는 정치가 최상의 정치이다. 老子는 이러한 불변의 진리를 도덕경에 담았으므로, 귀중한 고전이라 할 수 있다.

道人은 무위자연의 정치를 해야 한다. 즉, 국민들을 자연 그대로 화육해 나가는 정치를 말한다. 국민을 자립적인 인간으로, 자신의 양심을 따르는 인간으로, 본래의 모습대로 존중하는 정치가 최상의 정치이다. 국민들로 하여금 자신의 양심에 복종케 하는 정치인 것이다. 교육도 자율적 인간으로 성장하도록 도움이 될 수 있도록 해야 한다. 천손으로서 자긍심을 갖도록 해야 한다. 안으로는 자주독립의 인격을 갖추고, 밖으로는 인류문화발전에 기여할 수 있는 인재를 키우는 것이 교육의 목적이어야 한다는 것이다. 그것이 홍익이념을 실천하는 길이다. 인류공영에 이바지해야 하는 것이 우리민족이 나아갈 길(道)이다.

두 번째는 국민들이 국민개개인 자신들의 양심이 아니고, 리더의 양심에만 따르게 하는 정치이다. 즉, 국민들을 리더에게 의존적이게 하는 정치이다. 소위 德治라는 것이다.

세 번째는 신의를 지키는 정치이다. 벌한다고 하면 틀림없이 벌하고 상을 준다고 하면 반드시 상을 주어 국민들을 이끄는 정치를 말한다. 국민들을 당근과 채찍으로 다스리는 것이다.

마지막으로 무정부상태의 정치이다. 무질서, 아노미 상태를 방관

할 수밖에 없는 무능 정치는 국민의 멸시를 받는다. 국가권력은 그 사회 내에 있는 일체의 폭력수단을 제압할 수 있는 권력(power)을 독점하는 것이기 때문에, 일정기간 이 권력행사를 위임받은 정치인은 그 권력을 사용하여 국법질서를 바로잡아 탈세 등을 일삼는 폭력배집단, 국가권력을 무력하게 하는 세력들을 척결할 책임이 부과되는바, 이 책임을 다하지 못하면 국민으로부터 모멸과 무시를 당한다. 헌법에 따라, 외침으로부터 국민의 안전을 보호하고 내부적으로는 치안을 확보하는 유능한 정치를 해야 국민의 신뢰를 받는다. 이것이 불변의 이치를 담은 道이다. 자율적 시민이 이상이지만 즉, 인간은 본래 자율적 존재이므로 자주 독립적이고 주체성이 뚜렷해야 하며 자신의 양심을 밝혀야 한다. 소아보다 대아를 살아가야 진정한 도인이다. 자연은 자신의 본성에 따라 자신의 길을 가는 것이요, 사람의 자연은 도를 실천하고 각자 자신의 본성에 따라 '절대적인 자유로움'을 누리는 것이다.

요약하면, 국민들이 도인으로 사는 것을 할 수 있도록 하는 정치인이 가장 훌륭한 정치인이다. 국민 각자가 자기 양심에 따라 사는 사회를 만들어야 한다는 것이다. 도인은 공자처럼 평소에 마음을 텅 비고 있다가, 누가 와서 물으면 양극단을 두들겨 준다. 즉, 과부족을 두들겨주면 묻는 사람이 스스로 답을 구한다. 이와 같이, 공자나 소크라테스의 산파술도 '스스로 모순을 발견하도록 돕는 것'이 목적이었다. 사이비 지도자는 언제나 자기를 내세우고 '자기가 귀하다'는 행태를 보인다.

제18장
唯一神(참나, 大道)을 버려 어지러워진 사회 ◎

유일한 원칙인 만유의 작동원리를 잠시도 잊지 말라. 이 원칙이 방기 되었을 때, 그리고 과정에 대한 명상이 실패했을 경우, 그 집단은 무슨 일이 일어날 수 있었을까, 무슨 일이 일어났어야 하는가, 이 기술 또는 저 기술이 좋지 않았을까라는 지적(intellectual)인 토론에서 궁지에 빠지게 된다. 곧 그 집단은 내분이 일어날 것이고 기가 꺾일 것이다. 일단 단순한 의식의 노선을 일탈하기만 하면 당신은 영리함, 경쟁 그리고 모방의 궁지에 진입하게 되는 것이다. 한 사람이 모든 피조물과 함께 하나의 통일체라는 것을 망각했을 때에는 보다 더 작은 전체 예컨대 가족, 국내 팀, 또는 자기 회사에로 충성심이 전이된다. 민족주의, 인종주의, 계급주의, 성별주의 등 이 모든 것은 통일체의식이 상실되었을 때 발생하는 현상이다. 사람들은 이쪽 또는 저쪽에 편을 든다.

原文

大道廢 有仁義 智慧出 有大僞 六親不和 有孝慈 國家昏亂 有忠臣

주

大道: 유가에서는 仁義가 大道이어야 하지만, 노자의 道는 일상적인 윤리를 초월하고 있다. 이 장은 완전히 逆說만으로 이루어졌다.
大僞: 크게 남을 속이는 허위. 六親: 父子, 兄弟, 夫婦.

• • •

해석

큰 도(道)가 없어지자 인(仁)이니 의(義)니 하는 것이 생겨나고, 인간에게 '지혜(智)'라는 것이 생기자 큰 거짓(大僞)이 생겨났다. 육친(六親)이 화목하지 못함에 '효성(孝)'과 '자애(慈)'가 생겨났으며, 나라가 혼란스러움에 충신이 생겨났다.

해설

노자를 post-modernist의 해체주의자로 보면 안 된다. 仁義가 많이 회자되는 사회는 그 사회가 벌써 썩어 있음을 말한다. 화목하지 않기 때문에 孝慈가 운위되고 충신을 말하는 것은 나라가 이미 망했음을 말한다.

'참나' 또는 '유일신'을 믿는 것은 우리가 진리의 근본으로서 믿는 것이지 창조주로서 믿는 것이 아니다. 그것은 모세 때의 인적지능이지, 요즈음 발달된 인류의 지성으로는 아니다. 더구나 우리의 선조 단군할아버지로부터 물려받은 천부경의 선언을 접한 우리는 피조물이 아니고 자본자근하는 천손으로서의 우리임을 자처해야 한다. 그러니 세계 모든 종교의 뿌리가 우리의 三一神誥사상임을 자부해도 손색없다.

봄(仁)이 뿌리이지만 가을(義)도 써야 한다. 모른다는 마음(道)으로 있다가, 불의를 보면 가을처럼 싸늘하게 판단(智)하여야 한다. 도에서 튀어 나온 지혜가 진짜이다. 자신이 주인공으로 있으면서 마음을 그때그때 써야 한다. 가을을 쓰고 곧장 봄으로 돌아와라. 道로 돌아와라. 도는 늘 모르는 마음이다. 완벽하게 노자를 안다고 하는 것도 道가 아니다.

자신을 완성하는 것이 '사랑'이다. '道'에서 바로 나오는 사랑이 진짜 사랑이다. 사랑도 초월하여 사랑을 해라. 사랑할 때에, 사랑하는 나는 누구인가?로 회광반조(廻光返照)하면 도를 만난다. 정의도 도에서 바로 나오는 것이 진짜이다. 仁과 義를 다 쓸 줄 알아야 한다. '참나'의 결(벼리, 端緖, 실마리)이기 때문이다. 다만, 時中만은 지켜야 한다. 도에서 바로 나오는 사랑이어야 하고 의로움이어야 한다. 늘 모르는 마음을 유지해야 한다. 그래야 영성이 높이 밝혀진다.

불교적 표현으로는 "머무름 없는 자리에 응하여 그 마음(상)을 내어라"고 한다. 즉, 형상이 없이 텅 빈 자리(道心)에서 감정을 내어라! 그리고 바로 도심(道心)으로 돌아오라는 것이다. 대도

(大道)란 큰 얼(靈)이다. 唯一神이다. 성인이나 부처나 도를 얻어 안다는 것은 다 이 하나를 구하고 믿고 말하는 것이다. 그 하나는 바로 우리 안에 있었던 것이고 밖에서 얻어낸 것이 아니다. 다시 말하면, 자신이 본래 '부처'였음을 깨달았다는 것이다(금강경 14분, 離相寂滅分). 노자와 장자는 대도에 무게를 두고 마음을 기울였고, 공자와 맹자는 인의(仁義)에 무게를 두었다. 대도가 영원한 생명인 '참나'임을 깨달았다. 인의를 세워 정치를 옳게 하기를 바라고 죽은 후에도 영생을 얻어라. 이것이 큰 얼(大道)을 찾지 않고 인의가 있게 된다(大道廢 有仁義)는 것의 참된 뜻이다. 아는 슬기가 나와 큰 거짓이 있다(智慧出 有大僞). 여기의 혜지는 小智를, 즉 개인의 욕심을 채우기 위한 것이고, '참나'에 바탕을 둔 大智가 아니다. 여섯 가까운 사이(부자, 형제, 부부)가 틀어져 효자와 자친이 강조된 것이다(六親不和 有孝慈). 나라가 어둡고 어지러워 충성된 신하가 있다(國家昏亂 有忠臣). 온 겨레가 우러르는 충무공 이순신과 안중근 등은 大道를 따라 살다 가신 우리의 선조이시다.

그러면, 우리는 여기에서 유일의 원리인 도(道)를 다시 환기해보자. 〈주역〉 설계전과 계사전에 좇아서 도의 내용을 살펴보면, 사람이 성명(性命)의 원리에 순응하고자 옛 성인이 역(易)을 지었는데: 하늘의 도(道)는 음과 양이요, 땅의 도(道)는 '부드러움과 강함(柔剛)'이며 사람의 도(道)는 '사랑과 정의(仁義)'이다. 천지인(天地人) 삼재(三才)를 겸하되 둘로 하니(3×2=6), 역이 6획으로 괘를 이루게 되었다. 또 계사전에서는 "한 번은 음을 취하고 한 번 양을 취하는 것이 만물의 근본원리인 도(道)이다(음과 양으로 만물을 다스림). 도(道)를 이어 가는 것은 선(善)이다. 도를 완성하는 것은 본성이다. 인자한 사람은 도를 보고 '사랑(仁)'이라고 말하고, 지혜로운 사람은 도를 보고 '지혜(知)'라고 말한다. 백성은 날마다 쓰면서도 도를 알지 못한다. 그러므로 군자의 길을 걷는 이가 드문 것이다." 군자는 仁義를 다 쓰는 사람이다. 양심(本心, 良心)대로 살면 되는 것이다.

제19장
자기향상:
도의 자리를 잡고 얼을 품어 少私寡欲하라 ◎

사람을 치료한다고, 사람들이 기분 좋게 한다고, 생활을 건전하게 또는 공평하게 또는 인간적으로 만들어 준다고 공언하지 말라. 이기심에 호소하는, 그리고 부자가 되는 법, 강한 권력을 잡는 법, 성적 매력-욕심 많고(greedy), 편집병적인(paranoid), 그리고 조작적인(manipulative) 프로그램을 제공 하지 말라. 어느 누구의 선생님도 당신을 행복하게, 번영되게, 건강하게, 또는 힘이 있게 할 순 없다. 어떠한 규칙도 어떤 기술도 이런 자질을 강화시킬 수 없다. 당신을 향상시키려면, 침묵을 지키거나 또는 또 다른 정화 훈련을 하라. 그것은 점차적으로 당신의 진정한 사욕 없는 자신(true self-less self)을 보여줄 것이다. 이것이 진정 당신을 위하는 길이다.

原文

絶聖棄智 民利百倍, 絶仁棄義 民復孝慈 絶巧棄利 盜賊無有 此三者 以爲文不足 故令有所屬 見素抱樸 少私寡欲

주

絶聖: 聖은 매우 뛰어난 英知를 뜻한다. 絶은 없앤다는 뜻. 絶巧棄利: 여기서 巧는 기교로서 기물을 만드는 기술을 말하고, 利는 상인의 賣買이익을 가리킨다. 文: 장식품. 素: 무늬 없는 흰 비단. 樸: 산에서 베어온 그대로의 다듬지 않은 통나무. 둘 모두 文과는 반대의 뜻을 지닌다. 素樸: 도의 자리, 바탕, 질박한 것. 純粹無雜한 것. 少私寡欲: 私가 적고 欲이 적다.

장자가 "호랑이와 늑대는 친절하다. 호랑이와 늑대들은 가르칠 필요가 없는 타고난 仁義감을 갖고 있다. 가장 지적인 인간이 얼마나 더 많은 것을 가져야 한단 말인가?"라고 말했을 때 뜻하는 바이다. 흔적을 남기는 지혜와 사람을 속이는 이성에 종지부를 찍어라. 그리하면 사람들이 크게 이로울 수 있을 것이다. 짐짓 겸허한 친절과 믿을 수 없이 배반적인 정의에 종지부를 찍어라. 그러면 친척들이 스스로 함께 모여서 또 다시 사랑하고 복종할 것이다. 지나친 기교와 개인적인 이익 챙김을 그만두면, 軍이 더 이상 나타나지 않을 것이며, 군이 더 이상 나타나지 않으니 도적이 사라질 것이다. 이 세 가지도 修身을 설명함이 없으니 불완전하다. 지혜와 이성은 능력의 정점이다. 친절과 정의는 행동의 극치인 것이다. 기교와 이익은 실천의 극치이다. 이러한 것들을 그 대신 무엇인가를 줌 없이 버리라고 하는 것은 부적절하며 아무런 의미가 없을 것이다. 따라서 우리에게 염색되지 않고 쪼개지지 않은 것에 초점을 맞출 것을 말한다(王弼). 세상의 방법들이 더욱더 인위적으로 된다. 고로, 聖

(wisdom), 知(reason), 仁(kindness), 義(justice), 巧(cleverness), 利(profit)와 같은 이름들이 있다. 도를 이해하는 사람들은 이러한 것들이 얼마나 인위적이고 세상을 다스리는데 부적절하다는 것을 안다. 이것들은 염색되지 않은 옷과 다듬지 않은 나무에 사람들을 집중시키는 데에도 좋지 않다. 인위적인 것을 버리고, 자연적인 것을 보임으로써 우리의 사적이익과 욕망은 사라진다. 즉 우리의 원래의 본성을 보존하는 것이 중요하다는 것이다.

∙ ∙ ∙

해석

성스러움을 끊고 지혜로움을 버리면 백성들의 이익이 백배가 될 것이다. 仁을 없애고 義를 버리면 백성들이 효성스러워지고 자애로워질 것이다. 技巧를 없애고 이로움을 버리면 도둑이 없어질 것이다. 그러나 이 세 가지(聖智, 仁義, 巧利)를 아주 끊어 버리는 일을 단행했을 때, 생활이 너무나 단순하고 장식품이 부족하다고 생각되면 부속품을 갖게 하는 것이 좋다. 즉 흰 비단을 입힌 통나무를 갖게 하는 것이다. 그리하면 이기심과 욕망이 적어질 것이다.

해설

풍자와 야유와 역설적 논리로 문명을 비판하는 글이다. 소위 지배자, 통치자의 교묘한 知識, 仁愛와 道德, 巧利를 끊고, 소사과욕하고 素樸한 마음으로 자연으로 돌아와야 국민들도 무지무욕으로 건전해 질 것이라고 한다. 부정, 비리, 협잡, 모리배, 정상배, 출세주의, 약육강식의 수탈, 공짜정신, 남 탓하기, 놀고먹기, 각종 범죄 등 사회문제가 발생한다. 먹이를 쫓는 개미떼와 파리떼와 같이 추하고, 시시비비 가리는 논의가 벌떼처럼 일어나고, 이해득실을 따지는 의견이 고슴도치처럼 곤두선다. 모름지기 냉철한 마음으로 판단하면 풀무로 쇠를 녹이듯 끓는 물로 눈을 녹이듯 사라진다.

요약하면, ego의 有爲行을 '참나의 무위'로(통나무로 비유) 통제해야 한다. 무위자연의 정치로 복귀해야 한다. 그러므로 소사과욕하라. 사리사욕을 적게 하라. 약간의 사사로움과 조금의 욕심은 어쩔 수 없다. 그러므로 욕망을 줄이고 그 자리를 양심으로 채워라. 사욕(慾望)과 양심(天理)은 서로 섞이는 법이 없다. 양자 간에는 zero-sum game 관계에 있다. 방법은 天理, 양심을 늘리면 된다. 道心을 늘려라. 오직 정일집중(精一執中)하라. 정밀하고 한결같게 도심을 잡아라.

거룩한 체를 끊고 아는 체를 버리면 국민의 이익이 백배나 좋아진다(絶聖棄智 民利百倍). 거룩이란 탐진치 三毒을 끊는 것이고 허공에 가득히 실존하는 영성을 아는 것이 슬기이다. 사이비종교 지도자나 사이비 정치인이 거룩한체하고 아는 체한다. 요즈음 한반도에도 사이비종교 지도자를 볼 수 있고, 북녘의 봉건영주 3대세습의 김씨 일가는 거룩한 체 천도를 모르면서 아는 체하면서 사람을 속이고 등치기를 일삼고 있다. 김일성 동상만도 3만 개가 넘는다고 한다. 옛날 교황의 자리를 뇌물로 사고팔기도 한 적이 있었다. 부패와 음행의 소굴에 살면서 거룩한 체 깨끗한 체하였던 것이다.

어진 체를 끊고 옳은 체를 버리면 국민이 다시 위 섬김과 아래 사랑으로 돌아온다(絕仁棄義 民復孝慈). 거짓된 인의(仁義)를 끊고 버려야 한다는 말이다. 조선조의 일부 유생들은 스스로 양반이라 뽐내면서 삼독의 업을 저지르기를 일삼았다. 상놈이라 천대하고 박해하며 살해하고 착취하고 노역케 하였다. 기술자는 쟁이라고 천시하였다. 자기 첩의 새끼들도 서자라 하여 아들 취급을 하지 않았다. 그러면서도 공자 맹자를 입으로 외쳤다. 공자가 서민이요, 서자 출신이라는 사실을 알기나 했는지 모를 일이다. 실학파들이 '絕仁棄義'를 외쳤다. '윗물이 맑아야 아랫물이 맑은 법'이요, 사람 위에 사람 없다는 말이 옳다.

인도의 카스트 제도를 고치지 않고 天神을 예배하며 사랑과 정의를 말하고 있다. 석가와 간디의 가르침대로 인도사람들은 카스트 제도를 무너뜨려야 한다. 잔재주를 끊고 제 이익을 버리면 훔치는 도둑이 있을 수 없다(絕巧棄利 盜賊無有). 간디의 말에 의하면 간소한 생활을 할 수 있는 그 이상의 재물은 장물(臟物)이다. 공평분배의 원칙에 벗어나면, 그 결과로 재물이 한군데로 쏠리면 공정성의 원리를 위배한 것이다.

요즈음 재벌들이 가진 재물이 전부 개인의 사유물인양 생각하는 것은 큰 잘못이다. 더구나 3세로 상속된 것이 재산과 자리(經營權)인데 이들이 이념이 없고 능력이 없으면, 하늘이 이 특권과 재산을 빼앗을 것이다. 누구든지 전체인 虛空의 唯一神을 보아야 한다. 그리고 마음속에 내려와 계신 靈性인 '참나'를 마음의 핵으로 품어야 한다. 致虛極 守靜篤을 달리 표현한 말이다. 마음을 텅 비우고 고요히 지키는 순수함을 말한다. 그리하여 少私寡欲 해야 한다. 사리사욕을 줄여야 한다. 우리의 진면목을 드러낼 수 있다.

요컨대 지도자가 되려면 인심 즉, ego의 마음보다 도심 즉, '참나'의 마음을 성심성의껏 잡아라.

제20장
배움을 뛰어넘어 깨달아야 근심이 없어진다 ◎

 우리가 할 일은 자연적인 과정을 촉진시키는 일이고 갈등, 모순, 격론을 정화시키는 일이다. 이러한 능력은 공식적인 교육(학문)보다는 상식과 전통적인 지혜에서 나온다. 고등교육을 받은 지도자는 서로 다른 이론적 모형의 용어로 응답하는 경향이 있다. 그러나 지금 여기에서 벌어지는 일에 대하여 직접적으로 단순히 대응하는 것이 더 좋은 것이다.

고로, 당신이 가지고 있는 모형이 전통적인 지혜와 병존 가능한 것인지를 먼저 확인하라. 모든 종교들의 현자들을 존경하라. 예컨대, 대부분의 사람들이 자신의 욕구를 충족시키기 위해 행동한다. 그들은 세상이 자신들에게 봉사한다고 믿고 있다. 그러나 현명한 지도자는 타인에게 봉사하며 상대적으로 욕구가 없으며, 방어적이지도 않다.

대부분 사람들이 그칠 줄 모르는 욕구 때문에 시달리고 있다. 그러나 현명한 지도자는 상대적으로 적은 것으로 만족한다. 대부분의 사람들이 바쁜 인생을 살고 있지만, 현명한 지도자는 조용하고 사려가 깊다. 대부분의 사람들이 자극적인 것과 새로운 것을 추구하지만, 현명한 지도자는 상식적이고 자연스러운 것을 선호한다. 自足함은 삶에서 단순할 수 있게 한다. 상식적인 것은 보편적인 것이고, 자연스러움은 창조의 원천(源泉)에 근접한다. 이것이 전통적인 지혜이다.

原文

絶學無憂, 唯之於阿 相去幾何, 善之於惡 相去何若, 人之所畏 不可不畏 荒兮 其未央哉 衆人熙熙 如享太牢 如登春臺 我獨泊兮 其未兆 如嬰兒之未孩 儽儽兮 若無所歸 衆人皆有餘 而我獨若遺 我愚人之心也哉 沌沌兮 俗人昭昭 我獨若昏 俗人察察 我獨悶悶 忽兮其若海 恍兮若無止 衆人皆有以 而我獨頑似鄙 我獨異於人 而貴食母

주

唯: '예'하고 정중하게 대답하는 것. 阿: '응'하고 얕잡아 대답하는 것. 荒兮: 아득하고 멀게. 진리로부터 멀리 떨어져 있는 상태. 央: 다하다(盡也). 熙熙: 기뻐서 웃는 모양. 太牢: 소나 양 따위 맛 좋은 고기. 春臺: 봄 동산. 泊兮: 담담하고 안정된 모양. 兆: 징조. 孩: 咳와 똑같이 쓰이고 있다. 즉 간난아이의 웃음. 有餘: 남음이 있다. 여기에서는 세상 사람들이 욕망에 대한 의욕이 넘쳐 있는 것을 말한다. 沌沌兮: 분별도 분석함도 없는 어리석은 듯한 모양. 察察: 밝고 자세한 모양, 빈틈없고 분명한 모양. 悶悶: 사리에 어두운 모양. 澹兮: 동요하는 모양. 食母: 여기서 母는 道의 상징이다. 우리가 현상에 관한 연구를 포기하고 불간섭의 원칙을 이해할 적에, 분쟁은 종식되고 마음의 고통(心痛)은 사라진다. 세상에서 학습으로 통하는 것은 끝이 없다. 하나의 진실이 발견될 때마다, 두 개의 진실이 상실된다. 우리가 기쁨을 발견하는 반면에, 상실은 슬픔을 불러오고 그 슬픔은 그칠 줄 모른다. 비록 '예'와 '아니오'가 동일한 원천 즉, '입'으로부터 나온다 해도 '예'는 美의, '아니오'는 醜의 뿌리이다. 이들이 나타나기 이전에는 아름다운 것이나 또는 추한 것도 없고 두려워할 것도 없다. 그러나 한번 말로 표현되고 미나 추를 두려워하지 않는다면 환란과 손해는 피할 수 없게 된다.

衆人들이 사랑하는 것은 성인들 또한 사랑한다. 衆人들이 두려워하는 것을 성인들도 두려워한다. 그러나 성인들이 다른 점은, 중인들이 자신들의 마음 밖에는 아무것도 보지 않는 반면에 성인의 마음은 道 안에서 거닐고 있는 것이다. 모든 것이 그 반대의 것으로 변한다. 시작은 終末을 끊임없이 따라 다닌다. 그러나 사람들은 모든 것이 아름답거나 추한 것으로 생각한다. 어리석은가! 성인만이 일만 년이 똑같다는 것과, 아무것도 얻어진다거나 잃는 것은 없다는 것을 알고 있다. 사람들은 밖의 것(外物)을 찾지만 성인들만 홀로 내적인 氣(breath)로 자신들을 養身(nourish)한다. 氣는 어머니이며, 神(spirit)은 兒孩(child)이다. 엄마와 兒孩와의 조화는 생명을 기르는데 있어서 관건이다.

· · ·

해석

학문을 끊으면 근심이 없네. '예!'하고 정중하게 응대하는 것과 '응!' 하고 오만하게 대답하는 것이 얼마나 다르겠는가? 좋음과 싫음의 거리가 얼마나 되겠는가? '사람들이 두려워하는 일은 나도 피하지 않으면 안 된다'고 하지만 이 얼마나 진리로부터 먼 일이냐. 그 거리가 아득히 멀어서 가이없구나! 세상 여러 사람들은 기뻐 웃으면서 소나 양의 맛있는 고기를 즐기는 듯하고, 봄 동산에 올라 眺望을 즐기는 듯 하건만, 나만은 홀로 휑하니 빈 가슴으로 평안하고 고요하게 있네. 세속적인 욕망은 낌새조차 보이지 않으니 마치 아직 웃을지 모르는 갓난아이와 같네. 나른하고 고달파서 돌아갈 곳이 없는 사람과도 같네. 사람들은 모두 세속적인 욕망에 의욕이 넘치고 있건만 나만은 홀로 모든 것을 잃어버린 것만 같네. 내 마음은 어리석은 마음인가? 아무런 분별도 분석도 하는 바 없이 흐리멍덩하기만 하네. 세상 사람들은 모두 똑똑하고 분명하기만 한데, 나는 홀로 흐리고 어둡기만 하네. 세상 사람들은 사리에 밝고 빈 틈 없이 잘 살필 줄 아는데, 나만은 홀로 사리에 어둡고 어리석기만 하네. 大海처럼 동요하고 疾風에 날려 머물지 못하고 있는 듯 싶네. 세상 사람들은 다 쓸모가 있건만 나만은 홀로 완고하여 비루하네. 그러나 내게는 다른 사람들과 틀린 점이 있는데 그것은 어머니(食母)의 젖으로 길러져 그것을 귀하게 여기네.

해설

老子는 마치 삼매경에 들어 간 상태를 노래하는 듯한다. 명상에 돌입한 道人은 텅 빈(無極) 알아차림(太極)을 하고 있다. 현실을 초월해서 현상계를 관찰하면 다 보인다. 사심이 없이 무지무욕의 상태에서 현실을 관찰하라. 노자는 이 경지를 노래로 표현하고 있는 것이다. 그 내용을 섭렵해 보자.

배움을 끊어라, 근심 없을 것이다. 배움을 뛰어넘어 깨달아야 근심이 없어진다(絕學無憂). 학문을 하지 말라는 소리가 아니다. 사람은 지식을 배우다가 '참나'를 깨달아야 하는 것이다. 곡식이 자라서 열매를 맺는 것과 같다. 지식이 늘어나 이를 굴리면 지혜를 얻는다(轉識得智). 항우(項羽)는 사나이가 이름 석 자만 알면 되지 글은 알아서 무엇 하느냐고 하였지만, 그의 무지에서 오는 고집 때문에 손안에 다 넣었던 천하를 놓치고 참혹하게 죽어야 했다. 사람은 위학(爲學)을 하다가 절학(絕學)을 하고 위도(爲道)를 하다가 각도(覺道)를 하게 된다. 한 우물을 파되 샘물을 얻도록 끝까지 파야 한다. 위학이 세상의 지식을 끌어 들이는 것이라면 위도는 내 마음 속으로 파들어 가는 것이다. 각도는 안함에 이르는 것이다. 하늘나라의 생수(生水)가 흘러나오도록 까지 파들어 가는 것이다. 배움은 날로 더함이요, 도를 함은 날로 덞이다. 덜고 또 덜어서 안함에 이르면 하지 못하는 것이 없을 것이다.

學은 밖의 현상에서 찾는 것이요, 道는 마음 안에서 찾는 것이다. 앞의 것은 외부관찰요, 뒤의 것은 內觀 내지 直觀이다. 적극주의는 얻는 것 같은데 결국은 모르는 것에 이르고, 뒤의 것은 결국에 가서는 버린 것을 다 찾는다. 下學而上達이다. 그래서 莊子는 제물론(齊物論)에서 날로 계산하면 모자라는데, 해로 계산하면 남는다(日計之而不足 歲計之而有餘)라고 한다. 즉, 적극주의, 유위주의, 학문주의가 진리에 이르게 하는데 한계가 있다는 것을 밝히고 있다.

세상에서는 시비 토론으로 사리를 밝히려 하지만 시비로는 밝혀지지 않는다. 시비란 따지고 보면 없다. 이 상대의 세계에 객관적 표준이란 있을 수 없기 때문이다. 그래서 天地一指也, 萬物一馬也다. 하늘 땅은 한 손가락이요, 만물은 한 마리 말이다. 해서 그 한 소리에 모든 학문이 그만 바벨탑처럼 무너지고 만다. 이 세상에서는 선과 악은 확연히 다르다. 그러나 하늘나라에 이르자면 선악을 다 같이 초월해야 한다. 분석하고 가르는 것을 그만 두어야 한다. 모르겠다! 해야 견성한다. 현실을 초월하여 현실을 보면 훤하게 보인다는 것을 말한다.

그럼 어떻게 하자는 것인가? 休乎天鈞 和之以是非. 하늘 고름에 쉬어 고르기를 시비로써 한다. 절대에 서면 다 하나, 그것을 天鈞, 혹은 天均, 즉, 천예(天倪, 하늘 끝)라 하고, 그 자리에 선 것을 밝음(明) 이라 한다. 한때 아인슈타인 이후 확고부동한 진리인 줄 알았던 과학이 토대에서부터 흔들리고 이제 不確實性을 말하는 요즈음에 맞는 말 아닌가? 그리하여, 예부터 우리의 선지자들은 '오직 모른다는 것을 알면 자신의 본심(즉, 하나님 말씀)을 본다(但知不會 是卽見性)'라고 하셨다. 孟子도 "대인은 갓난아이의 마음을 잃어버리지 않는 사람이다(大人者 不失赤子之心者也)"라고 하셨다. 사람들은 저 잘난 맛에 산다. 이것이 교만이다. 교만이 꺼져야 한다. 바람이 빠져야 한다. 겸손해져야 한다. 풍선이 터져야 한다. 풍선 안의 공기와 풍선 밖의 공기가 같이 되어야 한다. 그것이 실상이다. 마음에 相이 없어야 한다. 잘났다는 상(我相), 못났다는 상(衆生相), 남과 다르다는 상(人相), 그리고 한계가 있다는 상(壽者相) 등 4相이 없는 무상(無相)이 되어야 한다. 마음이 가라앉고 '참나'가 거울 같이 빛나게 된다. 따라서 자아(ego)라는 것은 본래 없는 것이다. ego는 생각에 의해 만들어진다. 自我는 非-自我와 같다. 생각, 감정, 오감 이전의 순수하고 완전한 모습이 나의 진면목이다. 이것이 '참나'이다.

요약하면, 단순하고, 자연스러우며, 상식적이고, 자족적인 것이 전통적인 지혜이다. 식모(먹여 주는 엄마, eomma)를 귀히 여긴다. 공손추(公孫丑)의 질문에 맹자의 답 '나는 말씀을 알고 나의 호연지기를 잘 기른다'와 노자의 '하느님의 성령을 잘 먹는다'는 말과, 맹자가 '호연지기를 잘 기른다'는 말은 같은 말이다. 태극자리에 만족하는 無位眞人의 삼매경을 노래한 것이다.

제21장
도는 얼(靈)이요 '참나'이다 ◎

모든 힘(에너지)과 효과성은 창조의 법칙을 따를 때에 나오는 것이다. 사태가 어떻게 전개되는지를 알아내고 이에 따라서 행동하는 것에 대치할 만한 것은 없다. 좋든 싫든 모든 일이 이 원칙에 기속(羈束)된다. 이 원리는 모든 일에 대한 청사진과 같다. 모든 힘은 이 원칙과의 의식적인 또는 무의식적인 협동에서 유래한다. 이 유일의 원칙은 항상 모든 곳에서 징조가 현시(顯示)된다. 과거, 현재 그리고 미래에 걸쳐서 일어나는 탄생, 성장, 그리고 죽음의 현상은 이와 같은 실존의 규칙에 좇아서 움직인다. 확실히, 시간이 지남에 따라서 새로운 형태(相)들이 생성되지만, 그것들도 동일한 옛 원칙에 순응하는 것이다. 도가 보편적이라는 것을 내가 어떻게 알겠는가? 나는 그것을 합리적으로는 답할 수가 없다. 나는 조용(적멸)함으로써 그것을 안다. 나는 하느님의 공덕으로 안다.

原文

孔德之容 惟道是從 道之爲物 惟恍惟惚 惚兮恍兮 其中有象 恍兮惚兮 其中有物 窈兮冥兮 其中有精 其精甚眞 其中有信 自古及今 其名不去 以閱衆甫 吾何以知衆甫之狀哉 以此

주

孔德之容: 여기서 孔은 곧 空이요, 空은 통한다, 두루 미친다의 뜻이다. 虛空은 걸리는 장애물이 없이 텅 빈 상태. 모든 것에 통달하는 德을 공덕이라고 한다. 容: 風貌, 모양. 信: 確證, 明證. 恍. 惚: 확실하지는 않지만 무엇인가와 비슷한 상태. 象: 형상, 모습. 窈兮冥兮: 깊고 멀며 그윽하고 어두운 모양. 衆甫: 만물의 시초. 만물의 조상 즉, 道는 만물의 主宰者. 甫: 父이고 德은 어머니를 상징한다. 혹은 德은 속알, 속나, 얼, 靈, 또는 공자의 性, 맹자의 浩然之氣, 精氣神, 에너지. 閱: 물품을 검열하고 계산한다는 뜻. 여기서는 통과, 지나간다는 뜻이다. 요컨대, '도'는 영구불변이지만, 만물은 생멸하여 마치 '도'의 앞을 지나가는 것과 같다는 것이다. 불변의 '도'가 만물을 차례로 통과하여 끝까지 남는다고도 할 수 있다. 此: 이것, 즉 위에서 말한 것. 그것을 내적인 直觀을 통해 보았다는 것이다.

> 해석

모든 것에 통달하는 孔德(empty virtue)의 풍모는 오직 '道'에서 나오는 것이다. '道'라는 물건의 됨됨이는 그저 가물가물하다. 마치 달이 차고 기우는 듯하다. 그 가물가물한 가운데 상(象)이 있고, 그 가물가물한 가운데 物(氣, 實體)이 있다. '도'는 아득히 멀고 그윽이 어둡기만 하건만 그 속에 정수가 있는데, 그 정수는 무엇보다 순수하고 참되며 그 가운데에 믿음(信, 본심, 원기, 元神)이 있다. 먼 예로부터 지금에 이르기까지 '도'는 그 이름이 사라지지 않으니 '만물의 아빠(衆甫)'를 볼 수 있다. 내가 어떻게 '만물의 아빠'들이 그런 식으로 생멸하는지를 아느냐 하면 그것은 바로 이것(道)이기 때문이다.

> 해설

1장, 4장, 14장에 이어 '도'에 관한 원리적인 설명이다. '道'라는 물건은 흐리고 어두워 알기가 어렵지만, 그 가운데에도 형상(形象)은 있다. 실체가 존재한다는 것이다. 영묘한 정기(精氣)가 있다. 이 정기는 순수하고 진실하다. 이는 항상 불변이다. 25장에서도 "혼연하게 이루어진 물건이 있는데 하늘과 땅보다 더 먼저 생겨났다(有物混成 先天地生)"라고 했다.

그리하여, 만물의 寵靈(사랑의 영성)이 된다. 만물의 중보 즉 만물의 아빠(Abba)이다. 천지일월, 음양의 기운이 만물의 조상이라고 한다면, 도는 종가의 총수인 것이다. 그래서 공덕(孔德)을 갖춘 위대한 인간은 오직 도만을 따르고, 도에 따르므로 이 세상의 실상(實相)을 있는 그대로(as it is) 알아볼 수 있는 것이다.

도는 신비하고 황홀해서, 인간의 감각, 지각으로는 알 수 없는 근원적 실재(實在, reality)이다. 노자의 철학은 무(無)를 응시함으로써, 거기서 유(有)를 볼 수 있게 해준다. 조용한 마음으로 세계를 있는 그대로 보게 하는 것이다. 공적영지(空寂靈知)할 수 있는 것이다. 즉, 텅 빈 마음으로 신령스럽게 알아차린다. 도를 靈으로만 把持할 수 있다.

요약하면, 공덕(孔德)은 텅 빈 구멍처럼 되어 도와 만물과 상이 자유자재로 넘나드는 통로가 된 것을 뜻한다. 사람의 깊은 의식 속에는 보이는 모든 것들을 초극하여 무를 향하려는 충동의 꿈틀거림을 짐작하게 된다. 현은 도에게서 나온 도의 씨이므로 성인은 속마음과 말과 행동이 일치한다. 玄은 道의 뜻만을 따르므로 성인의 삶은 백성들에게 믿음직스럽다. 반드시 국민에게 유익한 결과를 만들어낸다. 공덕을 실천하는 성인은 도와 천하를 소통하도록 하는 통로이다. 성인은 각자의 개성 있는 삶으로 서로 소통하며 백성을 살리기 위하여 협력하는 공동체이다.

우주 안에 가득 찬 얼이 '참나'이다. 그것은 '속 알(씨알)'이다. 덕이다. 공자가 말하는 '性'이다. 맹자가 말하는 浩然之氣이다. 얼이다. 靈이다. 유일신의 씨인 유일신 아들이다. 한울님은 寵靈(사랑의 영성)이시다. 老子는 "뚫린 속 나의 얼굴(내용)은 오직 얼이라 이를 좇을 뿐이다(孔德之容 惟道是從)"라고 하였다. 노자의 道는 얼이요 참이다. 상대세계에서 절대세계로 통하는 길이다. 노자의 표현대로 하면, 도(道)의 모습은 황홀하며, 그 가운데 原象이 있고 황홀한 가운데 물건(氣)이 있으며, 고요하고 깊은 가운데 힘(精)이 있고, 그 힘 가운데 믿음(信=神)이 있다. 예부터 이제까지 떠나지 않고, 나고 죽는 많은 것(衆甫)을 査閱한다.

그러므로 지도자는 현실을 있는 그대로 파악할 줄 알아야 한다. 그래야 '도'에 맞는 현실인식을 바탕으로 정책을 입안할 수 있을 것이다. 실효성 있는 문제해결로 정치 또는 조직운영을 할 수 있을 것이다.

제22장
구부려라 온전해질 것이다.
도인은 도무지 다투지 않는다 ◎

있는 그대로의 나를 체념할 때에 나는 되고 싶은 대로 된다. 내가 갖고 있는 것을 버리면 내가 필요한 것을 받게 된다.

이러한 것들은 여성적인 또는 음적인 역설이다. 양보함으로써 나는 이겨내고(견뎌내고), 텅 빈 공간은 채워지고, 나의 전부를 내 주었을 때 나는 더 큰 사람이 되며, 내가 최고조로 파괴되었을 때에 나는 성장하기 시작하며, 아무것도 바라지 않을 때에 많은 것이 나에게로 돌아온다.

당신은 직장 또는 사랑을 얻으려고 애를 써보다가 결국에는 포기한 적이 있는가? 그리고 사랑과 직장이 홀연히 그곳에 나타나는 것을 발견한 적이 있는가? 자유스럽고 독립적이기를 원하는가? 하느님의 법(法)에 순응하라. 여하튼 모든 일이 전개되는 이치인 것을….

내가 집단을 감명시키려고 애쓰는 것을 포기할 적에, 나는 대단히 감명적일 수 있다. 그러나 선하게 보이려고 애를 쓰고만 있다면, 집단성원들이 그것을 알고 이를 좋아 하지 않는다. 내 자신의 관점을 잊어버릴 때에 최선의 일이 이루어지고 내 것을 보다 적게 할수록, 나는 더 가치 있는 사람이 된다. 일하고 있는 사람들의 소망을 받아들였을 때에, 나는 아무런 저항에도 직면하지 않는다. 이것이 여성적인 지혜이다. 성취하기 위해 체념하라. 현명한 지도자는 이러한 이치를 현시한다.

原文

曲則全 枉則直 窪則盈 弊則新 少則得 多則惑 是以聖人捕一 爲天下式 不自見故明 不自是故彰 不自伐故有功 不自矜故長 夫惟不爭 故天下莫能與之爭 故之所謂曲則全者 皆虛言哉 誠全而歸之

주

枉: 曲, 굽히다. 窪: 웅덩이, 도랑. 弊: 옷이 해지는 것. 현見: 現, 드러내다. 彰: 나타내다. 伐: 矜과 뜻이 같다. 자랑하다. 誠全而歸之: "천지가 나에게 준 것은 그 무엇 하나도 이지러진 것이 없다. 그것을 그대로 돌려줄 일이다."

・・・

해석

굽히면 溫순해진다. 불완전한 것은 온전한 것이 된다. 굽은 것은 곧아진다. 땅은 우묵 패인 곳은 채워진다. 해진 옷은 새 옷이 된다. 적게 가진 사람은 보다 많이 갖게 될 것이고, 많이 갖고 있는 사람은 근심할 뿐이다. 그런 까닭에, 성인은 '하나'를 굳게 지키며 천하 사람들의 모범이 된다. 성인은 스스로를 드러내지 않는 까닭에 오히려 그 존재가 밝게 나타나고, 스스로를 옳다고 여기지 않는 까닭에 오히려 그 옳은 것이 드러나며, 스스로를 뽐내지 않는 까닭에 오히려 功을 이루고, 스스로 자랑하지 않는 까닭에 오히려 그 이름이 오래 간다. 성인은 도무지 다투지 않는 까닭에 천하 사람들이 그와 맞서 다툴 수 없는 것이다. 옛말에 "불완전한 것이 온전한 것이 된다"는 것이 있는데, 이 어찌 헛된 말이겠는가? 진실로 그래야만이 사람은 끝까지 온전할 수 있다.

해설

노자는 이 장에서 겸양(謙讓)의 덕을 말한다. 자기 자랑, 자기과시, 우월자, 승자가 되어서 사람들 위에 올라서려고 한다. 광적인 추태이다. 쟁란을 일삼고, 차별과 대립으로 인간을 수단으로만 이용하려고 한다. 무위자연의 도를 체득한 도인은 그러한 인간들을 경멸한다. 철저하게 不爭의 철학을 고수한다. 이러한 사람은 그 어느 누구도 대적할 자가 없다. 싸우지 않고 이기는 자이다. 무적의 승자이다. 오직 양심 하나만을, 즉 '참나' 하나만을 껴안고 세상의 갖은 압제와 멸시, 박해와 천대를 이겨내는 끈질긴 정신력을 가져야만 한다.

곡즉전(曲則全)이라. 굽었다는 것은 둥근 것을 뜻한다. 둥글면 온전하다. 온전하다는 것은 전체란 뜻이다. 하늘은 둥글다. 불교에서도 니르바나를 일원상(一圓相)으로 나타낸다. 무극, 태극, 황극도 원으로 나타낸다. 국조인 단군도 둥근님이라는 뜻이다. 둥근님은 唯一神, 하나님의 아들이란 뜻이다. 貪瞋痴(greed, hatred, delusion) 삼독의 짐승 같은 성질을 부리는 사람은 모서리가 있는 삼각형으로 표시한다. 사각형은 땅을 표시한다. 삼독을 불태우면 니르바나에 이른다. 고통에서 벗어난다. 성령이 그 마음속에 머문다. 유일신의 영이 머물면 개체에서 전체의 생명으로 거듭나게 된다. 曲則全과 같은 말이다. 굽은 나무가 제 수명을 다한다. 굽은 나무가 되어 내 몸을 완전하게 살리고 그래서 그 완전한 몸을 천지대자연에 되돌려 주라고 노자는 말한다. 직선이 아니라 곡선으로 살아라. 천지만물을 하나로 꿰뚫는 원리인 도와 함께 도안에서 도를 살아가는 것이 도인이다.

왕즉직(枉則直). 장자는 "맘이 곧으면 몸을 굽힌다(內直而 外曲)"라고 했다. 아버지, 선생님, 하느님 이외에는 큰절이나 허리를 굽히는 일은 하지 말아야 한다. 그런 맘으로 올곧은 사람은 겉으로는 자연히 몸을 굽힌다는 말이다.

와즉영(窪則靈). 움푹하면 가득 찬다. 백두산의 천지(天池)처럼 머릿골에 골윗샘처럼 성욕을 억제하고, 탐진치 삼독의 욕망을 억제한다. 생각, 감정, 오감을 초월한 마음자리인 '참나'를 찾으면 환희와 평화 常樂我淨의 샘물이 흐른다. 폐즉신(弊則新). 몸이 묵으면 늙고 병들지만 靈神은 묵을수록 새롭고 힘차다. 人乃天이라 사람이 곧 하늘이라. 단군의 후예인 우리는 天神들이다. 지상에서 하느님 따라 즐겁게 홍익이념을 펼치다가 寵靈이신 유일신께로 갈 존재이다.

소즉득 다즉혹(少則得 多則惑). 욕망이 적으면 靈性인 '참나'를 얻게 되고, 욕망이 많으면 미혹하게 되어 멸망의 길로 가게 된다. 결국 석가, 노자, 예수 같은 성인들은 마음에 얼(道, 一)을 조개가 진주를 품듯이 기른 사람들이다. 이 도와 얼(一)을 우리는 '참나'라고 한다. 참나, 얼나는 전체의 생명이라 개체와 싸우지 않는다. 이 사람이 仁者이다. 온전하다는 말은 도덕적으로 완전무결하다는 말과 다르다. 성전이귀지(誠全而歸之)라 참되고 옹글어서 하느님께로 돌아가리라는 말은 몸을 떠나 개체인 나에서 전체인 '참나'로 돌아가자는 것이다. 하느님의 얼은 완전무결하다.

요약컨대, 지도자는 스스로를 잘 보이려 하지 않고, 스스로를 옳다고 하지 않으며, 스스로를 자랑하지 않고 스스로를 높이지 않으며, 도무지 다투지 않는다. 도의 씨를 품고 도와 완전히 결합하고 있으므로 '하나'이고 하나(일)는 도와의 결합으로 이루어지는 실존적 자아의 통일성을 상징한다. 지도자는 전체를 하나로 껴안는다. 하나가 된다. 무슨 일에서든지 2/3에서 만족하라. 1/3은 쉬어라. 功도 1/3은 다른 데로 돌려라. 이를 일신 일신 우일신(日新日新又

日新)하라. 나날이 성장할 것이다. 도의 생활이다. '참나'도 자아실현(self-actualize)시켜라. 자아(ego)는 실재하는 것이 아니다. ego는 幻想이다. 단지 생각만으로 있고 실재하지 않는다. 마치 꿈과 같고, 물거품 같고, 이슬 같고 번갯불 같은 것이다. 이를 깨달으면 곧바로 '참나'로 사는 것이다.

그러므로 미래의 지도자는 안으로 살을 찌워 '참나'인 도와 함께 사는 주인공이 되어야 한다. 항상 겸양의 덕을 실천하고, 자기를 굽히고, 남과 쟁란에 휩싸이지 말며, 굳건히 살아라. 남도 그렇게 살도록 이끌어라.

제23장
만물은 끊임없이 운동하고 종국에는 근원으로 복귀한다

현명한 지도자는 말을 적게 하고 간단히 한다. 결국, 자연의 감정 폭발 현상도 꾸준히 지속하지 못한다. 비가 온 다음 그치고, 번개도 친 다음 그친다. 지도자는 행동으로보다는 존재함으로서 더 많이 가르치고, 지도자의 침묵의 질이 장시간의 연설보다 더 많이 전달된다. 침묵을 지켜라. 내면의 지혜를 따르라. 내면의 지혜를 알기 위해서는 침묵을 지켜야 한다. 고요히 있는(寂靜) 방법과 깊이 감지할 수 있는 지도자는 효과적일 가능성이 많다. 그러나 수다스럽고 자기자랑하고 추종자집단을 감명시키려고 노력하는 지도자는 중심이 없으며 무게도 아주 적다.

도는 도를 추종하는 사람들을 위해 작용한다. 하느님은 하느님에게 봉사하는 사람들에게 봉사한다. 이 유일의 원칙을 가까이 하면, 당신은 의식적으로 그 원칙과 협조할 수 있게 된다. 이 유일의 원칙에 의식적으로 협조하면, 당신의 행동들은 효과적일 수 있다. 그러나 단순히 자기중심적이거나, 극적으로 되기 위해 노력한다면, 좋은 일을 할 수도 없고 좋게 보이지도 못한다. 방법은 과정에 대한 인식이라는 것을 기억하라. 반조하라. 적정하라. 이제 당신은 깊이 느끼는 게 무엇인가?

原文

希言自然 故飄風不終朝 驟雨不終日 孰爲此者 天地尙不能久 而況於人乎 故從事於道者同於道 德者同於德 失者同於失 同於德者 道亦德之 同於失者 道亦失之 信不足 焉有不信焉

주

飄風: 旋風, 회오리바람. 終朝: 새벽부터 아침까지. 驟雨: 소나기. 故從事於道者: '도'는 無形, 無爲이다. 그러므로 '도'를 따르는 자는 無爲를 주인으로 삼고 不言을 가르침의 근본으로 삼지 않으면 안 된다(王弼). 失: 過失, 또는 실패의 뜻으로도 볼 수 있으나 여기서는 德의 반의어로서 힘을 갖지 않은 상태를 뜻한다. 信不足 焉有不信焉: 속삭이는 말이 자연스럽다. 그런 까닭에 회오리바람은 아침을 넘기지 않고, 소나기도 온종일 오는 법이 없다. 누가 이렇게 하는 것인가? 그것은 하늘과 땅이다. 하늘과 땅도 오히려 그러한 부자연스런 일을 오래하지 못하거늘 하물며 인간이랴! 그런 까닭에 '도'를 좇아 행동 하는 자는 도와 하나가 되고, 덕에 좇아 행동하는 자는 덕과 하나가 되며, 실패를 좇아 행동하는 자는 실패와 하나가 된 것이다. 덕과 하나가 되는 자는 道 또한 얻게 되고, 잃음과 하나가 되면 道 또한 잃어버리게 된다. 남이 나를 믿지 않는 것은 내게 믿음성이 부족하기 때문이다.

⋯

해설

希言自然이라. 조용한 작은 소리, 말 너머의 말, 말없는 말이 유일신의 말이다. 노자는 25장에서 道法自然이라고 하여 도는 스스로 그러함을 따른다고 한다. 즉, 도는 自本自根이라서 스스로의 진리를 따를 뿐이다. 유일자이신 그분은 神靈으로 사람을 통해 말씀하신다. 말씀은 우리 속에 타는 참(眞)의 불이다. 우리 맘속에 영원한 생명의 불꽃이 타고 있다. '참나'를 깨달은 이는 神靈이 우리 맘속에 임하신 것이다.

德은 사람의 마음에 의식화된 '참나'의 속알(씨알)이다. 절대적 존재인 도가 상대적 존재인 사람의 생각과 만나는 奧義가 이루어지는 것이다. 얼로 거듭나는 순간이다. 석가, 노자, 공자, 예수가 한 자리에 만나면 얼마나 기뻐할까? 젊었을 때, 방탕하고 갖은 죄를 저지른 자가 성자가 된 이는 많다. 성경의 아우스팅, 톨스토이 등이 그들이다. 이들처럼 밖으로 향하던 빛을 되돌려 자신을 비춰봐라. 廻光返照하라. 눈빛을 되돌려 그 빛으로 자신을 비춰봐라. 不取外相 自心返照 하라. 인의예지신으로 성찰하라. 도에 이를 것이다.

스스로 공자, 맹자, 석가, 노자, 장자가 되어보자. 자신 안에도 있는 '참나'가 시키는 대로 살아보자. 그 '참나'만이 우리각자의 스승이시다. ego는 늘 의심한다. '참나'는 믿음 그 자 체이다. '참나'만 깨달으면 믿음은 저절로 온다. 제자도 친구로 대하라. 도(참나)에 종사하면 도와 하나가 된다(從事於道者 同於道). 道는 말이 없다. 오직 도에 따라 행해질 뿐이다. 天과 地, 得과 失은 3차원 즉, 현상계의 현상이고, 도는 4차원에서 작용한다. 그러므로 4차원의 도는 3차원의 현상의 변화를 모두 펼쳐 보인다. 춘하추동과 이에 따른 만물의 소생(生), 성장(長), 추수(收), 뿌리로의 되돌아감(藏) 등의 조화로운 변화 모두를 그대로 보여주는 것이다. 참된 진리는 천지대자연처럼 말없이 행해 나아가는 조화의 힘뿐이다. 네 계절의 변화와 이에 따르는 대자연의 조화는 그대로 말이 없이 저절로 행해 나아간다. 말없이 진리를 말해준다. 이것만이 진실이다.

무위자연의 '도'를 체득한 道人은 누구에게도 믿음을 얻는다. 신(神)의 특징이 성(誠)이다. 뜻한 바대로 이룬다. 성(誠)이 하나님의 원상이다. '모른다!'하면 고요해지고 그 위에 도가 비친다. 木火金水土은 喜怒哀樂中 오행의 원상이다. 후천8괘는 상생, 선천의 8괘는 相生相剋이 없다. 다만 정보만으로 존재한다. 자연은 오행의 원리를 그대로 따른다. 인간만이 따르지 못한다. 무명(無明) 때문에, 정보를 모르기 때문에 순응을 못한다. 그러므로 자연의 법칙을 알아야 한다. 자연은 자본자근이다. 自然이다. 自由이다. 스스로가 스스로의 뿌리가 된다. 유교식으로 하면 성(誠)이다. 성(誠)은 하느님의 속성이다. 하느님은 말씀대로 이루신다. 도를 즐겨야 중간에 선다. 각(覺)과 불각(不覺)은 양극단이다. '본성을 보고 싶다'

와 '보았다'하는 마음을 떠나라. 3차원에서 4차원으로 초월하라. 3차원이 4차원을 더럽힐 수 없다. 단지 '吾不關!'하라. 조용하거나 시끄럽거나 상관 말라. 정신을 집중하여 몰입하라. 차원을 달리하라. 그것이 도이다. 그래야 도심에 복귀한다. 도의 실마리인 인의예지신을 오행에 맞게 써야 도이다.

그러므로 지도자는 천지자연의 '도'를 체득하여, 잠시라도 도와 떨어지지 말고 실천해야 한다. 천지가 사람에게 덕을 베푸는 것과 같이 국가와 국민을 위해 공덕을 베풀어야 할 것이다. 도는 자본자근이요, 자주(自主), 자유(自由), 자재(自在)하다. 도인은 오행의 원상을 안에 품고 산다. 오행의 상생상극으로 살아간다. 도는 바다이고 형상들은 바다위에서 치는 파도일 뿐이다. 결국 파도는 바다의 일부이다.

득. 실. 천. 지. 고요함, 시끄러움 등은 파도일 뿐 도인의 마음 바다위에 칠뿐이다. 상(相)을 인의예지에 맞게 쓰면 성인이다. 파도는 바다의 일부일 뿐이다. 도는 차원을 달리해서 파도를 알아차린다. 도는 無盡本이다. 도는 無心을 근본으로 삼는다. 도인은 "나'라는 바다위에 '슬픔'이라는 파도가 잠깐 쳤다"라고 생각하고 말한다. 머무는 바 없이 그 마음을 내라. 응무소주 이생기심(應無所住而生其心)하라. 머무름 없이 仁義禮智를 써라. 포용하고, 꾸짖고, 조화롭게 지내고, 선악시비를 엄격하게 하라. 그러나 머무르지 말라. 그것이 도이다. 항상 도를 잊지 말아야 한다. 형상을 무시하지 말고 오래가지 않을 것이라는 것을 잊지 말아야 한다. 도는 황극이다. 우주를 돌린다. 음을 이용하여 수렴시키고, 양을 움직여 펼친다. 그 皇極은 無極, 太極에서 나왔다. 태극은 씨알(속알)이다. 아빠와 같다. 황극은 엄마와 같다.

최종의 것을 목표로 하면 못 간다. 작은 데에서 시작해서, 중간단계를 목표로 정하고 정진하라. 忍辱과(현실인정) 布施단계(법보시, 무외보시, 재보시)를 일단 닦아라. 인의예지. 사랑할 때와 의로울 때를 잘 가려라.

하나는 태극이다. 우리나라의 국기에 표현되는 태극은 하나님을 상징한다. 태극을 얻어서 천하의 올바름이 되었다. 음양을 초월한 존재가 된 분이 황극, 즉 왕이 된다.

4方을 다스린다. 人法地 地法天 天法道 道法自然. 사람은 땅을, 땅은 하늘을, 하늘은 도를, 그리고 도는 자연을 닮는다. 땅은 두텁다. 덕이 두터워야 한다. 끝없이 쌓아가야 한다. 도는 자기의 법칙만 본받는다. 자본자근이다. 하단전(下丹田)에 원신을 배양하라.

제24장
자기분수를 지키고 스스로를 자랑하지 마라

억지로 노력하는 것은 예상하지 못한 결과를 초래한다. 즉, 잘 보이려고 하는 이, 스스로를 스스로가 옳다고 하는 이, 스스로를 자랑하는 이, 스스로를 높이는 이들이다. 허례허식의 지도자는 안전성을 결여하고, 급히 서두르는 것은 성공가능성이 없다.

- 명석하다고 보이려는 노력은 빛을 보지 못한다.
- 불안정한 지도자들은 자신들을 선전하려고 노력한다.
- 무능한 지도자들은 자신들의 지위를 이용한다.
- 당신 자신이 성스럽다고 지칭하는 것은 그리 성스럽지 못하다.

이 모든 행태들은 불안정에서 연유하고, 불안정을 촉진시킨다. 그 어느 행태도 성공에 도움이 되지 못 한다. 그 어느 것도 지도자의 건강에 도움이 안 된다. 사태가 전개되는 과정을 잘 아는 지도자는 이러한 행태를 보이지 않는다. 다음 사항을 심사숙고하라. 당신 자신이 선하다고 생각한다면, 당신 자신을 무엇과 비교하고 있는가? 하느님인가? 또는 당신 자신의 불안정성인가? 명성을 원하는가? 명성은 당신의 생활을 복잡하게 할 것이며, 당신의 일상생활에서 단순성을 위태롭게 할 것이다. 돈인가? 부자가 되고자하는 노력은 당신의 시간을 도둑질 할 것이다. 자기중심성과 이기심의 그 어떤 형태도 당신의 심원한 자아를 혼탁하게 할 것이며, 사물의 전개원칙을 무시할 것이다.

原文

企者不立 跨者不行 自見者不明 自是者不彰 自伐者無功 自矜者不長 其在道也 曰餘食贅行 物或惡之 故有道者不處

주

企: 발돋움해 서는 것. 跨: 걸터앉을 과. 다리를 양쪽으로 한껏 벌린 자세. 餘食贅行: 餘食은 먹다 남은 음식. 行은 形으로서 육체를 뜻한다. 따라서 贅行은 혹같이 쓸데없는 것. 쓸데없는 행위, 군더더기 같은 행위. 物: 만물, 즉 모든 생물을 가리킨다. 그러나 자기이외의 모든 것을 物이라 하므로 타인 즉, 남이라 볼 수 있다.

・・・

해석

발돋움하고서는 제대로 오래 설 수 없고, 가랑이를 과도하게 벌리고서는 제대로 오래 걸을 수 없다. 스스로를 나타내는 자는 밝지 못하고, 스스로만을 옳다고 하는 자는 훤히 드러나지 못한다. 스스로를 자랑하는 자는 功이 없고, 스스로를 칭찬하는 자는 우두머리가 되지 못한다. 이런 일들을 '도'의 견지에서는 먹다 남은 음식이나 쓸데없는 행위라 한다. 이러한 것들은 모든 생물이 다 싫어하고 배척한다. 그러므로 도를 지닌 사람은 이러한 일을 하지 않는다.

해설

무엇이든지 억지로 하면 안 된다. 허위허식이 없는, 있는 그대로 살아야 한다. 현재의 자기분수에 맞게 살아야 한다. 이것이 도이다. 자기를 내세우기만 하는 자는 아무것도 잘 보이지도 않고, 자기를 옳다고만 하는 자는 남보다 두드러질 것이 없다. 자기를 자랑만 하는 자는 그 공도 헛되게 되고, 자기를 뽐내기만 하는 자는 우두머리가 되지 못한다. 이것들은 부자연스러운 행위이다. 못난 행동이다. 一次元的인 서양인들의 공통적인 행동양식은 공격적(aggressive)이고, 자기 과시적이거나 자기과장이 심한 편이다. 적극적인 면이 있는 듯 보이기도 한다. 동양인은 수줍고, 겸양 한다. 소극적으로 보이기도 한다. 그러나 겉으로 파악해서는 안 된다. 동양인이라고 적극적이고 능동적이지 않겠는가? 다만, 이 경우에도 도에 맞게 공격할 때에는 공격하고, 수비할 때에는 수동적으로 대처하자는 것이 노자(老子)의 가르침이다. 시중(市中)이 제일 중요하다. 일차원적이어서는 안 된다. 시대상황에 맞게 전략을 잘 써야 한다.

우주의 법칙을 이용하라. 여기서 말하는 것은 자연 그대로의 진실에서 살지를 못하고, 교묘한 재지(才智)를 일삼는 것을 비판 하는 것이다. 말대로 실천하지 못하는 인간의 한계를 솔직히 인정하고, 이를 극복하는 방법은 '무위자연'에서 배워야 한다는 것이다. 자연은 억지가 없다.

자신의 본분을 잊고 무리하는 자는 不明이다. 自現, 自是, 自伐, 自矜하지 말라. 스스로를 드러내지 말고, 나만 옳다 하지 말고, 나의 공덕이라고 하지 말고, 내가 잘났다고 하지 말라. 마음을 비워버려라. 군더더기를 쓸어버려라. 物極必反이라. 극에 달하면 반드시 반대로 돌아간다. 이것이 우주의 법칙이다. 이것이 道이다. 生長收藏의 순환법칙이 도인 것이다.

제25장
道는 천지이전의 완전한 존재이며 자연을 본받는다 (道法自然)

도가 아닌 것은 사물, 소리 또는 여타의 진동, 부품으로 쪼갤 수 있는 것, 변화하는 것, 감소되거나 증대시킬 수 있는 것, 동반자 또는 보충물을 갖고 있는 것이다. 도인 것은 그것은 하나이다. 그것은 통일된 개체이다. 그것은 모든 것을 결정한다. 그것은 모든 것에 앞서 온다. 그것은 모든 것의 법칙이다.

도 대신에 쓸 수 있는 것 중에서 가장 명료하고 도움이 되는 단어는 '어떻게(방법)'이다. 도는 모든 것이 어떻게 작동하는가에 관한 원칙이기 때문이다. 형태도 자질도 없지만, 그것은 모든 곳에, 항상, 영원히 존재한다는 것을 기억하라. 무한성의 네 수준을 상상하라. 도는 무한하다. 비록 네 개의 각 수준은 한 편으로는 무한하면서도, 첫 세 수준은 그 다음의 보다 큰 것에 예속된다. 사람들은 땅에 의존한다. 땅은 우주에 의존한다. 우주는 도에 의존한다. 그러나 도는 자연에 의존한다. 이것이 법계의 이치이다. 도, 천, 지, 왕이 모두 큰 것이다. 자연은 도의 아들이 누리는 절대적 자유이다.

原文

有物混成 先天地生 寂兮寥兮 獨立而不改 周行而不殆 可以爲天下母 吾不知其名 强字之曰道 强爲之名曰大 大曰逝 逝曰遠 遠曰反 故道大 天大 地大 王亦大 域中有四大 而王居其一焉 人法地 地法天 天法道 道法自然

주

混成: 混은 혼란의 뜻이 아니라, 일정한 형체는 없지만 전체로서 완결된 통일상태를 가리킨다. 寂兮寥兮: 아무것도 들리지 않고 보이지 않는 것, 寂滅 空虛한. 道는 究極 根源의 眞理. 獨立: 道에 필적할만한 것이 아무것도 없기 때문에 홀로 있다고 한 것이다. 不改: 고치지 않는다. 변함이 없다. 周行: 골고루 간다. 즉, '도'는 어디에나 미치지 않는 곳이 없다는 뜻. 不殆: 피로하지 않다. 지치지 않는다. 위험이 없다. 天下母: 천하 만물의 어머니, 만물의 창조자. 逝: 지나간다. 域中: 영역, 나라, 세계. 法: 본받는다. 규범으로 삼다.

해석

여기에 하늘과 땅보다 앞서 있는 雲霧와 같은 것이 있다고 상상해 보라.(무극, 태극, 황홀한 가운데 精氣神象 내재) 미묘하고 포착하기 힘들며, 그것은 소리도 없으며 텅 비어 있으며 아무런 구속 없이 홀로 우뚝 서 있고, 언제나 변함이 없고, 두루 돌아다니건만 피로하지 않으니 천하 만물의 어머니가 될 만하다. 우리는 그 이름을 알지 못한다. 그래서 임시로 '道'라고 지어 부른다. 억지로 이름을 붙인다면 '큰 것(大)'이라고 해야 할 것이다. '크다'는 것은 한없이 '나아간다(逝)'는 것이고, 한없이 나아간다는 것은 아득히 '멀어진다(遠)'는 것이며, 아득히 멀어진다는 것은 '되돌아온다(反)'는 것이다. 그러므로 도가 큰 것처럼 하늘도 크며 땅도 크고 왕 또한 크다. 우리가 사는 세계에는 네 가지 큰 것이 있는데 '王'도 그 중 하나이다. (內聖外王의 왕은 '인간의 皇極'이다.) 사람은 땅을 규범으로 하고 땅은 하늘을 규범으로 하며, 하늘은 '도'를 규범으로 하고, '도'는 '스스로 그러함(自然)'을 규범으로 한다(도는 自本自根하니 스스로의 원칙을 따라 스스로 그러할 뿐이다).

해설

이 장 역시 1장, 4장, 21장, 39장과 함께 道에 관한 원리적인 설명이다. 도는 적요(寂寥)하고 광대무변한 조화력을 지닌다. 도는 자연을 본질로 삼아 거기에 의존한다. 그래서 영원불변하는 근원적 존재이다. 도는 천지만물을 창조한다. 천지만물에 항상 나타난다. 도는 역사적 시간의 始原 이전에, 모든 것에 선행하여 존재하고 있었다. 독립불변의 존재이다. 만물에 나타나 작용한다. 만물의 어머니이다. 근원적 실재(實在)이기 때문에 이름을 붙일 수 없다. 道 또는 大로 해보자. 大는 逝이고, 逝는 곧 돌아오는 것(反), 즉 근원으로 복귀하는 것이다. 끊임없이 무한순환(無限循環)하는 것이다. 생성변화의 발전법칙, 멀리 가고 그리고 되돌아오는 운동법칙이 道라는 것이다. 人, 地, 天, 道, 自然이 이 법칙에 순응한다. 이 도를 체득한 이가 황극, 황극을 닮는 존재가 성인군자(지도자)이다. 국민 각자도 도에 순응하여 각기 자기 일만하며 자유롭게 살아 갈 수 있는 것이다. 건강하고, 근면하고, 자유롭고, 평화로운 세계에서 살 수 있다. 무위자연의 법칙에 순응하여, 도를 실현하는 정치가 건전하고 바람직스럽다고 한다.

도는 스스로 다스린다. 道法自然이라. 도는 스스로가 自主하는 존재요 스스로 말미암(自由)는 존재이다. 도는 오직 스스로 自強不息한다. 自動이라 無爲다. 이기적인 인간은 이 우주를 하느님이 인간을 위해서 열었다고 생각하지만, 하느님 자신을 위해서이다. 하느님이 인간을 위해 지으셨다면 인간의 삶이 이렇게 비참하진 않았을 것이다. 이 세상은 날마다 사고투성이다. 그래서 孔子는 一日一生主義로 살았다. 즉, 날마다 도를 듣고 저녁마다 죽자는 것이 한 걸음 더 나아 간 일일일생주의이다. 이 몸을 힘들게 받았으니 영원한 생명인 道(니르바나)를 위해 살아야 삶의 보람이 있다. 도는 차라리 truth, God, principle, method이다. 도는 절대자와 상대적인 '나' 사이에 신통 또는 영통이 이루어지는 길이다. 이 땅위의 길은 迷路이다. 형이상의 길이 道이고, '나'의 생명줄이다. 도는 나에게도 俱存되어 있고, 밖에도 존재한다. 비유컨대, 컵 속의 공기나 컵 밖의 공기는 같은 것이다. 我空이요 法空이다. 온통 眞理(道)로 가득하다. 人中天地一이다. 그러므로 사람이 神靈스럽다. 人乃天이다.

제26장
무거움(重心)과 맑고 고요함(基礎)을 꽉 잡아라

중심이 잡히고, 기초가 튼튼한 지도자는 상궤를 벗어난 사람들과 위험한 상황에서도 다치지 않고 일 할 수 있다. 중심이 잡혔다는 뜻은, 움직이는 와중에서도 균형을 회복할 수 있는 능력이 있다는 것이다. 중심이 잡힌 자는 지나가는 기분이나 돌연한 흥분에 예속되지 않는다. 기초가 튼튼하다는 뜻은 중력 또는 무게를 가져서 현실적이라는 것이다. 나는 내 입장을 알고 있다. 그리고 내가 무엇을 지지하고 있는가를 알고 있다. 그것이 기초이다. 중심이 잡혀 있고 기초가 튼튼한 지도자는 안전성과 자아의식을 보유하고 있다. 안정하지 못한 지도자는 지도역할의 강도로 인하여 쉽사리 밀려날 수도 있으며, 오판하거나 병에 걸리기 까지도 한다.

原文

重爲輕根 靜爲躁君 是以君子終日行 不離輜重 雖有榮觀
燕處超然 奈何萬乘之主 而以身輕天下 輕則失本 躁則失君

주

躁: 조급히 움직이는 것, 즉 불안정한 상태. 聖人: 훌륭한 임금. 輜重: 무거운 수레, 경거망동을 하지 말라는 의미. 무겁다(重)는 것은 자신을 통제하고 있음을 뜻한다. 조용하다(靜, still)는 것은 자신의 자리를 떠나지 않음을 뜻한다. 榮觀: 화려한 구경거리. 燕處: 편안한 마음으로 있는 것. 超然: 구애되지 않는 모양. 萬乘之主: 天子를 가리킨다.

• • •

해석

무거운 것이 가벼운 것의 뿌리인 것처럼 안정된 것이 불안정한 것을 지배한다. 그러한 까닭에 왕자는 온종일 경쾌한 수레를 타고 여행을 하더라도 무거운 보급품을 실은 짐수레(輜重)를 버리고 먼저 가는 일이 없으며, 아무리 화려한 구경거리가 있다 할지라도 편안한 마음으로 초연(超然)히 있으면서 설레지 않는다. 어찌 萬乘天子의 몸으로써 천하의 백성들보다 가벼이 몸을 다룰 수 있겠는가? 가벼이 행동하면 '뿌리'를 잃게 되고, 조급히 움직이면 군주 된 지위를 잃게 될 것이다.

해설

고요함과 무거움(靜과 重)은 도이고 조급함(躁)과 가벼움(輕)은 형상(形相)이므로, 늘상 깨어 있으므로 형상을 초월해야 도와 함께 사는 것이다. 경거망동을 하지 말고, 초연(超然)히 중심을 지켜야 한다. 무겁고 조용히 처세하는 자가 수선스럽고 조급한 자를 지배한다. 행군 시에도 '참나'에 의지하여 신중하게 처신한다. 사리사욕에 눈이 어두우면, 국민을 속이고, 조그만 변화에도 놀라고 경거망동하기 쉽다. 평소처럼 덕을 두터이 하면, 신중하고 조용할 수가 있게 된다. 따라서 도에 입각한 지도자는 신중하고 안정된 리더십을 발휘하도록 해야 한다. ego는 가볍고 '참나'는 무겁다. 공자가 不惑이라하고, 맹자가 不動이라 했듯이 '참나'는 우주보다도 더 무겁다. '참나'를 가슴에 품고 사는 지도자는 세상의 지위나, 재물이나, 명예 등에 마음을 빼앗기지 않는다. 오직 부처님께 서원한 것만 일념으로 살아간다. 이것이 세상을 뛰어넘는 燕處超然하는 태도이다.

우리 생명의 원천인 유일신과 연결된 '참나'는 영원한 생명인 것이다. 상대세계의 변화하는 모습은 바람에 돌아가는 팔랑개비와 같다. 그 변화하는 모습을 구경하는 것이나 팔랑개비를 구경하는 것이나 같은 것이다. 지도자는 여생을 즐겁게 살아야 한다. 그렇게 살아 영혼이 가벼워져야 죽은 다음에도 영원한 생명의 나라에로 날아 갈 수 있을 것이다.

제27장

스승을 공경하고 도반을 사랑하라.
사물을 꿰뚫어 보는 통찰력으로 밝게 살펴라
(襲明하라. 이것이 要妙이다.)

경험 많은 여행가는 안전을 위해 패키지 투어를 할 필요가 없다. 좋은 정치연설은 공약을 하거나 또는 군중의 반감을 살 필요가 없다. 훌륭한 수학자는 모든 문제를 풀기 위해 컴퓨터계산기를 필요로 하지 않는다. 안전한 가정은 곳곳에 못을 박고 철책과 자물쇠와 경보장치를 여러 곳에 설치하지 않지만, 밤도둑이 침입할 수 없다.

현명한 지도자는 기술 또는 속임수(책략) 또는 고정된 훈련에 의존하지 않는다. 과정인식의 방법은 모든 사람과 모든 상황에 적용된다. 지도자의 개인적인 의식 상태는 개방성의 분위기를 자아낸다. 중심과 기초는 지도자에게 안정감, 유연성, 그리고 지구력을 가져다준다. 지도자는 명확히 보기 때문에 타인에게 빛을 비출 수 있다.

집단성원들은 교도(敎導)와 소통(疏通, facilitation)을 위하여 지도자를 필요로 한다. 지도자는 함께 일할 국민과 봉사해야 할 국민이 필요하다. 지도자와 국민이 사랑과 상호존중을 위해 상호의 필요를 인지하지 못하면, 양측은 핵심을 놓친다. 이들은 교사-학생의 양극성이 갖는 창조성을 놓친다. 이들은 일이 일어나는 방법을 알지 못한다.

原文

善行無轍迹 善言無瑕跡 善數不用籌策 善閉無關鍵而不可開 善結無繩約不可解 是以聖人常善求人 故無棄人 常善求物 故無棄物 是謂襲明 故善人者 不善人之師 不善人者 善人之資 不貴其師 不愛其資 雖智大迷 是謂要妙

주

轍迹: 수레바퀴가 지나간 자국. 瑕跡: 謫이라고도 쓰며 둘 모두 꾸짖는다는 뜻. 籌策: 산가지. 關鍵: 문빗장. 繩約: 밧줄로 묶음. 襲明: 전체성의 지혜(overall brightness), 밝음을 이어감. 資: 돕는다, 취한다는 뜻이므로 여기서는 他山之石과 같은 수단이 된다는 것. 要妙: 묘의 핵심. 도와 함께 백성을 사랑한다. 上求菩提 下化衆生: 위로는 성인을 존중하며 아래로는 백성을 사랑하여 도인이 되도록 도와준다.

・・・

해석

잘 걷는 사람은 발자취를 남기지 않는다. 말 잘하는 사람은 흠잡을 데가 없으며 계산을 잘하는 사람은 산가지(籌策)가 필요 없고, 문을 잠그는데 뛰어난 사람은 빗장을 쓰지 않아도 그 문이 열리지 않는다. 묶는데 뛰어난 사람은 밧줄로 묶지 않아도 그것이 풀리지 않는다. 그런 까닭에 聖人은 언제나 사람을 돕는데 뛰어나다. 따라서 그 누구도 버리지 않는다. 성인은 또한 언제나 사물을 건지는데 있어서도 뛰어나다. 따라서 어떤 사물도 쓸모가 있으면 버리지 않는다. 이것을 襲明(overall brightness, 전체성의 지혜)이라고 한다. 그러므로 선한 사람은 선하지 않은 사람의 스승이고, 선하지 않은 사람은 선한 사람의 바탕(資, 자질을 갖추고 있는 사람)이다. 그 스승을 공경하지 않는 자나 그 바탕을 사랑하지 않는 자는 비록 지혜가 있더라도 크게 미혹해질 것이니 이것이 가장 중요한 비밀(要妙, 핵심이 되는 신묘함)이다.

해설

선한 사람은 선하지 않은 사람의 스승이 되고, 그 스승을 귀히 여기지 않고 그 밑천을 사랑하지 않으면 크게 미혹해진다. 스승과 제자의 관계에서 스승은 제자를 사랑하고 제자는 스승을 귀하게 여겨 끈끈한 관계를 유지하는 것이 襲明이고 사제지간 관계의 핵심 요소이다. 이는 여러 관계에 확대 적용될 수 있는 것인 바, 대통령과 국민간의 관계, 국가와 국민간의 관계, 보살과 중생간의 관계, 牧會者와 敎人 간의 관계, 스님과 신도들과의 관계 등이다. 핵심적

177

인 요소가 결여되면, 그 관계는 아주 미혹해진다.

아무리 못난 사람도 한 가지 재주는 가지고 있다. 一人 一技이다. 그러니 그 장점을 빨리 파악하여 등용하고 교육훈련을 시키면 해고할 필요성이 적어진다. 성인은 항상 사람을 잘 찾아낸다. 이것을 襲明이라고 한다. 일을 좀 서툴게 하여도 그 국민을 사랑하여 버리지 않고 활용한다. 이를 要妙 즉, 핵심적인 요인이라고 한다. 천하를 다스리는 道의 핵심이다. 밝음을 이어감(襲明), 스승을 귀히 여기고 제자를 사랑함이 要妙이다. 그 이어지는 것은 神靈이요 '참나'이다. 그러므로 道心으로 지도하고자 하는 이들은, 평소에 사람을 아끼고, 그 사람의 장점을 발견하는 것과 이들을 끝까지 사랑해주는 금도(襟度: 남을 받아들일만한 度量)를 지녀야 한다.

제28장
將帥, 治療師, 그리고 道: 無爲自然으로 돌아감

지도자에게는 원칙을 사수하는 장수(將帥, warrior) 또는 아픔을 공감하고 치유하는 치료사(治療師, Healer)로서의 자질이 필요하다. 장수로서 지도자는 추진력과 결단력을 시현하는 바, 이는 리더십의 양(陽)의 측면에 내재되어, 강강(剛强)하고, 날쌔며, 적극적이다. 그러나 평상시 대부분의 지도자는 리더십의 여성적인 음(陰)의 측면인 유약하고(soft), 개방적이고(open), 수용적이며(receptive), 생장시키는(nourishing) 항상심(恒常心)을 유지한다. 이러한 과단성 있는 행동은 장수의 자질이고, 개방적이고 수용적인 자질은 치료사의 자질이다. 이 남성적인 추진력과 결단력, 그리고 유연성과 개방성의 양 자질은 생산적이고 능력이 충만한(potent) 자질이다.

리더십의 제3의 측면은 도(道)이다. 주기적으로 지도자는 추종자집단을 떠나서 홀로 침묵으로 하느님(신, 영혼, 참나, 道)으로 돌아와서, 과거지사를 마음에서 텅 비우고 영혼을 재충전한다. 결단으로 용감히 행동하고, 물러나서는 부드럽고 개방적이고 수용하는 자세로 존재하며, 그리고 도에 귀명한다. 고로 훌륭한 장수는 간섭을 자주 안하고 자타를 생장, 발육시키는데 주력한다. 듣는 시기와 행동할 시기, 그리고 물러나 홀로 있을 시기를 아는 지도자이므로, 타 전문직업인, 집단지도자, 또는 치료사, 심지어는 가장 까다롭고 고도로 세련된 집단성원 등 어느 누구 하고든지 효과적으로 일할 수 있다. 지도자는 투명하고, 하는 일은 정교하기 때문에, 누구의 감수성도 해치지 않는다.

原文

知其雄 守其雌 爲天下谿 爲天下谿 常德不離 復歸於嬰兒
知其白 守其黑 爲天下式 常德不忒 復歸於無極 知其榮 守其辱
爲天下谷 爲天下谷 常德乃足 復歸於樸 樸散則爲器 聖人用之 則
爲官長 故大制不割

주

式: 모범. 無極: 천지가 있기 이전의 상태. 즉, 道의 始原. 樸: 元木, 아직 다듬지 않은 통나무(原木). 割: 분할하고 세분하는 것.

• • •

해석

수컷(雄)처럼 强壯하고 결단력과 추진력을 발휘할 줄 알면서도 암컷(雌)처럼 개방적이고 부드러운 겸허를 지킨다면 모든 물이 모여드는 계곡같이 천하의 인심이 그에게로 돌아갈 것이다. 천하의 인심이 계곡에 물이 모이 듯 모여 오게 된다면 德이 항상 그에게서 떠나지 않으며, 그 사람은 '갓난아이'로 복귀하게 된다. 흰 빛처럼 세상에 빛나게 드러날 길을 알면서도 남의 눈에 보이지 않게 자신을 지키면 그는 천하 사람들의 모범이 되고, 천하의 모범이 되면 德이 항상 그에게 어긋남이 없으며, 無極의 道에 복귀하게 된다. '영예'를 누릴 길을 알면서도 짐짓 참고 '욕됨'의 위치를 지키면, 모든 물이 모여드는 골짜기처럼 천하의 인심이 그에게로 돌아갈 것이다. 천하의 물이 모여드는 골짜기처럼 되면, 德이 항상 그에게 풍족하게 되며, 그리하여 아직 다듬지 않은 통나무처럼 소박한 始元의 道의 경지로 복귀하게 된다. 통나무가 쪼개져 다듬어지면 여러 가지 器物이 되는 것처럼 始元의 道가 德으로 나타나면 人才가 배출된다. 聖人은 그들을 이용하여 관리들의 우두머리로 삼는다. 그러므로 성인은 천하를 다스릴 때에 큰 원칙만을 지키고 세분하지 않는다.

해설

雌雄, 强弱, 剛柔, 白黑, 明晳과 混濁文明과 野性 賢明과 愚鈍, 榮辱, 榮達과 恥辱의 이분법은 현상계에 엄연히 존재하는 구분이다. 그러나 이와 차원을 달리하여 '道'의 입장에 서면, 양분법은 성립되지 않는다. 서로 다른 것을 초월하여 모두 받아드릴 수 있다. 여기에서는 '道'를 계곡(谿谷)으로 비유하고 있다. '道'는 谿谷 혹은 '無極'으로, 무위자연의 '德'이라고 한다. 즉, 늘 도에 머물러야 부드럽다. 깨어 있음이 도에 머무는 것이다. 어린아이처럼 부드러워야 한다. 그러므로 늘 깨어 있음이 중요하다. 항상 나와 남을 쪼개지 않는 연습을 하라. 계곡이 되면, 세상의 모든 것이 흘러 모이는 천하의 계곡이 된다.

모든 생물은 따로따로가 아니다. 상호 연결되어 있다. 사람이 슬프면, 애완견도 옆에서 슬퍼하는 것이 이를 증명하는 바이다. 하물며 사람이랴! 남성적인 것, 剛強, 굳세고 동태적이며 적극적 공격적이다. 이와 반대로, 여성적인 것은 柔弱, 情態的, 소극적, 치료적, 수비적이다. 지도자는 이 양면을 모두 구비하여 상황에 맞게 쓴다. 도는 리더십의 제3요인이다. 道로 사람들의 師表가 된다. 그러므로 지도자는 上德을 지닌다. 천하의 모든 사람이 다 모여드는 골짜기, 큰 바위 얼굴이 새겨진 시골의 계곡이 된다.

∴성경(마태복음 22:37~39): 살아 있는 신의 아들은 자유롭고 영원한 생명으로 살아 있으며, 신의 마음과 일치하여 신과 함께 참된 애국치민을 실천한다. 이성과 감성으로는 일반대상을 알 수 있지만, 도와 하느님을 만나기 위해서는 몸과 마음과 혼, 정성을 다 바쳐야 한다. 이성과 영성을 합친 一心으로 판단하고 살아간다. 이것이 자신을 극진히 위하는 일이요, 이와 같이 너의 이웃을 사랑하라는 하느님의 계명을 지키는 일이다. 경천애인(敬天愛人) 하라는 하느님의 명령이다.

'참나'에 뿌리를 두지 않은 사랑은 사랑이 아니다. 의무감에서

하는 사랑은 그것 아니다. 바리세인들이 좋은 일하면 천당 간다고 사랑하는 것은 그것 아니다. 자살도 신이 허락하는 것 아니다. '참나'가 살아 있으면 자살 못한다. '참나'의 힘으로 견뎌낸다. 성령과 욕정, 참나와 ego, 인간 안에 신성이 있으므로, 닦으면 신이 될 수 있다는 희망을 갖는다.

신의 소리를 밖에서 찾지 말라. 자신 안에서 찾아라. 不取外相 自心返照하라. 잘못하여, 내안에서만 발견하고자 하면 ego를 하느님으로 여길 수 있다. 어느 종교에서처럼 '외재적으로 존재하는 하느님만'을 찾으면 사이비 종교인을 신으로 여기는 어리석음(愚)을 범할 수 있다. 둘 다 조심할 일이다. 무위의 양심을 따르도록 하면 된다. 하느님이 주신 '자유의지'로 택한 결과에 대한 책임은 져야 한다.

제29장
밀어붙이기의 逆說:
천하는 억지로 다스려지지 않는다

지나친 힘은 역동한다. 항구적인 개입과 선동은 좋은 작업집단을 만들지 못할 것이다. 오히려 그 집단을 해친다. 최상의 집단과정은 정교하고 미묘하다. 그것은 주변에서 밀어 붙일 수 없다. 논쟁으로 이긴다든가, 싸움에서 승리할 수 있는 것이 아니다. 집단성원을 통제하려고 노력하는 지도자는 집단과정을 이해하지 못한다. 힘은 집단성원의 지지를 잃게 한다. 자기들이 과정을 촉진시키고 있다고 억지로 생각하는 지도자들은, 사실상 그들이 과정을 방해하고 있을 때이다. 그들이 좋은 집단의 장을 구축하고 있다고 생각하는 것은, 사실상 그들이 그 과정의 일관성을 파괴하고 파벌을 창출하고 있을 때이다. 그들은 자신들의 부단한 개입이 능력을 가름 할 하나의 척도로 생각하는데, 이는 사실상 이런 개입 등이 세련되지 않았거나 부적절할 때이다. 그들이 자신들의 지도자적 위상이 자신들에게 절대적인 권위를 부여한다고 생각하는 것은, 사실상 자신들의 행동이 존경심을 감소시키고 있을 때이다. 고로 현명한 지도자는 중심을 잡고 기초를 확립하고 효과적으로 행동하는데 필요한 힘을 최소한으로 이용한다. 이 지도자는 자기중심성을 회피하고 행동보다는 존재하고 있음을 강조한다.

原文

將欲取天下而爲之 吾見不得已 天下神器 不可爲也 爲者敗之 執者失之 故物或行或隨 或歔或吹 或强或羸 或挫或隳 是以聖人去甚 去奢去泰

주

已: 여기서는 그친다는 뜻. 歔: 숨을 느리게 내쉬는 것. 숨을 급히 내쉬는 것은 吹라고 한다. 羸: 弱하다. 隳: 墮와 같음. 毁와 통하고 무너뜨리고 파괴한다는 뜻.

● ● ●

해석

천하를 취하여 다스리고자 하나, 나는 그것이 부득이한 것임을 안다. 천하는 신비한 그릇과 같아서 다스리려 해서는 안 되니, 다스리려 하는 자는 실패하고 잡으려고 하는 자는 잃어버리게 된다. 그러므로 사물은 혹 앞서기도 하며 혹 뒤따르기도 하고 혹 가늘게 숨쉬고 혹 크게 내뿜는다. 어떤 것은 강하고 어떤 것은 약하다. 어떤 것은 짐을 지고, 어떤 것은 파괴한다. 그런 까닭에 성인은 '지나친 행동'을 버리고 사치를 버리며 '교만함'을 버려야 한다.

> 해설

천하를 잡으려는 야심가(野心家)는 결국 실패하고 무위자연의 도를 체득한 참된 성인만이 최후의 승리를 한다고 가르친다. 진시황은 15년, 히틀러는 12년, 나폴레옹도 자신의 머리에 황제의 왕관을 썼을 때 민심이 등을 돌려 외딴 섬으로 유배되었다.

천하는 신비한 존재라서 사람의 힘으로는 도저히 어찌할 수가 없다. 과학자들이 밝혀내는 원인과 결과는 끝이 없고 결국 신비로 끝난다. 우주에 있는 모든 것이 신비의 존재들이다. 유일신의 나툼이다. 태양계가 속해 있는 은하우주의 생김새는 볼록렌즈와 같고, 직경이 10만 광년, 두께의 중심부가 1만 5천 광년, 1천억 개 이상의 행성이 있다고 한다. 그리고 이 은하우주가 한번 도는데 걸리는 시간은 2억 년이 걸린다고 한다.

이러하므로 우주만물은 神器이며, 궁극적인 진리, 시간, 공간, 제일 중요한 생명, 몸, 마음 이 모든 것이 나의 것일 수가 없다. 내 것이라고 생각하는 것은 망상이다. 자연도, 가족도 내 것이 아니다. 이 머리를 은하계의 중심부에까지 끌어 올려보자. 물론 물리적으로는 안 된다. 그러나 우리의 정신으론 가능하다. 思惟實驗(gedanken experiment)이라고 한다. 신비하게 머리가 맑아짐을 느낀다. 이것이 솟아나는 방법인가 보다. 물로 세례를 받든지, 사유실험으로 솟나든지 거듭나야 한다. 이 상대세계에서 얼로, 靈으로 살자. 즐겁게 살다가 본래의 고향으로 귀향해야 한다. 세상 만물, 세상 사람들은 여러 가지이다. 스스로 걸어가는 자, 남의 뒤만 따르는 자, 강한 자와 약한 자, 좌절하여 아무런 일도 할 수 없는 자, 타락하여 병든 자, 이토록 여러 가지인 것을 어찌 한단 말인가? 그러므로 성인은 무위자연에 맡기는 태도를 취한다. 지나치게 욕심을 부리지 않는다. 정복자, 지배자, 폭군들의 만행, 모략, 폭력, 살상, 권모술수, 책략 등의 정치행태들이 연출된다.

그렇게 멋대로 되지 않는 면이 분명히 있다. 천하는 신기(神器)이다. 사람의 지혜와 술수로는 어찌 할 수 없는 구석이 있다. 괴물(怪物)이라고도 한다. 노자는 사람들의 성품을 현실에 좇아 정확하게 관찰하고 있다. 그러므로 노자는 독자들에게 오만한 태도를 버리라고 충고한다. 이러한 것을 알아차리는 참된 도인(道人)만이 진실로 승자가 되는 것이고, 이러한 도인이 많을수록 건강하고 평화스러운 밝은 세상이 만들어지는 것이다. 유위는 ego로(욕심으로) 의식적으로 하는 것이고, 無爲는 '참나'로 하는 것이다. 즉, 억지 부리지 않는 것이라는 것을 상기하라.

요약하건데, 도인(道人)은 '참나'에 머무르고 무위에 머물러, 사리사욕을 떠나 있다가 하느님과 동행한다. 즉, 성인은 '심함'을 버리고 '사치'를 버리며 '교만함'을 버린다. 자연 그대로 행한다. 오직 무위의 도에 있을 뿐이다. 이러한 성인이 세상에 있을 때 그 세상은 진실로 건강한 평화의 세상이 되는 것이다. 그리하여 이 장을 무위(無爲)의 장이라고 명명한다. 현대에 와서는 무위보다 유위가 성행하고 있다. 다만 유위의 한계를 인식하고 '참나'와 더불어 도의 길을 걷도록, 각별한 조심과 수양을 해야 한다. 7地보살, 하느님의 아들, 천손(天孫)임을 선언하고 역행(力行)하도록 애쓰는 지도자가 되어야 한다. '정치는 생물이다'라고 한 말은 진리이다.

제30장
전쟁에 이기더라도 뽐내거나 방자하지 말라

과정이 전개되는 방법을 이해하는 지도자는 가급적이면 적은 무력을 사용하고 집단성원을 억압하지 않으면서 집단을 관리 운영한다. 강제력이 가해지면, 갈등과 논쟁이 뒤따른다. 집단의 장(場)은 변질된다. 분위기는 적대적으로 되고, 개방적이지도, 조장적이지도 않다. 현명한 지도자는 사물이 일정한 방식으로 가도록 투쟁함이 없이 집단을 운영한다. 지도자의 개입은 가볍다. 지도자는 방어도 공격도 하지 않는다. 이기심이 아니고 의식(靈)이 훈육수단이며 훈육 그 자체라는 것을 기억하라. 집단성원은 자기중심적으로 지도하는 사람의 ego에 도전장을 내밀 것이다. 그러나 이기심 없이 그리고 조화롭게 이끄는 사람은 성장할 것이며 長久할 것이다.

原文

以道佐人主者 不以兵强天下 其事好還 師之所處 荊棘生焉 大軍之後 必作凶作 故善者果而已 不敢而取强 果而勿矜 果而勿伐 果而勿驕 果而不得已 是果而勿强 勿壯則老 是謂不道 不道早已

주

人主: 전국시대의 용어로 군주를 뜻함. 其事好還: 그런 일, 즉 전쟁으로 남을 징벌하는 일 같은 것은 응보가 돌아오기 쉽다는 뜻. 師: 군대. 荊棘: 가시덤불. 大軍: 큰 전쟁. 善者: 여기서는 용병을 잘하는 사람이라는 뜻. 果: 달성하다. 성취하다의 뜻. 壯: 활기에 찬 상태. 여기서는 지나치게 왕성하다는 뜻. 早已: 일찍 그친다. 오래 가지 못한다.

• • •

해석

'道'로 군주를 보필하는 사람은 武力으로써 천하를 위태롭게 하지 않는다. 그리하면 반드시 應報가 돌아오기 마련이다. 군대가 머무는 곳엔 가시나무가 자라고, 큰 전쟁 뒤엔 반드시 흉년이 든다. 그러므로 용병을 잘하는 사람은 목적만 달성하면 곧 그치고 승리 이상의 것을 취하려 하지 않는다. 전쟁의 목적을 이루더라도, 뽐내지 말며, 전쟁의 목적을 이루더라도 교만해지지 말아야 한다. 용병을 단행하더라도 부득이한 경우에 한할 것이며, 단행하여 목적을 이루더라도 거칠고 포악해져서는 안 된다. 모든 사물은 지나치게 왕성하면 곧 쇠태하게 마련이다. 이런 것을 '道'에 어긋나는 일이라고 한다. '도'에 어긋나는 일은 일찍 죽는다.

해설

老子는 병영국가(garrison state)를 반대하고, 無知無欲의 건전한 정치를 통하여 백성들을 성인(도인)으로 지향하게끔 하는 것을 궁극의 목적으로 한다. 사람들을 굶주리게 하는 정치는 최하위 정치인 것이다. 정치의 제일목표는 富之이고 제2의 목표는 敎之이어야 한다. 부득이 군사적으로 강성대국이 되는 것은 최소한의 방어적 목적을 넘지 아니한다. 先軍政治를 표방하는 북한의 남침을 철저히 방어하고 한반도를 자유민주주의국으로 통일하는 것이 궁극의 목적이어야 한다. 그러기 위해서는 경제성장은 지속해야 하고, 국민교육은 자유, 자주, 통일을 지향하는 온 국민적 과업이어야 한다. 전쟁은 부득이 할 경우에만 국한한다. 스스로를 지키기 위한 방어는 튼튼해야 한다. 소아적인 욕심만 채우려는 ego는 깨진 항아리다. ego는 바닷물에 던져버려라. ego로써는 할 수 없는 과업이다. ego가 줄어든 자리에는 '참나'가 채워진다. 獸性이 죽고 靈性이 살아난다. 전체(一)와 하나가 되는 것이다.

文은 온화한 기운(溫和之氣)이고 武는 엄숙하고 살벌한 기운(肅殺之氣)이다. 文武를 잘 써야 한다. 온화하고 부드러움을 더 많이 쓰자. 요약하자면, 부득이 과감하되 내 공덕이라 하지 말고, 건방지게 뽐내지 말고, 부득이 움직일 뿐 강한 것에 집착하지 말아야 한다. 과이물강이라. 과감하되 강함에 집착하지 말라. 오물에게도 있는 道는 전쟁에도 있는 것이다. 통일의 그 날이, 그 영광의 해가 떠오를 때 우리는 사상적으로 자유민주주의 홍익이념으로 똘똘 뭉쳐야 한다. 먼저 이념적으로 통일이 있은 다음, 지리적, 경제적, 정치적 통일을 이룩해야 한다.

제31장
가혹한 개입: 무기는 상서롭지 못한 물건이다

강력하게, 급격히, 그리고 가혹하게까지도 개입해야 할 것으로 보일 때가 있다. 현명한 지도자는 다른 모든 것이 실패했을 때만 이러한 개입을 한다. 규칙상 집단과정이 자유스럽게 흐르고 자연스럽게 전개되고 있을 때, 미묘한 소통방법이 혹독한 개입보다 훨씬 많아지고, 지도자는 보다 더 안심하는 것이다.

가혹한 개입들은 지도자가 중심을 잃었거나 또는 발생하고 있는 그 무엇에 대한 감정적 집착이 있다는 경고들이다. 각별한 각성(알아차림)이 요구된다. 비록 가혹한 개입이 굉장히 성공한다고 해도, 찬양할 명분이 없다. 피해가 발생했으며, 누군가의 과정이 배제되었다. 후에, 자신의 과정이 위배된 사람은 마음을 닫을 것이며 보다 방어적이 될 것이다. 심한 저항 그리고 보다 깊은 분개마저 일어 날 것이다. 당신이 생각하는바 국민들이 해야 할 것을 하도록 강요하는 것은 청정함과 초의식(참나-성령)을 지향하지 못한다. 당장에는 국민들이 하라는 대로 할지도 모르지만, 그 국민들은 안으로 움츠릴 것이고, 혼란스러워져서, 복수를 음모하게 될 것이다. 이것이 당신의 승리가 실제로는 실패라는 이유이다.

原文

夫佳兵者 不詳之器 物或惡之 故有道者不處 君子居則貴左 用兵則貴右 兵者 不詳之器 非君子之器 不得已用之 恬淡爲上 勝而不美 而美之者 是樂殺人 夫樂殺人者 不可得志於天下 吉事尙左 凶事尙右 偏將軍居左 上將軍居右 言以喪禮處之 殺人之多 以哀悲泣之 戰勝 以喪禮處之

주

佳: 善, 美. 佳兵: 훌륭한 무기. 物: 여기서는 세상 사람들이라는 뜻. 不處: 거기에 편안히 있지 않는다. 무기사용을 좋아하지 않는다. 居: 평상시, 보통 때. 恬淡: 염담. 편안하고 욕심이 없는 모양. 美: 잘 하였다고 좋아 하는 것. 偏將軍: 副將. 上將軍: 大將.

• • •

해석

무기라는 것은 실은 상서롭지 못한 器具이다. 만물(세상 사람들)은 다 그것을 싫어한다. 그런 까닭에 '道'를 지닌 사람은 무기를 쓰는 일을 좋아 하지 않는다. 貴人들은 평상시에는 왼쪽을 상석으로 하지만 用兵하는 경우에는 오른쪽을 상석으로 한다. 무기란 상서롭지 못한 기구이며, 귀인이 사용할 바가 못된다. 마지못해 그것을 쓰게 될 때에는 마음을 고요하고 맑게 챙기는 것(恬淡, dissipation, 공포를 몰아냄)이 가장 좋다. 싸워서 승리하더라도 잘하였다고 이를 찬양해서는 안 된다. 그것을 찬양하는 자는 사람 죽이는 것을 즐기는 자이다. 사람 죽이는 것을 즐겨하는 사람은 뜻을 천하에 이룰 수 없다.

吉事에는 왼쪽을 상석으로 하고, 凶事에는 오른쪽을 상석으로 한다. 그런데 軍中에서는 副將은 왼쪽에 위치하고 大將은 오른쪽에 위치한다. 이것은 喪事때의 禮儀를 여기에 쓰는 것이라 한다. 많은 사람들을 죽였으니 애달픈 슬픔으로 울어서, 전쟁에 이긴 것을 초상의 예의로 치른다.

⎯⎯⎯⎯
해설

황제는 北(智)에 앉아 南(禮)面한다. 고로 東(仁)은 황제의 左에 西(義)는 右에 위치한다. 좌는 吉事, 部將軍 우는 凶事, 上將軍이 위치한다(전시에). 평상시에는 좌측을 상석으로 친다. 전쟁을 치를 때에는 喪禮에 있는 것과 같게 한다. 길사에는 왼쪽을 숭상한다.

노자는 전쟁을 불행한 일, 무기는 불길한 도구라고 하고 있다. 할 수 없이(부득이 하게) 써야만 할 때엔, 집착 없는 무욕의 상태에서 써야만 한다. 內聖外王은 부처의 마음으로 무기를 쓴다. 그러나 이런 살상은 즐기지 않는다. 살인을 즐기는 것이 되므로 천하 만민들과 더불어 살아갈 수 없게 된다. 전쟁이 승전으로 끝나도,

상례로써 장사지내준다. 생을 완전하게 누리고, 그래서 무지무욕의 건전한 정치를 주장하는 노자가 전쟁을 반대하는 위대한 평화주의자인 것이다.

생각건대, 남북한 대치상황에서 병기와 안보는 필수불가결한 것이다. 장기적으로 우리는 평화로운 통일한국을 지향하지만, 힘이 없이는 그 값진 평화도, 자유통일도 할 수 없게 된다. 이 점을 반드시 감안하여 노자의 사상을 받아들여야 한다. 정치철학을 현 상황에 비추어 재음미할 필요성이 반드시 존재 한다. 병법도 도에 따라 써야 한다. 보다 큰 명분을 위해서 싸워야 할 때에는 늘 깨어서 승패생사를 초월해서 싸워라. 생사를 초연하라. 그렇지 않으면 죽임을 즐기게 된다.

제32장
국민들은 명령하지 않아도
스스로 제 질서를 찾는다 ◎

도는 정의될 수 없다. 모든 사건이나 사물에 원인이 되는 단일의 원리라는 것을 우리는 말할 수 있을 뿐이다. 지도자가 이 원칙을 존중할 때에, 그리고 이론을 덜 고려할 적에, 집단성원은 지도자를 신뢰한다. 지도자가 일어나는 모든 일에 똑같은 관심을 갖기 때문에, 집단이 파벌로 나뉘는 편견이 없다. 국민통합이 있다.

집단의 일이 자명하고 자연스러운 정의에 기초를 두기 때문에, 국민의 행동에 관련한 규칙과 규제는 불필요하다. 비록 이 유일의 원리를 정의할 수는 없지만, 한 집단 내에서 무엇이 일어나고 있는지를 설명할 수는 있다. 즉, 국민통합의 형성, 양극성, 순환과 순환장애, 저지 혹은 촉진시키는 개입 등을 말할 수 있다.

이론적인 담론을 많이 하면 사람들을 실제의 상황에서, 그 과정으로부터 마음을 떠나게 한다. 과정에 관하여 말하는 것이 그 과정을 차단시키고 집단의 장의 에너지를 감소시키는 하나의 방법이다. 이러한 현상이 발생했을 때에, 현명한 지도자는 또 다시 어떤 일이 발생하는지와 그 일

뒤에 놓인 유일원리를 결국 인식하게 된다. 장기적으로 보면, 이 유일의 원리에 초점을 맞추는 것이 리더십의 가장 설득력 있는 측면이다. 이 통합성으로부터 우리는 사물이 발생하는 이치를 배운다.

原文

道常無名 樸雖小 天下莫能臣 侯王若能守之 萬物將自賓
天地相合 以降甘露 人莫之令而自均 始制有名 名亦旣有
夫亦將知止 知止所以不殆 譬道之在天下 猶小谷之於江海

주

樸:아직 다듬지 않은 통나무, 즉 原木. 따라서 가장 소박한 상태를 의미. 天下莫能臣: 천하의 누구도 그것을 신하로 삼을 수 없다. 甘露:단 이슬. 自均: 均은 균평하다, 整齊하다는 뜻. 저절로 정제하게 되다. 始制有名: 制는 잘라서 여러 가지 器物을 만든다는 뜻. 기물이 완성되면 이름이 생긴다. 自賓=自化 빈은 服과 뜻이 같다. 德을 사모하여 복종하는 것을 말함. 殆: 危와 같음. 江海所以能爲百谷王者: 강과 바다는 백 개 계곡의 왕이 되는 까닭이다.

• • •

> 해석

道는 늘 이름 할 수 없다(無名). 아무런 가공도 하지 않은 통나무(樸)는 비록 작을지라도 천하에 그보다 큰 것은 없다. 세상임금이 섬기라 못한다. 한 나라의 왕이 이것을 품고 지킬 수만 있다면 만물이 스스로 복종한다. 그리고 하늘땅도 기운이 서로 어울려 甘露水를 내리니(天地相合 以降甘露) 사람들은 명령을 내리지 않아도 스스로 반듯해진다(民莫之令而自均). 통나무가 일단 잘라지면 온갖 만물이 제작되기 시작하면서 이름이 생긴다(有名). 이름이 이미 생겨났으면, 마땅히 그칠 줄을 알아야 한다. 그칠 줄을 알아야 위태로워지지 않는다. 비유하자면 도가 천하에 있는 것은(譬道之在天下) 냇물과 계곡의 물들이 강이나 바다로 흘러 들어가는 것과 같다(猶川谷之於江海).

> 해설

현실세계의 상대성과 한계성을 깨닫고, 그분수를 지켜 나갈 것을, 그리고 이것은 무위자연의 도를 체득한 어진이의 치하에서만 가능함을 말한다. 비유컨대, 樸, 즉 원목(原木)이 무명의 '도'를 다하고 있으니, 원목은 쪼개지어 만물이 될 수 있기 때문이다. 현실세계에서는 개인은 분수를 지켜야 위태롭지 않다. 무위자연의 도를 체득한 어진이가 되기 전에는 천하에 나서서 치국평천하 할 생각 말아라. 겸허해라. 도는, 무명이라는 말은 상대적 존재로는 안 계신다는 뜻이다. 얼(神靈)은 절대적 존재라 없이 계신다. 始制有名이라. 무명인 도가 비로소 사람의 생각에 제약되어 이름이 붙여져 상대적인 존재처럼 된 것이다. 사람은 영적 존재이다. 동물도, 식물도 이 영을 품고 있다. 사람이 슬퍼하면 애완견도 슬퍼한다. 영적으로 우리는 연결되어 있기 때문이다. 그 중에서 사람은 가장 위대한 영물이라서 하느님만을 머리 위에 받든다. 아무에게나 머리 숙이지 않는다. 君子는 不器라는 말은 군자는 세상의 그릇이 아니라는 뜻이다. 간디가 眞理把持 하였다고 한 것은 노자의 抱樸과 같은 뜻이다. 불교의 見性得道와 같은 뜻이다. 그러므로 '道'는 不生不滅이요, 不垢不淨이요, 不增不減이다. 無所不在요, 無時不在이다. 그러므로 神靈(道)을 노자는 自然, 谷神, 大象, 樸, 一, 道라 하였다. 원목처럼 무지무욕의 道(얼, 神靈)를 내 것으로 지켜 나아갈 수 있다면, 늘 '참나'로 살아갈 수 있다면 어질 수 있고, 공평할 수 있으며, 남과 조화롭고 부드러울 수 있으며, 공적영지(空寂靈知)하여 조용하고 또랑또랑하여 신령스럽게 알 수 있다. 위대한 인물이 된다. 군자 즉, 도인이 된다는 말이다. 천지만물이 흘러들어가는 계곡 같은 마음을 지켜라. 아니 강이나 바다 같은 마음을 지켜라. 그러므로 현재를 깊이 알아야 한다. 생각이 자꾸 나와야 영원한 생명이 있다는 것을 미신적으로 망상하지 않게 된다. 내속에 말이 자꾸 나와야 말씀의 세계가 있다는 것을 믿게 되는 것이다.

제33장
나의 모순과 장점을 아는 사람이 밝다 ◎

타인의 행태를 아는 데는 지성이 필요하지만, 자기 자신을 알기 위해서는 지혜(靈性)가 필요하다. 타인의 인생을 관리하는 데는 보통의 힘(strength)이 필요하지만, 자기 자신의 인생을 관리하는 데에는 진정한 힘(true power)이 필요하다. 내가 소유한 것에 만족한다면 나는 단순하게 살 수 있으며, 번영과 자유시간 양자를 동시에 즐길 수 있다. 나의 목표들이 분명하다면 그 목표를 야단법석하지 않고 느긋하게 달성시킬 수 있다. 스스로 마음의 평안을 누린다면 삶의 에너지를 갈등 속에 낭비하지 않을 것이다. 삶에 집착하지 않는 것을 배웠다면 죽음을 두려워 할 필요가 없다.

原文

知人者智 自知者明 勝人者有力 自勝者强 知足者富
强行者有志 不失其所者久 死而不忘者壽

주

强行: 근면히 노력해 가는 것. 死而不亡: 생을 지속하기 위한 노력을 그치지 않는다는 뜻.

• • •

해석

사람을 아는 이는 슬기로운 자이지만, 자신을 아는 사람은 더욱 明察함이 있는 자이다(知人者智_自 知者明). 남을 이기는 이는 힘이 있는 자이지만, 자신을 이기는 사람은 참으로 굳세다(勝人者有力 自勝者强). 만족할 줄 아는 사람은 넉넉하고(知足者富), 强行子는 절대자의 뜻이 있는 자이다(强行者有志). 그리고 지니고 있는 절대자의 뜻을 잃지 않는 사람은 長久하고(不失其所者久), 몸은 죽어도 죽지 않는 영은 長壽한다(死而不亡者壽).

해설

인격은 결코 한 육체 속에만 갇혀 있으면서 한 때만 사는 것이 아니라 무한히 자란다. 소위 죽었다는 후에도 계속 살고 자라고 있는 것이다. 만일 그것을 믿지 못한다면 예수, 석가, 노자, 장자는 영 알 수 없을 것이다. 참된 지혜, 참된 힘, 참된 부(富), 참된 생의 완성을 말한다. 노자는 자기 자신을 응시하는 깊은 내성적 구도의 정신을 보여준다. 마치 소크라테스가 '너 자신을 알라!'고 외치듯이 자기 영혼의 영원성을 응시하라는 것이다.

우리도 예수님처럼 될 수 있다. 도마복음의 가르침이다. "빛이니 하나가 되어라." 가르는 자가 아니다. 陰이 아니다. 어둠 없이 존재하라. 예수님과 하나이다. 남도 나와 같다. 하나이다. 생각 이전에는 나라는 존재만 있다. 우주가 나이다. 아버지이다. 예수님만 성령이 있었다면 말이 안 된다. 우리도 天孫이다. 생각, 감정, 오감을 바꾸어 성령과 하나가 되어라. 빛이 되어라. 어둠이 되면 안 된다. 성부는 나의 뿌리이다. 혼의 세계가 ego의 세계이다. "靈으로 기도하라" 순수하게 알아차리는 자리가 성령이다. 일용할 양식주시고 남을 용서했듯이 나를 용서해주시고, 시험에 들지 않게 하시고, 하늘에서와 같이 땅에서도 이루어졌습니다. 무위(無爲)로 성령 그대로 펼쳐라. 하나님과 하나가 되어라. 온전해져라. "너도 나도 같은 샘물 먹고 취한 것이다" 무량수경에서 "극락정토에 아미타불이 데리고 가겠다" 한 것과 예수가 "하늘나라에 데리고 가겠다"고 한 것이 같다.

自性佛을 강조한 선종과는 접근방법이 다르다. 순수한 나, 모든 것이 가능한 나, 이것이 '참나'이다. ego는 오감, 감정, 생각으로 지어낸 것이다. 성령은 하느님과 하나이다. 컵 속의 공기와 밖의 공기는 하나이다. '나'이다. 성부의 영과 성령의 영은 같다. 당신 안의 성령을 찾아야 한다고 가르친다. 성령과 하나가 되면 소아적인 ego는 지혜, 사랑, 능력으로 바뀐다. 성령은 양심이 나오는 자리이다. 바보가 되어라. 無知하라. 세상 것에 대하여 잔꾀를 부리지 말라. 순수한 상태를 견지하라. 바다는 靈이고 파도는 ego이다. 敬天

愛人하라. ego가 靈에 의하여 감화된다.

영생을 하라. 도마복음은 다섯 가지 조건을 전한다.
1) 죽기 전에 답을 구하라. 시체(ego)가 나라고 느끼는 것에서 깨어나라. 2) 영혼에서 육이 분리되기 전에 답을 얻어라. 3) 영적 육체를 얻어라. 4) 매미가 껍질을 벗듯이. 5) 에테르의 몸/에너지로서의 몸 영적인 육체/지성소-영과 만남. 혼-성소, 육. 하나님은 영이시다. 혼은 감정, 오감, 생각을 관리하지만, 이를 초월한 자리가 靈의 자리이다. 성령은 뜨거운 것이며 ego는 차가운 것, 우주적인 나, 이 몸만 생각하는 나이다. 하나님의 법, 육체의 욕정을 따르는 나, 성령을 따르면 살고…. 殺身成仁하라.

생각, 감정, 오감이 성령을 가리면 我執과 無智가 작동한다. 8圖에 가야 하나님과 하나가 되는 경지(尋牛圖)다. 靈과 魂과 肉이 온전해야 한다. 지수화풍의 에너지를 합친 것이 空의 에너지이다. 영생하는 법을 말한다. 불멸의 육체를 얻어라. 생각, 감정, 오감이 성령을 만나, 지혜, 사랑, 능력이 생긴다. 성령을 찾아라. 순수의식을 찾아라. 하나님 말씀을 실천하라. 사랑하라. 사랑은 나누지 않는다. 전체에 산다. '참나'이다. 불멸의 육체를 얻어라. 영적육체를 얻어라. 영생하라. 경천애인하라. 오감의 성화를 얻어라. 靈得快樂하라(삼일신고). 영은 빛이라. ego(깨진 독)는 연못에 버려라. 성령 안에서만 ego는 제 기능을 한다. 지혜, 사랑, 능력을 발한다. 연못은 성령이고 깨진 항아리는 ego이다. 십자가는 춘하추동과 중심에 태양이 있어 만물을 주재하는 것을 상징한다. 빛이다. 하나님은 빛이다. 태양과 같은 존재이다. 天靈, 天理이다. 法은 하나님 말씀이다. 사랑과 정의와 겸손, 지혜가 구현된다. 아버지의 왕국은 나 자신이다. 내안과 밖에 계신 하느님이다. 성령이 내 안에 계신다. ego 안에는 없다. 새소리는 객체, 그 소리를 듣는 나(주체), 이 양자는 순수한 '나'에서 나왔다. 주객이 다 없어지면 순수한 나만 존재한다. 어떤 의심도 없고 텅 비어 있고, 하나님의 분신이다. 상속자이다. 하나님이다. 하나님 자체이다. I am that I am!이다. 大道無門이다. 나에게서 주관, 객관이 나왔다. 그 이원성이 없는 일원성만 남는다. 소리와 내가 하나이다. 주객을 초월한 자리가 하나님 자리이다. 안팎이 따로 없다. 유교, 불교, 기독교가 이 점에서 다르지 않다.

진정한 기도는 깨어서 이미 임하신 하나님과 더불어 하나가 되어 힘을 달라고 하는 기도이다. 德은 순수한 생명력이다. 道가 體라면 德은 用이다. 작용이요 기능이다. 갓난아이와 같다. 할례를 한 다음부터 이원성에 빠진다. ego가 생긴다. 인류가 본래 하나이다. 나이를 잊고 道를 깨달아 가르치고 배우고 해야 한다. 전부 깨달아야 끝이다. 또 다른 분신이 하나님과 같이 되기까지 해야 한다.

제34장
모든 것을 내포하는 普遍法則

어느 곳에서나, 그리고 항상 유일한 원리를 볼 수 있다. 모든 것이 이 원리에 좇아 작동한다. 모든 생명이 이 원리에 의해 피어난다. 이 유일의 원리는 선택적으로 적용되는 것이 아니다. 비록 도가 모든 것의 성장과 발전의 근원이지만, 그 아무것도 도를 이롭게 하지 않는다. 도는 대가 없이 그리고 편견 없이 모두를 이롭게 한다. 이 유일한 원리는 사적소유물이 아니다. 아무도 이를 소유할 수 없고, 도 또한 아무도 소유하지 않는다. 그것의 위대함은 그 보편성(universality)에 있다. 그것은 모든 것을 내포한다.

현명한 지도자는 이 원리에 순응하며 이기적으로 행동하지 않는다. 지도자는 한 사람은 수용하되 다른 사람과 같이 일 하는 것을 거부하지 않는다. 지도자는 국민을 소유 하거나 그들의 생활을 통제하지 않는다. 리더십이 승리의 문제가 아닌 것이다.

무엇이 발생하고 있는가에 대한 인식(알아차림)의 빛을 비추기 위해서 작업이 이루어진다. 또한, 사심 없는 봉사, 편견 없음, 누구에게나 미치는 봉사인 것이다.

原文

大道汎兮 其可左右 萬物恃之 而生而不辭 功成不名有衣養萬物 而不爲主 常無欲 可名於小萬物歸焉 而不爲主 可名爲大 以其終不自爲大 故能成其大

주

汎兮: 汎은 廣大無窮한 모양. 떠돌아다니는 모양. 衣養: 옷처럼 따뜻이 덮어서 기른다는 뜻.

• • •

해석

大道는 끝없이 크도다. 그 왼쪽으로도 오른쪽으로도 끝이 없어라. 도는 만물의 어머니로 만물 낳기를 마다하지 하지 않는다(萬物恃之 而生而不辭). '도'는 功을 이루더라도 그것을 자기 것이라 주장하지 않는다(功成 不名有). 만물을 옷처럼 덮어 기르건만 주인이 되려고 하지 않아, '도'는 언제나 욕심이 없으므로 작다고 이름 지을 수 있다. 만물이 그에게로 돌아가지만 주인이 되려고 하지 않으니, 크다고 이름 지을 수 있다. '도'는 끝까지 큰체하지 않는다. 그런 까닭에 능히 그 위대할 수 있는 것이다.

해설

요약하자면, 도는 좌우 대소를 초월한다. 그래서 큰 것이거나 작은 것에 다 같이 작용한다. 좌에도 우에도 다 같이 작용한다. 다만 현상계에서 작용하면서 좌우 대소가 나눠지게 된다. 현상계에서 온갖 작용을 하되 그 본질을 잊지 않는다. 그래서 모든 이원성을 초월하여 늘 그러한 상태에 머문다. 도의 위대한 포용력을 말한다. 위대함을 초월한 자리야말로 참으로 위대하다. 그러므로 無知無欲의 건전한 無爲의 정치를 하려는 미래의 지도자(天孫)들은 바다와 같이 넓은 포용력을 갖추어야 하며, 하늘과 같이 높은 이상(願)을 가슴에 품고 나라를 경영해야 한다. 남이라고 하는 '남'을 구별함 없이 받아드릴 아량인 금도(襟度)를 지니고, 그 사람들이 본래 자율적인 존재라는 것을 알아 계도(啓導)하도록 힘써야 한다. 즉, 도를 실현해야 한다. 大道汎兮라. 유일신의 얼은 가없이 커서 안 계시는 곳이 없다는 뜻이다. 절대적 존재이기 때문에 무소부재하다. 태초에 logos가 있어 그 로고스대로 질서정연하게 우주가 생겼다. 모든 것이 신령의 변화이다. 그래서 우주는 자기생성적 네트워크체제라고 한다. 그 생성을 과정별로 보면 無에서 태어나 有로 존재하다가 無로 다시 復歸한다고 말한다. 이 과정은 무한순환한다. 만물이 예외 없이 이 같은 생명운동을 벌인다. 육신은 땅으로, 神靈은 하늘로 복귀하고 연기법에 의해 다시 생명으로 태어난다는 것이 소승불교의 윤회설이다. 대승불교의 가르침에서는 윤회현상도 空으로 즉각적으로 업장이 소멸될 수 있다고 한다. 그리하면, 아라한이 되어 윤회는 더 이상 하지 않는다.

제35장
'참나'를 마음으로 잡으면, 천하가 그에게로 갈 것이다

유일의 원칙을 고수하라. 그리하면 일을 잘 할 수 있으며, 혼돈과 갈등으로부터 자유로울 수 있고, 모든 상황에서 현존감을 느낄 수 있을 것이다. 피상적인 지도자는 비록 증거가 어느 곳에나 있을지라도 일이 어떻게 일어나는지를 알 수 없다. 이 지도자는 드라마, 선정(감각적인 것), 그리고 흥분에 의해 휩쓸린다. 이 모든 혼란은 이성을 잃게 하는 것이다. 그러나 거듭해서 과정에 대한 인식으로 회귀하는 지도자는 사물이 발생하는 방법에 대한 심오한 감각(sense)을 보유한다. 이러한 지도자는 단순한 박자만 보유한다. 회기는 순조롭게 흐르며 모임이 종료될 때에도 지도자는 아직도 사기(의기)가 충천이다.

原文

執大象 天下往 往而不害 安平太 樂與餌 過客止 道之出口 淡乎其無味 視之不足見 廳之不足聞 用之不足旣

주

大象: 제41장에 '大象'은 형체가 없다고 되어 있다. '道'는 그것을 볼 수 없기 때문에 "형체가 없다"는 것이며, 그것을 마음으로 파악한 것이 곧 象이다. 安平太: 太는 泰와 같다. 安, 平, 太 모두 편안하다는 뜻이나 그 정도가 약간 다르다. 즉, 泰가 최상급이다. 樂與餌: 음악과 맛 좋은 음식. 不足見: 볼만한 가치가 없다는 뜻. 旣: 다하다. 끝나다.

· · ·

해석

大象을 잡으면 천하가 그에게로 갈 것이다. 그에게로 가면 해가 되는 바가 없고 안락하고 태평하다. 음악 소리와 함께 맛좋은 음식 냄새가 지나가는 다른 나라의 길손을 멈추게 한다. '道'에서 나온 말은 담백하고 맛이 없다. 보아도 볼만한 것이 못되고, 들어도 들을 만한 것이 못된다. 그러나 그것은 아무리 써도 다하여 그치는 일이 없다.

해설

神靈과 신령의 나툼인 自然이 절대적 존재인 유일신의 모습이다. 眞理把持를 말하는 간디나 執大象을 말하는 노자는 문자와 언어는 다르지만 같은 내용이다. 眞理 곧 大象인 것이다. '참나'이다. '참나'가 본체이며 육신은 그 본체의 그림자이다. '참나'는 法身이요, 육신은 應身이고 化身이다. 항시도 잊지 말 것은 천손으로 깨달은 우리들은 조상의 얼을 새겨 그 뜻을 어떻게 펼칠 것인가를 구명 하는 일이요 실천해야 하는 것이다. 천지신명께서는 우리에게 주신 사명을 잊지 말 것을 속삭이는 듯하다.

제36장
부드럽고 여린 마음이 곧고 센 걸 이긴다
(은미한 명지를 숨긴다는 微明之計) ★

모든 행태는 자신의 정반대의 행태를 포함하고 있다. 인플레이션(물가 폭등)은 붕괴(가격하락)를 초래하고 힘의 과시는 불안정을 암시하며, 상승하는 것은 하락해야 하고 번영하고 싶으면 관대해져라(인색하지 말라). 또한 여성이 남성보다 오래 살며 여성은 방임하지만, 남성은 일을 야기 시킨다. 여성은 투항하고, 그 다음엔 에워싸고(포위하고) 승리한다. 그리고 물은 바위를 닳아 없애고 정신은 힘을 극복하고 약자는 강자를 파멸시킨다. 사물을 후향으로도 보고, 안팎을 뒤집어도 보고, 위아래를 거꾸로도 관찰하는 것을 학습하라.

原文

將欲歙之 必固張之 將欲弱之 必固強之 將欲廢之 必固興之 將欲奪之 必固與之 是爲微明 柔弱勝剛強 魚不可脫於淵 國之利器 不可以示人

주

歙: 오므린다. 수축한다. 固: 여기서는 먼저, 잠깐의 뜻. 張: 벌리다. 확장하다. 微明: 襲明. 隱微한 明智를 숨긴다는 뜻. 國之利器: 利器의 원뜻은 예리한 무기. 거기에서 뛰어난 지혜, 또는 지혜 있는 사람을 가리킨다.

• • •

해석

장차 움츠리게 하려면 반드시 일단 펼치게 하고, 장차 약하게 하려면 반드시 일단 강하게 하며, 장차 망하게 하려면 반드시 일단 흥하게 하고 장차 뺏으려면 반드시 일단 준다. 이것을 '明智(빛을)를 숨기는 것'이라 한다. 이리하여 부드럽고 약한 것이 굳세고 강한 것을 이기는 것이다. "물고기는 연못에서 벗어날 수 없다. 나라의 '가장 예리한 무기는' 누구에게도 보여서는 안 된다."

해설

작게는 개인의 制心奪情 즉, 욕심을 억제하고 정욕을 이기는 방법, 크게 말하면 어진 지도자가 나라 다스리는 길을 가르친 것이다. 그 도는 유약(柔弱)의 도(道)이다. 천하는 신기(神器)라. 불가위야(不可爲也)라. 꾀로는 못한다. 어짊으로만 할 수 있다. 손무(孫武)의 병법 같은 것은 전술이라서 하나의 재주에 불과하다. 꾀는 지식에서 나오는 것이되, 어짊은 참 이치를 깨닫는대서 나온다. 결과를 얻어 내 것으로 삼기는 쉬워도 그 도를 얻어 전체에 살아가기는 어렵다. 그러므로 미명(微明)이다. 빛 아닌 빛이다. 이 빛은 전체를 살리는 빛이다. 하느님(道)이 이것을 아이들에게만 나타내신다. 모든 有는 無에서 나온다. 하나님은 스스로 있는 자이다. 자기 주장을 하지 않는다. 모든 것의 근본이 되는 전체는 물건이나 일에 비하면 한없이 약해 보인다. 누구나 밟을 수 있는 것이 길이요, 언제나 무시할 수 있는 것이 하나님이다. 노자는 도를 유(柔)한 것, 약(弱)한 것으로 체험한 것 같다.

흔히 주권은 총구멍에서 나온다고 여긴다. 힘으로 이긴다는 말이다. 그러나 그것으로 문제가 해결되었나? 세계 4대성인이 외친 것은 仁이요, 慈悲요, 사랑이요, 無爲自然이다. 즉, 부드러운 것, 약한 것이다. 악한 자는 자기 스스로 자기를 치고, 스스로가 망하더라. 어진 이는 다른 것 아니라, 하늘 뜻대로 하는 이요, 하늘 뜻이란 '내로라' 하지 않는 것이다. 四相을 여윈 마음자리로 사는 이가 어진이다.

한 마디로, 내가 하려들지 않고, 도(道)그 자체가 하도록, 종교적으로 표현한다면 하느님이 하시도록 맡기는 것이다. 그렇게 하면 無爲無不爲다. 돼도 된 것이요 안 돼도 된 것이다. 유약승강강(柔弱勝剛强)이라. 유약한 것이 강한 것을 이긴다. 국방정책에서 정교한 무기, 군량미 같은 비밀을 누설하지 않는 것이 중요하다. 그러나 정말 나라의 흥망이 달려 있는 이기(利器)는 이 유약의 정신이다. 내로라하지 않는 정신, 자랑하지 않는 정신, 힘과 돈을 믿지 않는 정신, 억지하지 않는 정신, 결과를 내가 차지하지 않으려는 정신, 전체에 살려는 정신이다. 욕심에 눈이 어두우면 이것이 잘 보이지 않는다. 이는 양심이란 것이다. 良心이 본래 우리들의 마음이다, 本心이라 한다. 양심처럼 약하고 보드라운 것은 없다. 소크라테스는 "가늘고 보드라운 소리"라고 했다. 삼군(三軍)은 가탈사야(可奪師也)어니와 필부지지(匹夫之志)는 불가탈(不可奪)이라. 그러나 국민이 나라 사랑하는 줄 알지도 못하고 각각 제 할 일을 꾸준히 하고 있는 때가 정말 나라가 튼튼한 때다. 돈으로도, 지위로도, 영웅심으로도, 애국심을 자극해도 안 되고 국민에게 양심이 생각나도록 건드려서도 안 된다. 그러므로 기도할 때는 골방에 들어가 남몰래 하라 했고, 선(善)을 할 때는 남모르게, 갚아주심 바라지 말고 하라고 했다. 또한 나라 위한 공로를 능히 제가 나라를 대신해 갚을 수 있는 것처럼 생각하는 것도 잘못이다.

제37장
道는 늘 하려는 것이 없되 늘 아니하는 것이 없다 ○

유능한 지도자가 실제로는 일을 거의 하지 않음으로써 많은 것을 이루는 것을 보면 국민들은 처음엔 당황한다. 그러나 그 지도자는 그것이 사물이 운용되는 방법임을 알고 있다. 결국, 도는 전혀 아무 일도 하지 않지만 모든 일이 저절로 이루어진다. 지도자가 심히 바빠지면, 사심 없는(이기심 없는) 정적으로 회귀할 때가 온 것이다. 이기심 없으면 중심을 잡게 되고, 중심은 질서를 만들어내고, 질서가 잡히면, 할 일이 거의 없어진다.

原文

道常無爲 而無不爲 侯王若能守之 萬物將自化 化而欲作 吾將鎭之以無名之樸 夫亦將無欲 不欲以靜 天下將自定

주

無不爲: 하지 않는 것이 없다. 못하는 것이 없다. 自化: 여기의 化는 德化로서 군주의 덕으로 만민이 편안히 생활 할 수 있는 질서를 말한다. 作은 싹을 틔우는 것을 뜻한다. 無名之樸: 순수한 道.

• • •

해석

도는 늘 아무 일도 하지 않는다. 그러나 하지 못하는 일이 없다(無爲 而無不爲). 지도자들이 만약 도리를 능히 지킬 수 있다면 모든 것이 곧 저절로 되리라(萬物將自化). 만물이 변화돼 '욕심'이 일어나면 나는 '이름 없는 樸의 상태, 즉 순수한 道'로써 그것을 억제해야 한다(化而欲作 吾將鎭之以 無名之樸). '이름 없는 순수한 도'라면 또한 '욕망이 없는 상태'를 가져 올 것이다. 욕심이 없어지면 고요해 지고, 천하가 장차 저절로 안정될 것이다(天下將自定).

해설

한마디로 말해서 모든 것을 내가 하려 하지 않고, 道 그 자체가 하도록 내맡겨 두는 것이다. 이것이 곧 어짊이요, 밝음이라. 내 힘으로 하지 않고 진리 그 자체가 하도록 내 맡기고 순종하면 아니 될 것이 없다. 공산체제의 계획경제야말로 人爲의 극치를 보여준다. 국민각자는 소수인의 계획한대로만 하면 되고, 경제적 자유활동은 금지되는 체제이다. 소련을 비롯한 공산체제가 70년 만에 붕괴된 것은 바로 국민의 자율성을 제한한 데 연유한다. 그 밖의 많은 독재국가가 망하는 이유도 여기에서 찾아야 한다. 스탈린, 차우세스쿠, 김일성 체제가 대표적인 예이다.

무위(無爲)는 아무런 일을 하지 않는 것이 아니라, 私利私欲없이 道에 좇아서 또는 하나님의 명령대로 일처리를 함을 의미한다. 公人이 따라야 할 聖凡이라고 할 수 있다. 이 장은 무위자연의 경영원리를 가르친다. 루소의 良心服從論과 비견할 만하다(J.J. Rousseau, 사회계약론).

도덕경은 국가경영의 지도자학이다. 자기를 내려놓을 때만이 무위자연, 하나님(천자)의 대리인이 된다. 이러한 지도자를 전체조직과 하나가 된 지도자라고 할 수 있다. 자연(신) 스스로 그러한 존재는 신밖에 없다. 자연은 신의 구현이다. 양심(本心)대로 살면 무위이며 움직임 없으면 무위이고 있으면 유위이다. 욕심대로 살면 유위이다. ego가 '참나'의 뜻대로 한 유위와, 내 욕심만 챙기는 유위가 있을 수 있다. 후자를 우리는 깨진 항아리라고 하여 연못에 던져버릴 것을 주장했다. 여기서 연못은 '참나'이다.

불교에서 수련법으로 가르치는 8正道는 有爲 즉, 無爲를 추구하는 有爲이다. 요약하면, 無爲는 양심(本心)대로 사는 것이고 有爲는 욕심대로 사는 것이라고 할 수 있다. 洪範九疇는 동이족의 정치철학서이다. 도가도 비상도(道可道 非常道)라고 말해줄 수 있는 도, 즉 말로 설명할 수 있는 도는 영원불변의 도가 아니다. 道는 一陰一陽이다. 도는 無爲, 즉, 우주의 신의 자리, 신 그대로 살아가는 것이며 仁義禮智가 돌아간다는 것이다. 계절의 순환처럼…. 왜? 이름은 상대계에서 필요하고, 현상계에서의 이름은 영원한 이름이 아니기 때문이다.

고로 道는 無爲이다. 그러면서도 못하는 것이 없다. 無不爲이다. 문제를 원리대로 풀어나가기 때문이다. 탐진치를 다스리면서 진선미의 '참나'를 드러내는 것이 無爲而無不爲이다. 하느님은 늘 일을 하고 있다. 자연법칙을 실현시킨다. 한 치의 예외도 없다. 예컨대, 자연의 법칙인 만유인력의 법칙, 에너지보존의 법칙, 신상필벌의 법칙 등을 실현시키는 것이 하느님의 무위무불위라는 것이다. 삶도 하느님 뜻대로 사는 것이 '무위무불위'라는 것이다. 리더가 靈性(神性)기능이 높아야 민주주의가 잘된다. 정치는 국민에 대한 서비스를 하는 서비스업이기 때문이다.

모른다하면 이원성이 없어지고 그곳이 '참나'의 자리이다. 하느님의 자리이다. 절대계이다. 그러므로 절대계를 맛보면서, 현상계에서 선악을 알면 좋다. 선문답에서 '모른다!' 하면 함정에 빠지지 않는다. 무위에 처하면 양심의 자리에서 살 수 있다. 내가 한다고 하지 않고 나의 공으로 자랑하지 않는다. 침묵의 가르침, 이미지, 즉 상만 보여줄 뿐 생색내지 않는다. '참나'의 힘이 더 커지기 때문이다. 수많은 神像이 나오는 것은 ego의 장난이다. 삶 속에 무위자연이 되면 도를 유치한 것이다. 陽인 사랑, 陰인 正義, 陽인 禮, 陰인 智, 중심을 잡아주는 信, 이것이 도의 구체적 표현이다.

귀(耳)로가 아니고, 一心으로, 기운(氣運)으로 텅 비우고 들어라.

살다가 찜찜하면 다시 내려놓고 '몰라!'하면 다시 점프하여 그 자리에 들어간다. 경우에 따라 진보 또는 보수라 할 수 있다. 빨리 추진하는 것이 진보요 시간을 두고 보자는 것이 보수이다. 고정된 것이 아니다. 상황파악을 잘하라. 그러나 보수 70%, 진보 30%로 안정을 유지하며 전체가 발전할 수 있다. 보수는 형님, 진보는 아우, 형만한 아우 없다. 형은 아우에게 정치를 가르쳐야 한다. 진보 없이는 발전 없다. 이러한 논리가 가능한 것은 자유민주체제가 공고하게 자리 잡히는 것을 선행조건으로 한다. 자율적 인간관을 제시한 노자의 정치철학에서 자유민주주의이념의 핵심적 내용을 간파해야 한다. 텅 빈 마음으로 경영하는 것이 무위의 경영이다. 텅 빈 마음이 道이다. 太極이 음양으로 굴러간다. 마음이 편해지고, 현상계를 인의예지로 살 수 있다. 주위사람들을 도인을 만들어라.

제38장
돈후소박(敦厚素朴)한 리더십이
가장 영향력이 강하다 ★◎

영향력 있는 리더십이란 무슨 일이 벌어지는가를 알아차리고 이에 좇아서 행동을 취하는 문제이다. 지도자의 투명성(clarity) 또는 의식(consciousness)은 그 지도자의 구체적인 행동보다 더 중요하다. 그러므로 예행연습 또는 성공적인 리더십을 확보하는 공식이 없는 이유이다. 영향력(potency)은 계산 또는 조종이 불가능하며, 또한 그것은 잘 보이려고 애쓰는 문제도 아니다.

리더십의 영향력을 그 정도에 따라 살펴보면 다음과 같다.
1. 上: 지금 여기에서 벌어지고 있는 일에 대하여 의식적이나 자발적인 대응을 한다. 계산이나 잔재주가 없음.
2. 中: 옳은 것을 하고자 노력함. 이것은 옳음의 개념에 기초한 계산된 행위이며, 마땅히 되어야 하는 생각에 기초한 계산된(조종되고, 꾸며진) 행위이다.
3. 下: 강요된 도덕성. 전적으로 당위성과 부당성에 의존한다. 그것은 계산되고 조종된 것이며, 형벌이 뒤따르는 저항에 직면한다. 이것은 실제 벌어지고 있는 상황을 비추지 못한다. 맞불이 부는 것이 흔

한 일이다.

현 상황에 접하지 못해 현실감이 없으면, 자발적으로 행동할 수 없으며, 따라서 이러한 지도자는 그들이 옳다고 생각하는 것을 하려고 노력한다. 만일 이것이 실패하면, 이들 지도자들은 강압적 수단을 동원하기가 일쑤다. 그러나 현명한 지도자는 당분간 침묵을 지키고, 사태의 명료성과 의식이 돌아올 때까지 기다린다.

原文

上德不德 是以有德 下德不失德 是以無德 上德無爲 而無以爲 下德爲之 而有以爲 上仁爲之 而無以爲 上義爲之 而有以爲 上禮爲之 而莫之應 則攘臂而仍之 故失道而後德 失德而後仁 失仁而後義 失義而後禮 夫禮者 忠信之薄 而亂之首也 前識者 道之華 而愚之始 是以大丈夫 處其厚 不居其薄 處其實 不居其華 故去彼取此

주

而有以爲: 여기서 以는 무엇인가를 다른 것의 수단으로 삼는다는 것. 따라서 곧 動機, 이유, 까닭을 가리킨다. 則攘臂而仍之: 어깨를 걷어 부치고 끌어당긴다. 타인을 자신의 의지에 따르게 하려는 것. 前識: 일이 발생하기 이전에 미리 살펴 아는 것. 道之華: 지혜 있는 자의 光榮. 이 道는 제1장의 道와 달리 지혜를 가리킨다. 前識者 道之華: 앞일을 안다는 것은 도의 껍데기이다. 而愚之始也: 어리석음의 시작이다. 去彼取此: 彼는 禮나 前識 등을 가리키고, 此는 道와 德을 따르는 것을 가리킨다.

· · ·

해석

德이 높은 사람은 스스로 덕이 있다고 생각하지 않는다. 그런 까닭에 실로 덕이 있는 것이다. '덕'이 낮은 사람은 덕이 있는 체함을 뿌리치지 못한다. 그런 까닭에 실은 덕이 없는 것이다. '덕'이 높은 사람은 아무런 행동을 하지 않아도 이루어내지 못하는 일이 없다(無爲 而無以爲). '덕'이 낮은 사람은 행동을 하더라도 그 무엇도 이루어내지 못한다. 仁愛心이 많은 사람은 행동을 하더라도 딴 動機가 있어서 하는 것이 아니다(上仁爲之 而無以爲). 정의감이 높은 사람은 행동하지만 그것은 딴 동기가 있어서 하는 것이다. 禮義가 바른 사람은 행동하지만 이에 대한 보답이 없으면 곧 팔을 걷어 부치고 상대방을 위협하고 강요한다. 그런 까닭에 '도'가 사라진 뒤에 '덕'이 나타나고, '덕'이 사라진 뒤에 仁愛가 나타나며, 인애가 사라진 뒤에 正義(justice)가 나타나고, 정의가 사라진 뒤에 儀式(ritual, 禮節)이 나타난다. 무릇 의식(예절)은 "忠直과 신뢰의 종말을 들어내며 混亂의 출발점이다"라고 하는 것이다. 미리 아는 것이란 道의 겉치레로서 어리석음(迷妄, delusion)의 시작이다. 그런 까닭에 대장부된 자는 두터운 것(厚: 절대)을 취하고 얇은 것(薄: 상대)은 버리며, 실속(절대)은 취하고 헛되이 화려한 것(상대)은 버린다. 그러므로 이것(상대)을 버리고 저것(절대)은 잡는다.

해설

무명(無名): 원상(原象), 이데아(idea), 절대계(絕對界), 일원성(一元性), 근본원리(根本原理). 유명(有名): 보편법칙, 현상계(現象界), 이원성(二元性), 시공(時空), 주객(主客), 인과법칙(因果法則), 후천 8괘, 언어와 개념(槪念), 名實과 名分이 있다. 자연의 보편법칙이 깨지면 위태롭다. 현실에는 명분이 중요하다. 도가 있어야 안분지족한다. 현실에는 대도무문(大道無門)이다. 즉, 현실에선 어디에도 없는 이상향을 말한다. 플라톤의 'The Republic(공화국)'도 이러한 이상향을 그리고 있는 좋은 예이다.

동양에서는 자연법칙이 신이다. 仁義의 법칙은 도덕법칙이다. 도덕법칙도 자연법칙이어야 한다. 자연스러운 것이 제일 좋은 것이기 때문이다. 사랑하고(仁) 법칙을 바로 세워 의롭고, 남과 조화롭게 지내며(禮), 선악을 극명하게 판단하는 지혜(智)를 생활화하자는 것(誠實), 약속을 지켜서 信義社會를 구축하는 것이 우리의 자연스러운 이상향이다. 老莊哲學의 핵심은 無爲로(억지로가 아니고 자연스럽게 또는 애쓰지 않고) 자연에 맞게 한다는 것이다. ego가 이해득실을 따지는 것처럼 하지 말고 그냥 이치(理致)대로 하자. 무위의 도에 맞게 하라. 젊은이여 정신건강을 위해 노자와 장

자를 읽어라. 자연을 가까이 하자 . 시중의 자기개발서는 ego의 입장에서 성공하는 법, 돈 많이 버는 법 등 기껏해서 ego놀음을 강조하는 것들이다. 우리의 입장은 ego를 초월하는 영성(靈性: 神性, spirituality)을 깨우자는 것을 지향하는 것이다. 지복(至福)을 누릴 수 있다. 성경에서 강조하는 天子로서의 행복감이다.

제39장
謙下의 미덕을 항상 유지하라 ◎

자연적인 현상들이 강력한 것은 작동원리에 순응하기 때문이다. 단순하게 그럴 뿐이다. 자연적인 과정들을 연구해보라. 하늘의 빛, 지구의 중력, 당신의 아이디어나 통찰력의 전개과정, 공간의 텅 빔, 인생의 충만함, 그리고 聖者들의 행태들을 잘 관찰하라. 이러한 과정들이 신경질적이고 자기중심적이라면 어떤 일이 일어날 것인지를 상상해보라. 하늘의 간헐적인 번득거림, 지구중력의 순간순간의 변화, 마음은 비합리적이 되고 공간은 동요하며 인생은 실패하고 성인은 더 이상 가치 있는 모범이 아니게 되는 등 제대로 작동하는 것이 없는 상태이다.

현명한 지도자는 신경질적이거나 자기중심적이지 않고 더 잘 객관적으로 인지한다. 능력은 무엇이 일어나고 있는지를 알아차리고 이에 따라서 행동하는 것으로부터 나온다. 역설적으로, 자유는 자연 질서에 순응하는 것에서 나온다. 모든 피조물은 하나의 전체이므로 분리는 환영이다. 좋아하든 싫어하든 우리들은 한 팀원이다. 힘은 협동을 통해, 독립은 봉사를 통해, 그리고 대아는 무아를 통하여 온다.

原文

昔之得一者 天得一以淸 地得一以寧 神得一以靈 谷得一以盈 萬物得一以生 侯王得一 以爲天下貞 其致之 天無以淸 將恐裂 地無以寧 將恐發 神無以靈 將恐歇 谷無以寧 將恐竭萬物無以生 將恐滅 侯王無以貴高 將恐蹶故貴以賤爲本 高下以爲基 是以侯王 自爲孤寡不穀 此其以賤爲本也 非乎 故致數輿無輿 不欲琭琭如玉 珞珞如石

주

一: 모든 존재의 근원인 것 즉, 도를 말한다. 원리, 또는 원리의 힘, 작용. 天下之貞: 여기서 貞은 正으로서 우두머리라는 뜻. 孤: 임금이 자기를 낮추는 말로서 작은 나라의 임금이라는 뜻. 寡: 임금이 자기를 낮추는 말로서 덕이 적은 사람이라는 뜻. 不穀: 임금이 자기를 낮추는 말로서 착하지 않은 사람이라는 뜻. 珞珞: 돌의 모양. 竭: 마른다. 蹶: 미끄러지다, 걸려 넘어지다. 불곡: 不善을 뜻한다. 奴婢를 말한다. 흑백 어느 편에도 서지 않는 中을 지키는 處世法. 淸/濁, 生/滅, 盈/竭 등도 같다.

・・・

해석

저 옛날에 오직 '하나'가 된 것 중에서, 예컨대 우선 '하늘'은 이 '하나'가 되어서 맑고, '땅'은 하나가 되어서 평안하며, 사람의 정신은 '하나'가 되어서 靈妙하고, 谿谷은 '하나'가 되어 물이 가득 찼으며, 만물은 '하나'가 되어 태어나고, 제후와 왕들은 '하나'가 되어서 천하의 곧음(기둥)되었으니, 그 하나에 닿았도다. 이것으로 다음과 같이 추론할 수 있다. '하늘'이 하나를 떠나면 破裂되고, 땅이 하나를 떠나면 폭발할 것이다. 우리의 정신이 하나를 떠나면 우리 정신의 능력은 사라지고 말 것이다. 계곡이 하나를 떠나면 계곡의 물은 아마 고갈될 것이다. 만물이 하나를 떠나면 絕滅할 것이다. 제후나 왕들에게 그들에게 우두머리를 삼는 것이 없다면 그들은 장차 몰락할 것이다. 그러므로 "귀한 것은 천한 것을 근본으로 삼고 높은 것은 낮은 것을 바탕으로 삼는 것이다." 그러므로 제후나 왕들이 스스로 이르기를 '孤'니, 寡니 不穀이니 하는 말로 일컫는 것이다. 이것이야말로 천한 것을 근본으로 삼기 때문이 아니겠는가? 그렇지 아니한가? 그래서 수레를 조목조목 다져보다 보면 수레가 없어지는 것이다. 옥처럼 화려해지려고도 말고, 돌처럼 투박스럽게 되려고도 하지 말아야 한다.

해설

도를 잃고 상을 세우기 시작하면 곧 망한다. 도를 잃지 마라. 요즈음 대부분의 사회문제는 도를 잃었기 때문에 일어나는 현상들이다. 원심은 만물의 중심이요 원주는 만물이다. 원심은 전체로서의 하나인 절대적인 존재를 상징한다. 사람도 전체로서의 하나(一)를 망각하면 망한다. 잘못한 것 없애려 하지 말고 그냥 道대로 살면 된다. 도덕에 집착하다 보면 도덕이 깨진다. 하느님도 신령함에 집착하면 쪼개질 수 있다. 일체의 相을 두지 말라. 그것이 도이다. 금강경의 가르침대로 모든 相을 파하라. 깨어서 살면 된다. 사단 못 벗어난다. 도를 벗어날 수 없다. 하느님을 벗어날 수 없다.

제40장
명상을 통해 '참나'를 찾아라 ○

자신에게로 돌아오라. 침묵할지어다. 아무 일도 없을 때에 '무엇이 일어 나는가? 무슨 일이 일어나는가?'와 그것이 '어떻게 일어나는가?'의 차이를 아는가? '무엇이 발생하는가?'는 그것이 '어떻게 일어나는가?'로부터 발생한다는 것을 감지할 수 있는가?

原文

反者 道之動 弱者 道之用 天下萬物 生於有 有生於無

주

反:근본으로 돌아가다. 動:움직임. 弱:유약한 것.

· · ·

<u>해석</u>

근본으로 돌아가 천손의 영으로 돌아가는 것은 '道'의 움직이는 법칙이며, 삼독이 어려진 이는 道의 작용하는 모습이다. 세상의 모든 것이 태극의 '有(있는 것)'에서 나왔고, '有'는 무극의 '無(없는 것)'에서 생겨나왔다.

<u>해설</u>

中道에는 自明함이 묻어 있다. 道極必反이라. 극에 달하면 반드시 뒤집힌다. 도를 잃고 相을 세우지 말라. 4相을 없애라. "아상, 인상, 중생상, 수자상을 버려라. 즉, 우월의식, 열등의식, 차등의식, 한계의식을 버려라." 잘 났건 못 났건 나를 앞세우는 마음을 相이라 하는데, 생색이나 내려고 하면 큰일은 할 수 없다. ego-entity가 있는 것으로 착각하는 것이 我相이고 다른 존재와 구별되는 personality라고 착각하는 것이 人相이다. 非存在에 대비하여 being을 주장하는 것이 衆生相이다. 그리고 전체와 분리된 개체(a separated individuality)라고 하는 것이 壽者相이다. 이 상을 전부 버려야 보리살타 즉, 보살일 수 있는 것이다. 그래야 道胎가 그곳에서 자란다.

道를 잃고 相을 세우기 시작하면 곧 망한다. 도를 잃지 말라. 돈과 여자 때문에 도를 버리기가 쉽다. 명심할 것이다. 요즈음 지도자라고 하는 사람들이 사회문제의 중심에 서는 이유는 도를 잃은 순간부터이다. 그냥 道로 사는 것이 재미있어야 한다. 극기로 접하면 위험하다. 至福感이 안에서 나와야 한다. 간디는 내핍생활과 금욕생활로 비폭력 저항운동을 전개했다. 이성주의자요, 원칙주의자였다. 날이 서서 엄격하였다.

성경에서 예수님의 비판을 받는 바리세파도 십계명은 지켰다. 그러나 형식적으로 남에게 보이려는 쇼로 괴팍하게 살고 있었다. 예수님은 바로 그런 점을 지적하신다. 자연과 하나가 될 수 있는 것이다. "내 뜻대로가 아니라 아버지 뜻대로 하소서" 해야 道人이다. 그 상태에서 양심대로 사는 것으로 만족하는 사람이 도인이다. 천하에 하느님이 원하시는 것이 무엇인가를 알아야 한다. 내 양심이 좋아하는 것이 천하의 뜻이다.

참선 10분을 통하여 '참나'를 조석으로 만나라. 창조를 위한 참선을 하자. 스스로 다음과 같이 물어보아라. '나는 누구입니까?', '내가 삶에서 원하는 것은 무엇입니까?', '오늘 내가 원하는 것은 무엇입니까?' 내면의 소리를 적어보자. 지배보다는 창조를 위해 살자. 우리는 하느님의 아들이요, 신성의 소유자이고, 상구보리 하화중생하는 보살이며 지배보다 창조의 삶을 추구한다. 斷想과 정리 시작하는 습관을 기르자.

발견의 맥락에서 자연, 우주만물에 관통하는 법칙을 발견하자. 연기의 법칙, 인과법, 人法地 地法天 天法道 道法自然의 순환을 받아들이자. 운명읽기와 같은 敍述의 기능보다 生成的 기능(generative rather than descriptive function)을 강조하자. 고로 우리는 운명을 改造하자. 우리 자신의 힘과 노력으로 운명에 대하여 무엇을 할 것인가를 항상 물어보자. 우주만물에 내재하는 신성을 恒常念하자. 우리 각자에게도 신성이 내재하고 있음을 굳게 믿자. '自性求子 降在爾腦'-자성에서 하나님의 씨를 구하라. 너의 머릿골에 내려와 계시니라. 하느님의 씨가 머릿골에 강림하신 우리 인간의 본성은 天命이요, 率性은 道인 것이다. 이것을 眞我라고 한다. 진아는 순수한 가능성(pure potentiality)이요, 무한한 창조성이며, 진정한 자유라서 거칠 것이 없다. 이 경지는 완전한 균형이며, 영원한 즐거움이다. 常樂我淨이다. 우리의 영성이 내적인 표준(internal standard)이어야 한다. 이 영성이야말로 순수잠재력 또는 에너지의 장이며 自我準據的인 것이어서, 他에 의존적이지 않다. 반대로 ego는 참나가 아니다. 하나의 배역이요 사회적인 가면이다. 따라서 ego는 타인의 認定을 필요로 한다. 또한 타인과 주위 환경을 통제하고 싶어 한다. 사회적인 가면은 공포 속에서 자란다. '참나'에는 四相(우월의식, 차별의식, 열등의식, 한계의식-我相, 人相, 衆生相, 壽者相)이 없고 겸손하며, 모든 존재가 다른 모습으로 변장하고 있지만 똑같은 '참나'임을 안다. '참나'는 ego의 너머에 존재한다. '참나'는 타인들을 '진정한 자아'와 영성으로 인도한다. 누구나 '참나'로 거듭나는 전환점을 일생에서 경험하게 된다. 사람으로 태어나 영적으로 거듭나서 자라는 것이다.

그러면 '참나'를 증험하기 위해서 일상생활에 어떻게 적용할 것인가?

제41장
오직 道만이 힘을 빌려주고
목적을 이루도록 해준다 ○

현명한 지도자는 사태가 어떻게 전개되는지를 알고 그에 좇아서 살아간다. 보통의 지도자도 또한 사태의 전개과정을 알고 있으나, 흔들리고 동요되어 순리에 맞게 행동하기도 하고 이 순리를 잊기도 한다.

최악의 지도자는 사태의 전개과정을 학습하기는 하나, 그 유일의 원리(도)를 전적으로 무의미하다고 물리친다. 그렇지 않으면 그들의 하는 일이 그토록 소용없게 되었을까? 결국, 그들에게는 사랑, 돈, 권력 등을 안겨주지 않는 그 어떤 원리도 불필요한 것이다. 조용한 마음은 우둔한 마음이 되는 것이다. 이기심 없음이 앞으로 나아갈 길이 아닌 것이 된다. 덕이란 바보들에게나 필요한 것이다. 친절하게 하는 것은 허약한 것으로 된다.

그런데 이것이 바로 문제인 것이다. 현명한 지도자의 유일의 충성심은 사태의 전개과정에 지향하기 때문에, 이 전개과정을 보지 못하는 사람들은 당연히 현자들의 행동은 현실적인 근거가 없다고 생각한다. 또한, 지도자의 침묵과 존재양식은 혼란스러운 것으로 비춰진다. 지도자의 동기가 모호하기 때문에, 그 지도자를 이해하기란 힘들어지는 것이다. 문제는 이 유일의 원리가 물건이 아니고 정의될 수 없다는 사실로 돌아오는 것이다. 그 유일의 원리가 어떤 사람에게는 무의미한 것이 된다. 그 기초가 가시적이지 않은 사람을 이해하기란 용이한 일이 아닌 것이다.

原文

上士聞道 勤而行之 中士聞道 若存若亡 下士聞道 大笑之 不笑
不足以謂道 故建言有之 明道若昧 進道若退 夷道若纇 上德若谷
大白若辱 廣德若不足 建德若纇 質眞若偸 大方無隅 大器曼成
大音希聲 大常無形 道隱無名 夫唯道 善貸且成

주

若存若亡: 있는 것 같기도 하고 없는 것 같기도 하다. 半信半疑하는 태도. 大笑之: '道'를 크게 비웃는 것. 建言: 영구히 기억되어야 할 말이라는 뜻. 원래는 책의 이름이라고 한다. 纇: 실의 마디, 실이 엉켜 덩어리진 것. 偸: 불안정한 것, 苟且의 뜻. 夷道: 平道, 평탄한 길. 質眞: 質德, 樸德과 같음. 曼: 멀다. 貸: 施, 借의 뜻

• • •

> 해석

뛰어난 선비는 '도'를 들으면 부지런히 그것을 실천하고, 중등의 선비는 도를 들으면 반신반의하며, 저열한 선비는 도를 들으면 크게 비웃는다. 하등의 인사가 비웃지 않는 '도'는 '도'라고 할 만한 것이 못된다. 그런 까닭에 〈建言〉에 이런 말이 있다. "밝은 길은 어두운 것 같고, 전진하는 길은 후퇴하는 것 같으며, 평평한 길은 거친 것 같고, 최상의 '德'은 깊은 골짜기와 같으며, 너무 결백한 것은 수치스러운 것처럼 보이고, 큰 덕은 부족 한 것 같으며, 강건한 덕은 겁 많은 것 같이 보이고, 질박하고 참됨은 불확실한 것 같이 보인다. 큰 방위는 모서리가 없고, 큰 그릇은 만들 수 없으며, 큰 소리는 들리지 않고, 큰 형상, 즉 道에는 형체가 없다. '道'는 드러나지 않아 이름이 없으나 오직 '도'만이 잘 베풀어 주며 잘 이루어준다.

> 해설

老子 특유의 역설적 논리로 '道'가 현실생활에 구체화하는 것을 말한다. 도를 들으면 뛰어난 사람은 그것을 행한다. 그 다음은 반신반의하고, 열등한 사람들은 크게 비웃을 따름이다. 그러므로 비웃음 당하는 정도라야 참된 '도'이다. 10중 3을 제외한 사람들(70%의 국민)은 도의 생활화를 시도하지도 않거나, 비웃는다는 말이다.

옛 고조선 때부터 우리민족의 조상들은 선비문화를 정착시켜 거경-궁리-역행(居敬-窮理-力行)의 생활화를 이룩한 문화적 유산을 보유하고 있다. 도교에서도, 불교에서도, 유교에서도, 그리고 기독교에서도 거경-궁리-역행을 시도하여 왔다. '참나'를 찾아 영성을 개발하여 ego를 초월한 생활을 즐기는 국민이 될 좋은 문화적 전통이다. 세속적인 것을 초월하고, 이분법적인 사고에서 벗어나, 높은 자리에서 전체적으로 그리고 크고 멀리 관조할 수 있는 능력을 키우자. 동물처럼 ego만의 욕구충족에 그치지 말고, 즉 小我的 效率性만 추구하지 말고, 대아적(大我的) 효율성을 추구하자. 크게 감싸는 사랑(仁), 냉철하고 큰 정의(義), 대의(大義)를 세우자. 남과의 조화로운 관계(禮)를 유지하고 '참나'의 판단으로(智) 일상적인 생활을 하는(誠) 국민이 되자. '참나'로 살자. 이것이 도이다. 大方無隅 大器蔓成 大音希聲 大象無形 道隱無名이라. 크게 반듯한 것은 모서리가 없고, 큰 그릇은 만들 수 없으며, 큰 소리는 들리지 않고, 큰 형상은 형체가 없다는 말은 유일자(하느님, 太極)의 性狀을 나타낸 말이다.

사람에게 가장 귀한 것은 영원한 생명이다. 도는 유일자의 靈(얼)이요, 그러므로 도와 친하게 지내면 마음이 편하다. 아니 우리가 이미 갖고 있는 靈으로 살아가노라면, 그 본령인 유일자 곁으로 귀환하는 것이다. 항상 감사하고 기도하고 기뻐하라. 知足知足하라. 그러면 즐거워진다. 엔돌핀 호르몬이 나온다. 생각, 감정, 오감을 내려놓고, ego가 구시렁거리면 '몰라! 괜찮아!' 하면 된다. 희열이 가득하다. 이와 같이 끝없이 행하라. 자기자랑하지 말고 공덕을 내 것으로 돌리지 마라. 우주가 쉬지 않고 일하고 있듯이 계속 덕을 쌓아라. 참(道, 유일자의 靈)은 숨어 있으면서도, 잘 베풀어주고 이루어진다(道隱無名 夫唯道善貸且成). 깨어서 하라. 노자는 절대로 현실도피주의자가 아니다.

불교식 표현으로 하면, 무상보시하고 회향하라. 무량공덕이다. 그 공덕으로 양심이 밝아진다. 하늘에 積德하라. 계산으로 하지 말라. 카르마 요기가 되어라. 옳은 일이면 그냥 하라. 요가는 신과의 합일을 뜻한다. 순수한 道대로 행하면 그것이 상덕이다. 도는 절대계에서의 原象(이데아), 정보인 바, 그 도가 움직이면 덕이다. 도는 本體요, 덕은 用이다. 인의예지신을 실천하는 것이 덕이다. ego를 넘어서서 늘 깨어 있어, 나와 남을 같게 보는 이가 자애롭고, 정의롭고, 예의 바르고, 슬기롭다. 무속인이 미래를 아는 척 하는 것은 도의 껍데기일 뿐이다. 우주는 앞날을 안다. 지혜를 늘리면 전조(前兆)를 알아낼 수는 있다. 즉, 인과법에 따라, 叡智할 수 있는 것이다. 직감이나 꿈으로 올 수 있다.

제42장
道는 하나를 하나는 陰陽沖氣를 그리고 萬物을 낳는다 ○

원리는 물건이 아니다. 그것을 zero(무)라고 부른다. 원리가 작용하면 창조의 일관성이다. 이 일관성이 유일의 총체이다. 이를 '하나(일)'라고 한다. 창조는 정반대 또는 양극성을 내포한다. 이 양극성 또는 짝들을 '둘(이)'라고 부른다. 이 양극성이 상호작용할 때에 창조적이 된다. 그들의 상호작용은 제3의 요소이다. 이를 '삼'이라 한다. 예를 들면, 한 남자와 한 여자는 둘이다. 그들 간의 상호작용, 또는 성교가 제3의 요인인 바, 애기를 만든다. 그것은 창조적이다.

현명한 지도자는 정반대의 짝과 이들 간의 상호작용을 잘 알고 있다. 지도자는 창조적이 되는 방법을 잘 안다. 이끌기 위해, 지도자는 추종하는 방법을 학습한다. 번영하기 위하여 지도자는 단순하게 사는 것을 배운다. 두 경우 모두의 경우, 창조적인 것은 상호작용이다. 추종 없는 지도는 효과가 없다. 더 많은 것을 축적함으로써 부자가 되려고 노력하는 것은 전임의 직업이며 전혀 자유롭지 못하다. 늘 일방적으로 되는 것은 언제나 예상하지 못하는 역설적인 결과를 초래한다. 과잉방어로는 오히려 보호할 수 없는 경우가 있다. 생명을 감축시키고, 종국적으로는 당신을 죽음으로 몰아갈 것이다. 이 전통적인 지혜의 실례들을 벗어나는 예외들은 찾아내기가 힘들다.

原文

道生一 一生二 二生三 三生萬物 萬物負陰而抱陽 沖氣以爲和 人之所惡 惟孤寡不穀 而王公以爲稱 故物或損之而益 或益之而損 人之所敎 我亦敎之 强梁者不得其死 吾將以爲敎父

주

一: 道를 가리킨 것. 二: 陰陽二氣를 가리킨 것. 三: 陰陽과 沖氣를 가리킨 것. 負陰抱陽: 비유에 의한 설명으로 햇빛을 등에 진 쪽이 陰이고 햇빛을 받는 쪽이 陽이다. 沖氣: 조화로운 깊은 기운. 强梁者: 强暴한 자. 不得其死: 온당한 죽음을 하지 못하는 것. 제 명에 죽지 못하는 것. 敎父: 가르침의 근본이라는 뜻.

・・・

해석

도(無極)는 하나(太極)를 낳고 하나는 陰과 陽 둘을 낳고, 음기와 양기에 다시 沖氣를 합한 '셋'을 낳고, '셋(三太極)'은 '만물'을 낳는다(이상의 세 기운을 모두 갖춘 삼태극이 만물을 낳음, 태극은 만물의 시작점). 만물은 음기를 등에 지고 양기를 껴안으며 '중간의 기운'이 조화를 이루어준다. '孤(고아)'니, '寡(덕이 적은 사람)'이니 '不穀(덕이 곡식보다 적은 사람)'이니 하는 것들은 무엇보다 사람들이 미워하는 것이다. 그런데 王이나 公들은 이 말들을 자신의 칭호로 삼는다. 그러므로 "사물은 대체로 손실당하는 것이 오히려 이익이 되고 혹은 이익 되는 것이 도리어 손실이 되는 경우가 있다." 사람들이 가르치는 바를 나도 또한 가르치련다. "강포한 자는 제 명에 죽지 못한다(强梁者 不得其死)." 폭군들은 자신들의 죽음을 선택할 수 없게 된다. 사람들이 반란을 일으킨다. 나는 이것을 가르침의 교본(敎父)으로 삼는다. 항상 낮은 곳에 거처하라. 욕심을 줄이고, 겸손 하라, 인화의 덕을 실천하라, 그리고 이것을 우리의 스승으로 삼아라.

해설

一은 一氣, 二는 陰陽 二氣, 三은 충기(沖氣): 음양 두 기운이 혼연일체가 된 충화(沖和)의 기운에 의해서 조화를 이루고 있는 것이다. 강포자부득기사(强暴者不得其死). 강포한 자는 제 명에 죽지 못한다. 노자의 가르침의 교본이다. 도가 그 생성원리에 입각한 겸허한 처세, 강포가 아닌 유약(柔弱)한 듯 질기며 부드러운 처세를 말한다.

王公이 고아, 홀아비 또는 과부, 머슴이라고 자칭하는 이유이다. 도는 始作점을 낳고, 一은 음과 양을 낳는다. 음과 양은 그들 간에 기운(沖氣)을 낳는다. 이 세 개의 기운은 스스로를 天, 地, 人 삼극으로 분리되고, 삼극은 만물을 낳는다. 이 같은 元氣가 만물을 이완되고 균형 잡히게 보존시킨다. 우리 가슴의 기관들, 뼈의 골수, 식물내부의 빈 공간이 이러한 원기의 通路를 만들어 주고 장수를 가능하게 한다. 氣가 맑으면 하늘이 되고, 그렇지 않으면 땅이 된다. 그리고 이들 사이에 기들의 혼합은 사람이 된다. 자기를 낮춤으로써 존경받고, 잃음으로써 얻는 도를 터득하라. 노자는 욕망을 줄이고 겸허할 것을 가르친다. 조화의 덕을 실천 하라고 가르친다. 강폭한 자는 제 명에 죽지 못할 것이다. 진리를 내포한 것이라면 무엇이든 우리의 스승이 될 수 있다. 폭군이 타인들을 죽이고 만물이 미워하는 존재일지라도, 우리는 그들로부터 창조와 파괴의 원리를 학습할 수 있을 것이다.

예수와 석가에게 있었던 영원한 생명인 神靈을 우리도 증험했으니 시공간을 초월하여 영원한 생명이 존재하는 것만은 확실하다고 할 수 있다. 이 '참나'를 거스르는 이는, 맹자가 말했듯이 망한다. 하느님 말씀이 곧 우리의 양심이요 본심本心인 것이다.

제43장
가장 부드러운 것이 가장 견고한 곳을 침투한다
－無有入無間의 도리

부드러운 개입이 명료하다면 강한 저항을 극복한다. 만일 부드러움이 실패하면, 항의하는 군중의 요구에 순응하든(yielding) 또는 후퇴를 함께 시도해보라. 지도자가 굴복하면, 저항은 느슨해진다. 일반적으로 말하면, 지도자의 의식이 수많은 개입 또는 설명보다 사태전개에 더 많은 빛을 비춘다. 무위가 얼마나 많은 것을 이룬다는 것을 인식하는 지도자는 극소수이다.

原文

天下之至幼 馳騁天下之至堅 無有入無間 吾是以知無爲之有益
不言之敎 無爲之益 天下希及之

주

至幼: 지극히 부드러운 것, 물과 같은 것. 馳騁: 멋대로 구사하는 것, 멋대로 달리게 하는 것, 돌진하다. 파고든다. 至堅: 암석이나

金石 또는 巨木을 가리킨다. 無有: 無有는 無와 같음. 일정한 형체가 없는 것. 無間: 무간, 사이나 틈이 없음. 爲無爲則無不治(3장) 道常無爲,而無不爲(37장) 是以聖人,處無爲 之事, 行不言之敎(2장). 希: 稀, 드물다.

・・・

해석

천하에 지극히 부드러운 것이 천하의 지극히 견고한 곳 속으로 파고든다. 형체가 없어야 아무 틈도 없는 곳에도 침투한다. 거기에서 나는 無爲가 유익하다는 것을 안다. 말없는 가르침과 無爲의 유익함에 비교될 만한 것은 천하에 드물다.

해설

일음일양 하는 것이 神이다. 妙萬物爲者 陰陽不測者, 신은 음양을 가늠할 수 없는 것이다. 그러므로 만물에 침투할 수 있는 것은 신뿐이다. 우리 몸도 하느님이 관리하신다. 無爲와 有爲 모두가 相이다. 이 상들을 벗어나야 도이다. 즉 우리 마음에 그려진 이미지일 뿐이다. 그러므로 이 상들을 초월하여 차원을 달리해야 '도'의 경지이다.

다이아몬드를 자르는 것은 물이다. 유약한 것으로 强堅한 것, 단단한 것을 자를 수 있는 것이다. 큰 바위를 자르는 방법도 이와 같다. 無爲, 不言의 가르침이 효력이 있음을 말한다. 부드러움이 강견(强堅)한 것 즉 굳은 것을 이긴다. 남성에게도 여성에게도 도인이 된 사람은 양성을 모두 구사할 수 있다. 성인 지도자의 영민함이 드러나는 부분이다. 항상 태극을 염두에 두어라. 천하에 물보다 더 부드럽고 약한 것은 없다. 그러나 견고하고 강한 것을 공격하는데 물보다 뛰어난 것은 없다.

사물은 실제로는 사물이 아니다. 우리가 '강하다'고 하는 것은 허구이다. 그것이 한계에 이르면, 그것은 무로 돌아간다. 고로, 천하에 가장 약한 것이 가장 강한 것을 극복할 수 있는 것이다. 비존재의 실재가 존재의 허구를 꿰뚫어 파고들어 갈 수 없다고 생각하는가? 氣가 들어갈 수 없는 것과 물이 침투할 수 없는 것은 없다. 존재하지 않는 것은 고갈될 수 없는 것이다. 완전히 약한 것은 부러질 수 없다. 이것으로부터 우리는 무위(no effort)의 이로움을 추론할 수 있다. 강한 것을 강한 것으로 통제한다면 하나는 부러지고, 또 다른 것은 분쇄될 것이다. 그러나 강한 것을 약한 것으로 통제한다면, 약한 것은 소진되지 않을 것이고, 강한 것은 피해를 받지 않을 것이다. 물이 이와 같다. 靈性(얼)은 이 우주에 무소부재라 없는 곳이 없다. 유일신은 우주에 가득 차 있으면서도 우리 맘속에도 들어온다.

제44장
만족할 줄 알고 그칠 줄 알아야 위태롭지 않다 ○

당신이 일을 하는 것은 성장을 도모하기 위함인가 또는 유명해지기 위해서인가? 소유물을 더 많이 획득하는 것과 보다 더 의식하는 것 중에서 어느 편이 더 귀중한가? 얻음과 잃음 중 어느 것이 이로운가? 많이 소유하는 것은 문제가 많다. 더욱더 많이 얻는 것은 문제가 있다. 많이 소유하고 많이 얻을수록 돌보아야 할 사람이 더 많아진다. 보다 많이 잃을 수도 있다. 많이 잃는 것이 소유하는 것이냐 또는 소유되는 것이냐? 그러나 물건을 포기한다면, 당신은 물건들을 돌보느라 인생을 허비하지 않을 수 있다. 내적인 안정(inner security)을 찾기 위해 조용히 있기를 시도해보라. 만일 당신이 내적인 안정을 유지할 수 있다면, 당신이 원하는 것은 무엇이든 소유할 수 있을 것이다. 또한, 덜 서두르게 될 것이고 더 오래 살 수 있을 것이다.

原文

名與身孰親 身與貨孰多 得與亡孰病 是故甚愛必大費 多藏必厚亡 知足不辱 知止不殆 可以長久

주

大費: 크게 낭비 하는 것. 厚亡: 잃는 것이 많다는 것. 孰: 어느 것, 知止所以不殆(32장).

• • •

해석

'명예'와 건강 중에 어느 것이 더 사람에게 소중한가? 건강과 재물 중에 어느 것이 더 가치가 있을까? 얻는 것과 잃는 것 중에 어느 쪽이 더 해로울까? 이 때문에 재물을 너무 아끼면 반드시 크게 낭비하게 되며, 많이 감추면 반드시 크게 잃게 된다. 만족할 줄 알아야 모욕을 당하지 않으며, 그칠 줄을 알아야 위태롭지 않게 된다. 그래야 오래 살 수 있다.

해설

명예보다 생명이, 재화보다 생명이 더 중요하며 이 모두를 잃는 것이 해롭다. 재화를 잃음은 조금을 잃는 것이요, 명예를 잃는 것은 반을 잃는 것이지만, 생명을 잃는 것은 전부를 잃는 것이다. 그러므로 인격의 성장을 위하여 일을 하는 것이 제일 중요하고, 심리적 안정을 취하는 것이 두 번째로 중요하며, 재화나 명예를 얻어 ego를 만족시키는 것보다, 영성(신성, spirituality)을 높여 직관력을 키우는 것이 더 중요하다. 道心과 함께 사는 것이 至福이다. 知足不辱이요 知止不殆이다. 만족할 줄 알면 욕되지 않고 그칠 줄 알면 위태롭지 않다. 이것이 도이다. 실천하면 덕이 넘친다.

정의는 공익(公益)이요 통상적으로 이익은 사익(私益)을 일컫는다. 이율곡 선생이 견리사의(見利思義)하고 수기치인(修己治人)하라는 가르침은 소아적 효율성(小我的 效率性)보다는 대아적 효율성(大我的 效率性)을 높여야 선비답다는 말이다. 공인(公人)으로서 마땅히 취해야 할 도리인 것이다. 정치인이 이 도리를 깨면 망하는 길로 접어드는 것이고, 이 현상이 심해지면 나라는 멸망의 길로 치닫는 것이 역사의 가르침이다.

제45장
맑고 고요하면 천하를 바로 잡는다 ★

이와 같은 리더십에 익숙하지 못한 집단성원에게는 이 최상의 저작은 백치같이 단순성으로 보이는 것이 흔한 일이다. 그러나 굉장히 많은 것들이 발생한다. 마치 지도자는 앉아 있기만 하고 무엇을 해야 할 생각이 전혀 없는 것처럼 보일지도 모른다. 그러나 집단성원들이 성장하고 풍요롭게 하는 것은 바로 불필요한 간섭이 없기 때문이다. 아마도 실망한 집단성원들은 자유롭게 설명할 전문가를 고대했을 것이다. 그러나 이 지도자가 말하는 것은 자명한 것으로 그것은 순진한 것으로 들린다. 이 지도자의 정직성마저도 이상하게도 당황스러운 것으로 보인다. 바보처럼 보이는 것은 문제가 되지 않는다. 우리가 추울 때에는 팔을 휘저어서 몸을 뜨겁게 한다. 그러나 열이 지나치게 날 때에는 조용히 침묵을 지킨다. 그것이 상식인 것이다. 지도자의 침묵(stillness)이 집단성원의 소동(agitation)을 극복한다. 지도자의 의식이야말로 집단성원들의 난동을 극복하는 일차적인 도구라는 것이다.

原文

大成若缺 其用不弊 大盈若沖 其用不窮 大直若屈 大巧若拙 大辯若訥 躁勝寒 靜勝熱 清淨爲天下正

주

大成: 完成된 것. 弊:이지러지다. 毁와 같다. 窮: 盡의 뜻, 다한다.
屈: 屈曲, 枉과 같다. 躁: 움직여 돌아다니는 것. 부산하게 움직임.
天下正: 正은 우두머리라는 뜻.

• • •

해석

완벽히 이룬 것은 모자란 듯 같지만, 그것의 쓰임은 없어지지 않는다. 완벽히 찬 것은 빈 것 같으나, 그 쓰임이 다하지 않는다. 완벽히 곧은 것은 굽은 듯하다. 큰 솜씨는 무딘 것 같고, 웅변은 訥辯처럼 들린다. 움직여서 추위를 이기고, 고요히 있으면 더위를 이긴다. 맑고 고요해(淸淨) 세상을 바르게 한다.

해설

청정무위(淸淨無爲)의 덕을 말한다. 道는 만공(滿空)이다. 우주만물에 가득 차 있으면서 텅 비어 있다. '도'는 虛虛空空한 자리. 무부재 무불용(無不在, 無不用)(삼일신고). 즉 없는 곳이 없고 작용하지 않는 곳이 없다. '참나'는 우리 인간의 안에도 밖에도 존재하는 것이다. 생각, 감정, 오감, 그리고 세상으로 '참나'는 침투해 있다.

현상계는 도에 뿌리를 박고 있다. '참나'의 알아차림 때문에 생각, 감정, 오감, 그리고 세상이 펼쳐진다. 그래서 我空이요 法空이란 말이 그 말이다. '하나님'이 '도'이며 '참나'이다. 개인 각자에 내재적이며 ego를 초월하는 초월적인 존재이다. 움직임(動)과 고요함(靜) 양변을 버려라, 초월하라. 그러면 道를 만난다. 즉, 道는 차원을 달리하여 존재하는 것이다. 도는 현상계의 존재가 아니다. 그러면서도, '도'는 우주만물에 가득 차 있다. 淸淨爲天下正이다. 천하를 바로 잡으려면 먼저 마음이 맑고 깨끗하며 가슴에 도를 품어라.

많은 사람들이 사물을 있는 그대로(as it is) 보지 못하고 개인별 사적 가치관을 통해 현실적인 이해관계에서 판단하고 행동한다. 이를 관견(管見)이라고 한다. 즉, 대롱을 눈에 대고 그 구멍을 통하여 세상을 대하는 것이다. 전체의 처지에 서서 보는 것이 아니라, 사적 이해관계로 해석하고 사물을 이해하는 것이다. 이 차원을 뛰어넘어 무위 청정한 도에 입각하여 사물을 판단하라. 덕을 크게 펼쳐라. 국가의 무궁한 발전을 위하는 진정한 길을 선택하라.

마음은 그 안에 일어나는 어떤 생각들(생각, 감정, 색성향미촉법 등의 相)에도 의존하지 말고 독립해야 한다. '마음을 두지 말고 그냥' 자신이 추구하는 것을 위해 가라는 것이요, 어디에라도 마음을 두면(若心有住), 그곳이 부처라도, 잘못된 욕망과의 만남 곧 잘못된 머무름(則爲非住)이라는 것이다. 보리심이라는 것은 색에 머물지 않고 보시하는 것이며, 보살은 일체 중생의 이익을 위하여 마땅히 이렇게 보시하라는 것이다. 불교의 대상은 부처님이 아니고 일체중생이 불공의 대상이다. 또한 김구 선생이 어려운 결단을 내릴 때마다 즐겨 썼던 西山大師의 禪詩를 가슴에 새겨, 지도자로서의 소양을 심화시키는 것도 바람직하다.

踏雪野中去 不須胡亂行 今日我行蹟 遂作後人程
눈 덮인 광야를 지날 때에는 모름지기 함부로 걷지 말라.
오늘 내 발자국은 마침내 뒷사람들의 길이 되리니.

미국의 16대 대통령 링컨도 중요한 결정을 내릴 때에는 성경을 항상 옆에 놓고 '하느님' 말씀을 읽었다고 한다. 우리의 미래 지도자도 聖經이나 佛經을 受持 讀誦하고, 참선을 하고 난 다음에 '참나'로서 중대한 결정을 내리는 결심을 하는 연습을 평소에도 해두어라. 그리고 기도를 게을리 하지 말라.

제46장
언제나 어디서나 늘 만족하라.
이길 것은 아무것도 없다 ◎

잘 운영되는 집단은 ego의 전쟁터가 아니다. 물론 갈등은 있을 것이지만 이 에너지는 창조의 힘이 된다. 만일 지도자가 사태의 전개과정을 망각한다면 불화와 공포는 집단의 장을 황폐화시킨다. 이것은 태도의 문제이다. 집단 내에서 승패를 가릴만한 것은 아무것도 없다. 요점을 강조하는 것은 어떤 일이 발생하고 있는지를 비추지 못한다. 옳게 하고 싶은 마음은 사람들을 눈멀게 한다. 현명한 지도자는 일어나야 할 것이 일어나지 않는 것에 분개하는 것보다 실제로 일어나고 있는 것에 만족하는 것이 훨씬 중요하다는 것을 안다.

原文

天下有道 却走馬以糞 天下無道 戎馬生於郊
禍莫大於不知足 咎莫大於欲得 故知足知足 常足矣

주

走馬: 使者를 보낼 때 쓰는 빠른 말. 빠른 말은 필요 없다는 것은 곧 평화의 상징. 糞: 耕作의 뜻. 戎馬: 軍馬. 生於郊: 郊는 도성에 가장 가까운 주변. 生은 증식, 번식의 뜻. 却:물리친다. 咎: 過, 허물.

• • •

해석

천하에 '道'가 있으면 잘 달리는 통신용 말이 兵馬에서 물러나와 거름을 나르나, 천하에 도가 없어지면 兵馬는 국경 가까이 에서 태어난다. 욕심에 항복하는 것보다 더 큰 죄는 없고 불만족인 것보다 더 큰 잘못은 없으며, 남의 것을 탐내는 것보다 더 잔인한 저주는 없다. 그러므로 이것이면 족하다고 생각하고 만족할 줄 아는 것이 참으로 늘 진정한 만족이다.

해설

지족(知足)의 철학을 말한다. '모른다!'보다 센 것이 '감사합니다!'이다. ego가 잠재워진다. 깨진 항아리를 연못에 던져버려라. 연못은 '참나'이다. 깨진 독은 ego이다. '몰라!'해서 무지무욕(無知無欲)하라. 갈망욕심(渴望慾心)을 없애라. 허기심 실기복(虛其心 實其服)하라. '모른다!'하면 그냥 괜찮아진다. 몸과 마음을 다스리는 방법이다. 행복감이 흐른다. 상락아정(常樂我淨)이 된다. '몰라!' 하면 머리가 멈추고 '괜찮아!'하면 마음(감정)이 멈춘다. 하루 종일 편안해 질 수 있다. 지족지족(知足之足)이면 상족(常足)이라 이것이 상도(常道)이다. 따지지 말고 지족지족 하라. 따지면 ego가 끼어든다.

의도성의 법칙보다 진일보한 것이다. 선한 카르마를 즉, 선업(善業)을 의도적으로 쌓아라. 연후에 무위로 자연적으로 될 것이다. 처음엔 의도성대로 해보아라. 끝없이 하라. '참나'에서 다시 생각, 감정, 오감으로 복귀한다. 천지자연에 廻向하라. 불성에게 신성에게 회향하든 양심에 회향하면 도인이 된다. 도안(道眼)대로 살 수 있다. 이것이 무량공덕이다. 내 마음이 더욱 밝아진다. 온 우주가 일하는 것처럼 항상 하라. 일하라.

노자는 현실도피 하라는 말을 한 적이 없다. 절대로 현실 도피자가 아니다. 요가는 합일 즉, 신과의 合一이다. 카르마 요기가 되어라. 이해득실을 따지지 말고 양심에 좇아하라. 그리고 도, 참나, 부처님, 우주의 덕으로 돌려라. 진취월장(進取越牆)한다. 예수님이 선행하듯이, 석가모니가 자비행 하듯이 공자님이 자문(諮問, consultation)에 응하듯이, 그리고 노자의 말대로 지족하면 '참나'의 존재감을 느낀다. 생각 사이에 나오는 것이 '참나'이다. 나의 존재감이다. 견성(見性)이란 일상에서 자기와 만나는 것이다. '참나'야 말로 자신의 本性이다. 만족할 줄 알아서 만족해지면 늘 만족스러울 수 있다. 물질적인 만족은 만족이 아니다. 정신적인 만족이야 말로 진정한 만족이다.

제47장
여기에서 그리고 지금 천하를 꿰뚫어 알아야 한다 ◎

 현명한 지도자는 여기에서 지금 무슨 일이 일어나고 있는가를 알아차림으로써 집단 내에서 무엇이 벌어지고 있는가를 안다. 이것은 현재의 상황에 관한 다양한 이론들이나 혹은 복잡한 해석들을 찾아 방황하는 것보다 더 효과적이다. 선정, 투명성, 그리고 의식은 사람의 마음이 머나먼 대지 속으로 탐험(원정)하는 것보다도 더 즉각적(직접적)이다. 이러한 탐험들은 아무리 자극적인 것이라도, 지도자와 집단성원들에게 실제상황을 왜곡시킨다. 현재에 머물러 무엇이 일어나고 있는지를 알아차림으로써, 지도자는 수고를 덜하고도 더 많은 것을 성취할 수 있다.

原文

不出戶 知天下 不爽窺 見天道 其出彌遠 其知彌少 是以聖人 不行而知 不見而名 不爲而成

주

天道: 구체적으로는 해, 달, 별 등의 운행과 그 궤도를 가리킨다.

노자는 종종 추상적이고 일반적인 것을 구체적이고 특수한 예만 가지고 말하고 있다. 窺: 들창.

・・・

<u>해석</u>

문밖에 나가지 않고도 천하의 모든 것을 꿰뚫어 알며, 창밖을 엿보지 않고도 '天道(하늘의 도)'를 훤히 알 수 있다. 멀리 나가면 나갈수록 그 아는 것이 적어진다. 이 때문에 聖人은 가지 않고서도 알고, 보지 않아도 이름을 정할 수 있으며, 해보지 않으면서도 모든 것을 이루어낸다.

<u>해설</u>

모른다하고 있으면 ego를 초월하여 '참나'로 하나가 된다. 그러면 이 몸 안에 갇힌 나를 벗어난다. 초의식의 자리에서 ego가 '참나'와 하나가 된다. 남의 ego를 알 수 있다. 정성(精誠)을 이룬 자 즉, 성인이 된다. 나를 벗어나 신과 하나가 되면 앞날을 알 수 있다. 선천8괘는 五行의 原象이요, 후천8괘는 相生相剋의 원리이기 때문에 천지만물을 알 수 있다. 자기 마음만 바라봐도 천도를 즉, 시국의 흥망을 알 수 있다. 영감을 조금만 보태면…. 무위의 '도'를 체득한 성인은 신비하고 내관적(內觀的)이며 직관적(直觀的)인 지혜가 있다는 것을 말한다. 방안에 있으면서도 천하의 모든 형세와 모든 실정을 안다. 천체의 운행이며, 우주만물의 순환법칙을

안다. '참나'의 마음으로 모든 것을 알고 결정한다. 흔히, 역사는 강물의 저류(底流, downstream)이고 정책은 강물의 表流(upstream)라 하고 역사는 정책의 보고(寶庫)라고 하여, 미래를 설계하는데 역사적 사실은 중요하게 취급되고, 미래를 구상하는 데는 인간의 상상력이 동원되기도 한다.

현재란 없는 것처럼 취급된다. 그런데 그 현재야말로 가장 믿을 만한 선물임을 우리는 잊고 산다. 우리의 정신이 가장 생생하게 살아있는 순간은 바로 '지금 여기 이 순간' 뿐이다. 온 우주가 '현재'에 모든 것을 드러내고 있다. 그러니 우리가 힘을 써야 할 것은 지금 이 순간뿐이다. '과거'는 지나간 현재이며, '미래'는 아직 오지 않은 현재이다. 과거에 대한 후회도, 미래에 대한 불안도 모두 내려놓아야 현재를 알 수 있다. 매 순간 시공을 초월한 무궁한 생명의 자리('참나'의 자리)를 바로 보고 바로 알아 매일의 삶속에서 좋은 날로 살아야 한다. 현재에 관한 다양한 해석이나 이론들을 섭렵하는 것보다, 선정에 들어 직관적이고 내관적인 관조를 통해 알아내는 것이 보다 현실을 왜곡시키지 않고 있는 그대로 알아낸다. 참여관찰을 통해 현장감 있고 생생한 현실이해를 촉구하자. '참나'는 우주의 식이요, ego가 빨려든다. '참나'는 바다이고 ego는 파도, 道의 입장에서는 파도끼리는 같다. 敬은 자신을 하나로 집중하는 상태이고, 誠은 초의식의 상태이다. 신바람 나는 상태인 誠은 ego가 '참나'와 함께 하는 상태이다. 이 상태에서는 전지전능하다.

제48장

마음을 깨끗이 씻어내어 도를 直覺하라 ★◎
(直覺主義) 관찰 대상과 하나가 되어 진리를 깨달아야

초심자들은 새로운 이론과 기법들을 습득하여 그들의 마음이 여러 선택지로 어수선해질 때에 이른다. 상급생들은 그들 앞에 놓인 여러 선택지를 잊어버린다. 오히려 그들은 그들이 배운 이론들과 기법들이 그 배경 속으로 후퇴하도록 놔둔다. 어수선한 마음을 가다듬어라. 당신의 일을 단순화시키는 것을 학습하라.

무엇을 할지를 아는 것에 훨씬 덜 의존할수록, 당신의 하는 일이 보다 더 직접적이고 강력하게 될 것이다. 당신의 의식의 질이 그 어떤 기법 또는 이론 또는 해석보다 훨씬 효과적임을 알게 될 것이다. 당신이 옳은 일만 하고자 했던 것을 포기할 때에 봉쇄당하고 있던 집단이나 개인이 갑자기 활기차고 효과적으로 된다는 것을 배워 익혀라.

原文

爲學日益 爲道日損 損之又損 以至於無爲 無爲而無不爲
取天下者 常以無事 及其有事 不足以取天下

주

無事: 無爲와 같은 뜻. 有事: 행하는 일이 있는 것.

• • •

해석

'학문'을 하면 나날이 더해가는 것이며, '道'를 닦는다는 것은 나날이 덜어내는 것이다. 잃고 또 잃어서 마침내는 할 일이 없는 데 도달해야 한다. 무위의 경지에 이르는 것은 이루어지지 않는 것이 없음을 뜻한다. 천하를 다스리는 자는 언제나 바쁘지 않으며, 바쁜 사람은 천하를 취하기에는 부족하다.

해설

학문을 통해 얻은 개념 중 맞지 않는 것을 버리고 덜어내어 道와 만나는 순간 知天命이 된다. 여기에서 덜어내는 것은 소아적 이기심이다. 선행을 하고 유일신에 회향하면 전지전능해진다. 寂然不動의 마음으로 통치할 수 있다. 생각, 감정, 오감을 넘어선 자리가 적연부동한 자신의 자리이다.

텅 비고 지치지 않고 가득 찬 것이 하나님자리이다. 滿空이다. 한결같다. 멈추지 않는다. ego는 자신 만의 有不利만 따진다. '참나'는 전체의 입장에 서서 인의예지를 분별해준다. 인의예지를 본심대로 나침반 같은 양심을 품고 조용히 앉아 있으면서 오직 모를 뿐인 마음으로 적연부동하라. ego를 버리고 公義를 세운다. 부모자식간의 문제를 잘 처리해주는 것이 자연의 도리에 맞는 것이다. 학문은 敎宗으로, 지혜는 禪宗으로 구분할 수 있겠는데 보조국사인 지눌대사는 교종과 선종은 본래 하나라고 하셨다. 이제 그 이유를 살펴보자.

학문은 개념정의부터 시작한다. 현상에 대한 개념을 정의하는 데에는 규약적 정의와 실질적 정의가 있다. 규약적 정의는 약속에 의한 정의이다. 각종 단위에 관한 정의가 대표적이다. 실질적 정의는 동어반복(tautology)이 되지 않도록 해야 한다. 비슷한 개념으로 이루어진다. 개념과 개념의 연결로 문장을 이루는데, 이것이 현상을 설명하는 이론이 된다. 개념은 말하자면 이론구성의 기초인 셈이다. 흔히 경험과학적 이론으로 현상을 이해하고, 설명하고 예측한다. 이론에는 수많은 법칙들이 내포된다. 현실을 분석하고, 기존이론으로 설명이 불가능한 새로운 현상들이 나타나면, 기존이론은 수정되어야 한다. 그러면, 기존 개념에 의하여 현실을 분석하는 작업은 한계에 부딪친다. 그 한계점에서 학자는 새로운 개념을 창안하거나, 포기하고 새로운 경지에로의 도약을 시도한다. 기존의 이분법적 사고방식에서 벗어나 일원론적 사고로 도약한다. 신에게로 도약하는 것이다(A leap toward God). 이것이 전식득지 하는 것이다. 이제까지 형상놀음하던 것을 멈추고, 절대계의 자리에 들어가는 것이다. '생각한다. 고로 존재한다'라는 데카르트의 명제에서 그 '생각하는 자는 과연 누구인가?'로 질문을 던진다. 형상에 물든 자아 즉 ego를 초월하여 존재하는 '참나'를 찾아 도약한 것이다. 패러다임의 전환이다. 이제까지의 모든 개념, 그 개념으로 정의된 일체의 구별과 형상이 사라지고 순수한 자아, 불변의 고향을 찾은 것이다. 이와 같이 형상을 초월하여 존재하는 허허공공한 마음을 바탕으로 매순간 '참나'를 놓치지 않고 살아서 상황에 맞는 '참나'의 지혜와 자비와 능력을 끊임없이 드러내고 실천해야 한다. 이 '道'는 '참나'로 기존의 개념, 이론, 법칙들을 통째 꿰어야 한다. 교종과 선종이 만나듯이 학문과 지혜는 만난다. 이것이 轉識得智의 요체이다. 참나를 깨친 도인의 길이다. 하되 함이 없는 무위(無爲)의 길이다.

學은 소아적 입장에서의 선악기준이다. 益, 유위(ego)는 사적인 유불리만 따진다. 道, 대아적 입장에서의 선악기준. 損, 무위 靈性 공덕을 세우되 내려놓아라. 誠은 聖이다.

요약하면, 적연(寂然)하게 앉아 있으면, 우주가 나를 통하여 선을 行한다. 금강경에서 말한 應無所住 而生其心이다. 텅 빈 자리에서 그 마음(감정)을 써라 즉, 喜怒哀樂을 잘 써라. 미발(未發)이면 中,

기발(旣發)이면, 절도를 지키면 和이다. 자신을 모르고서 하나님 찾으면 못 찾는다. 자신(텅 빈 자리)을 먼저 찾아라. 그 자리는 아무리 일해도 지치지 않는다. 道대로 하면 우주를 꽉 채우고 텅 비어 있다. 그 마음이 滿空이다. 주변을 기쁘게 해주고 조용하게 있어라. 도인의 사는 길이다.

제49장
나타나는 모든 일에 마음의 문을 열어라.
도인은 국민들의 마음을 자신의 마음으로 삼는다 ★

현명한 지도자는 개인적인 행동강령 또는 가치체계를 집단성원에게 강요하지 않는다. 지도자는 그 집단의 선례(lead)를 따르고 새로이 생기는 일은 무엇이든 마음의 문을 열어놓는다. 이 지도자는 아무도 심판하지 않으며, 선한 사람이나 악한 사람 모두에게 관심을 쏟으며 경청한다. 어느 사람이 진실을 말하든 거짓을 말하든 문제 삼지 않는다. 마음의 문을 열고 관심을 쏟는 것이 단순히 심판적인 것보다 더 효과적이다. 이는 사람들이 선하고 진솔하게 수용될 때, 자연적으로 선하고 진솔하게 되는 경향이 있기 때문이다. 아마도 지도자들은 어떤 상황에서도 무비판적인 개방성(uncritical openness)을 유지함에 순진하고 어린애같이 보일것이지만, 이제까지 고안된 그 어떤 심판체계(system of judgements)보다도 더 효과적이다.

原文

聖人無常心 以百姓之心爲心 善者 吾善之 不善者 吾亦善之 德善 信者 吾信之 不信者 吾亦信之 德信 聖人之在天下 翕翕爲天下渾其心 百姓皆屬耳目焉 聖人皆孩之

주

常心: 일정불변한 고정된 마음. 善者~得信: 吾는 聖人의 自稱이라 여겨져 이 여섯 구절을 성인의 말로 해석했다. 翕翕: 마음에 끌리지 않는 모양. 여기서는 모든 것을 받아들이고 포용한다는 뜻으로 해석한다. 渾其心: 일정한 기준을 세우지 않고 차별하지 않는다는 뜻. 孩: 어린아이.

• • •

해석

聖人들은 자신들의 마음이 없다. 온 국민들의 마음을 내 마음으로 한다. 나는 착한 사람을 착하다 하고 착하지 못한 사람도 또한 착하다 하니 속알(덕)이 본래 선해서이다. 나는 진실한 사람을 믿는다. 진실하지 못한 사람도 진실하게 대하니 속알(덕)이 본래 진실하기 때문이다. 聖人들은 천하에 있음에 몽땅 거두어들여 천하를 위해 그 마음을 혼연하게 한다. 씨알(백성)들이 모두 눈과 귀를 성인에게 맡겼으니, 성인들은 그들을 '갓난아이'로 여긴다.

> 해설

무위자연의 도를 체득한 참된 성인의 위대한 포용력을 말한다. 항상 무심(無心)으로 있기 때문에 깨어나서 무지무욕(無知無欲)의 상태로 사리사욕도 없고 자기고집이나 편견 없이 순수한 상태 즉, 도심(道心)으로 있다가, 정치에 임하면 국민이 원하는 것, 국민들이 생각하고 있는 것을 내 마음으로 하고 국민들이 원하는 것을 바라는 정치를 하는 것이다. 국민들의 양심과 나의 양심은 같은 고로, 국민들의 마음을 지도자의 마음으로 한다. 양심대로 하면 된다. 어진이는 모른다는 마음으로 양심대로 바다같이 넓은 마음으로 국민을 대한다. 밝은 정치를 한다. 온 국민들의 마음이란 庶民精神을 말한다. 서민정신은 잘난 체하지 않고 낮추며, 게으르지 않고 부지런하며, 소박하며 미워하지 않고 돕는다. 서민정신을 잃어버리면 그날로 역사의 쓰레기통으로 들어가게 된다. 그리하여, 어떤 사람도 버리지 않는다. 착한 사람도 악한 사람도, 신의가 있는 사람도 신의가 없는 사람도, 모두 받아드린다. 마음을 열고, 선하고 진솔하게 대해주면, 그들도 순하고 진솔하게 대해준다. 道心은 善/惡, 信/不信을 초월한 마음자리이기 때문에 몽땅 껴안을 수 있는 것이다. 그러므로 常道에 머물러 텅 빈 마음으로 원리에 순응하는 것보다 큰 것은 없다.

제50장
實存: 삶과 죽음-攝生을 잘하라 ○

실존은 생과 사 양자를 내포한다. 양자 중 생과 사 하나를 선호하는 것은 실존을 거부하는 것이며 긴장을 초래한다. 긴장이야말로 사람들이 결정적인 상황에서 실수를 범하도록 만든다. 실수를 범하는 것은 실존 그 자체보다 훨씬 더 치명적이다.

사람 가운데 30%는 生을 사랑하고 死를 두려워한다. 또 다른 30%는 사를 선호하고 생을 회피한다. 또 다른 30%는 생과 사 양자를 두려워한다. 사람 가운데 90%는 양극성이 어떻게 작용하는지에 관한 無知에서 오는 緊張의 고통을 겪는다. 비록 생과 사는 서로 반대이지만, 이 양자는 분리할 수 없는 것들이다. 선택(편애)은 무의미한 것이다. 단지 10%만 생과 사 양자를 사실로 받아들이고 다만 實存의 무용(舞踊, dance of existence)을 향유할 뿐이다. 결국, 성장과 쇠퇴는 모든 곳에, 그리고 항상 있는 것이다. 현명한 지도자는 모든 것이 오고 간다는 것을 잘 알고 있다. 그러니 왜 집착하고 매달리는가? 왜 근심하고 움츠러드는가? 왜 일어날지도 모를 환영(幻影, fantasy)속에서 살고 있는가?

사나운 개는 흥분한 사람을 문다. 정신 바짝 차리고 중심을 잡고 있는 사람은 해를 입지 않고 걸어간다. 현명한 지도자는 死를 사랑하거나 또는 두려워함(fearing) 없이 실존한다. 이러한 자유(사랑과 두려움으로부터의 超脫)가 지도자를 침해로부터 보호한다.

原文

出生入死 生之徒十有三 死之徒十有三人之生 動之死地者 亦十有三夫何故 以其生生之厚 蓋聞善攝生者 陸行不遇兕虎 入軍不被甲兵 兕無所投其角 虎無所措其爪 兵無所容其刃夫何故 以其無死地

주

出生入死: 王弼의 주석에 따르면 "生地로 나오고 死地로 들어간다"는 뜻이라 한다. 생지와 사지는 兵家의 용어로, 승리할 가능성이 많은 진지를 생지라 하고, 그 반대가 사지이다. 攝生: 생명을 유지하는 일. 兕虎(시호): 외뿔 들소와 호랑이. 生生之厚: 求生之厚(75장) 생을 살리고자 함이 두텁다. ego의 생명을 윤택하게 하는 것이 두텁다. 생에 집착하다. 死地: 여기서는 약점 또는 급소의 의미로 쓰였을 것이다.

∙∙∙

해석

사는 곳으로 나가고 죽는 곳으로 들어가는 길이 있을 때, 사는 곳으로 가는 사람이 열 사람 중에 세 사람, 죽는 곳으로 가는 사람이 열 사람 중에 세 사람은 된다. 그리고 살려고 몸부림치다가 도리어 죽는 곳으로 가는 사람이 또한 열 사람 중에 세 사람은 된다. 그것은 무슨 까닭인가? 그것은 살려고 하는 마음이 너무 많기 때문이다. 그런데 들건대 "섭생을 잘 하는 사람은 육지에서는 들소나 범을 만나지 않고, 전쟁터에 나가도 무기의 상해를 입지 않는다. 그런 사람에게는 들소가 뿔로 받을 곳이 없고, 범이 발톱으로 할퀼 곳이 없으며, 무기가 파고들 틈이 없다"고 한다. 그것은 무슨 까닭인가? 그에게는 死地가 없기 때문이다.

해설

참된 섭생(攝生)을 말한다. 세속적인 양생(養生)이 아닌 참된 무욕염담(恬淡)의 처세(處世)를 말한다. '참나의 삶', 靈的인 삶이 무욕염담한 삶이다. 생에 집착이 없고, 사리사욕이 없는 영적인 삶을 영위하기 때문에 위험 없는 생을 누려 가는 것이다. 섭생을 잘하는 것은 精氣神으로 불사신(不死身) 의성신(意成身)을 만드는 것이다. 불교식 표현으로는 신기정(神氣精)에 뿌리를 둔 화신(化身)은 죽일 수 없다. 도가에서 원신, 원기, 원정을 얻어 불사체를 만든 사람은 영생한다고 한다. 이는 예수님도 말씀하시고 계신다. 삼일 만에 부활하신 몸은 靈體이었다. 眞人 즉, 神氣精에 뿌리를 둔 화신(化身)은 죽일 수 없다. 90%의 사람들이 생명에 집착했기 때문에 빨리 죽는다. 영원한 생명에 뿌리를 박은 이는 영생한다. 원신, 원기, 원정은 영원하다. 도가(道家)에서 원신, 원기, 원정을 얻으면 영생한다고 한다. 道로 태어난 이, 영으로 거듭난 이는 죽지 않는다. 丹田(金丹, 內丹)을 키우자. 眞人 즉, 신기정에 뿌리를 둔 화신은 죽일 수 없다. 동정일여(動靜一如)라. 항상 자신의 존재감을 느끼면, 견성한 것이다. 생각과 감정, 오감 이전의 자리, 순수한 마음, 하나님과 만나는 자리, 글자 뒤에 여백을 보는 자리가 바로 그 자리이다. '모른다!'할 적에 평온한 마음이 본성자리이다. 전지전능 자비할 수 있는 자리다. ego로 하지 말고, 욕심을 떠나, 인욕을 잠재우면 천리(天理)에 눈을 뜬다. 이 천리가 무위이다. 불교식으로 말하자면, 常樂我淨의 자리이다. 나의 존재감, 평온한 자리이다. 이 자리는 영원히 있다.

모른다하면 초의식(超意識, 10식)을 잡는다. 차원이 고차원으로 상승한다. 이 몸뚱이는 空한 것이기 때문에, 정신은 무한으로 차원을 달리 할 수 있는 것이다. 이곳은 방위도 시간도 없는 곳이다. 무소부재이다. 편재(遍在, ubiquitous) 하는 자리이다. 대도무문(大道無門)이다. 우주와 그곳은 하나로 통한다.

인의예지신도 오행이다. 만물이 오행으로 돌아간다. 이 자리에서 몇 가지 靈感이 합해지면 세상을 다 알 수 있다. 의지력으로 하지 않아도, 내관직관(內觀直觀)하면 도를 안다. 도(道), 하나님을 믿고 맡겨라. '참나' 안에 ego가 있다. 바다 안에 파도가 있다. 바다와 파도는 둘이 아니다. 파도끼리는 같다. 不二이다. 그러므로 타인을 받아들이고 사랑할 수 있다. 도에 따라 살면, 인의예지신할 수 있다.

제51장
원리와 과정-도는 낳고 덕은 기른다 ○

모든 사물, 모든 행동은 진동유형(vibratory pattern) 또는 과정(process)이다. 이러한 과정은 단일의 원리에 좇아 생성(emerges), 발전(develops) 그리고 소멸(decays)한다. 사람들은 이 원리에 대하여 자연스러운 경의를 표한다. 그리고 그들은 이 원리에 순응하는 진동의 에너지를 자연히 사랑한다. 이 진동의 에너지와 이 원리는 파트너십을 만들며, 무한한 형체(forms)를 창출한다. 그러나 그 생산성으로부터 아무런 이윤을 얻지 않는다. 사건사물이 강제적인 방법으로 발생토록 함으로써 권력을 획득하는 것도 아니다. 다만 대안이 없을 뿐, 다른 방도가 없을 뿐이다. 원리와 과정 간의 파트너십은 우리의 생명과 우리의 하는 일의 제일의 사실이다.

原文

道生之 德畜之 物形之 器成之 是以萬物莫不尊道而貴德 道之尊 德之貴 夫莫之命而常自然 故道生之 畜之 長之 育之 亭之 毒之 養之 覆之生而不有 爲而不恃 長而不宰 是爲玄德

주

畜: 畜은 가축으로서, 사육한다는 뜻이 있다. 勢: 形勢, 여러 가지 사물의 상호관계에서 이루어지는 조건. 亭: 定과 같고, 안정의 뜻, 형태를 부여하는 것. 毒: 篤과 같음, 毒은 그 질을 이루게 하는 것. 厚: 농후하다. 충실하다. 宰: 주재하다. 지배하다의 뜻. 恃: 믿을 시. 玄德: 현묘하고 깊은 德.

• • •

해석

'道'가 만물을 낳고, '德'이 이것들을 기르고, 사물이 형태를 짓고 그릇(器)이 완성된다. 그러므로 만물은 '도'를 존숭하고 '덕'을 귀히 여기는 것, 대저 이는 누가 시켜서 그렇게 된 것이 아니라 늘 스스로 그러한 것이다. 그러므로 '도'는 낳아 주고 길러주며, 성장시켜주고 양육해주며, 길러주고 자라게 해주며, 배양해주고 덮어준다. 이렇게 도는 만물을 낳건만 소유하려 하지 않고, 만물을 위하되 '나'만 믿으라고 하지 않으며, 만물을 위해주되 그에 기대지 않으며, 그 우두머리이면서도 지배하려 하지 않는다. 이것을 '玄德'이라고 한다.

해설

形而上者를 道라 하고, 形而下者를 그릇이라고 한다. 그릇은 도를 담는 도구이다. 도가 본체라 면, 덕은 작용이다. 體와 用은 원리와 진동에너지와의 관계로 동반자적 관계 즉 파트너십을 이룬다. 이 파트너십으로 만물이 생성, 발전, 쇠퇴의 과정을 밟는다. 이것을 현묘한 덕, 신비한 덕이라고 한다. 도는 무극이고 덕은 태극이다. 도는 靈性이고 덕은 힘(에너지, 氣)이다. 기가 농축되어 物이 된다. 物에 다시 氣가 통해 생명체가 이뤄진다. 德, 物, 勢가 다 氣이다. 우주만물이 이 기로 이루어졌다. 만물은 존재의 근원인 도를 높이고 덕을 받든다. 하느님을 신앙하는 것은 누가 시켜서 하는 일이 아니라 늘 스스로가 하는 것이다. 노자의 이 같은 말은 하느님의 靈이 일러준 것이다. 즉, 啓示를 받은 것이다. 불교식으로 표현하면 如來이다. 神靈이요 신통이다. 참이다. 그 참이 내 머릿골에 내려와 계신다. 道尊德貴할 수밖에 없는 것이 사람으로서의 使命을 밝히는 것이다. 만물의 진화과정을 보면 그 만물에 유전자속에 있는 정보에 따라 움직인다는 것은 관찰을 통해 알려진다. 그야말로 누군가의 보이지 않는 손(invisible hand, 또는 攝理, providence)의 작용을 우리는 관찰할 수 있다. 노자, 예수, 싯다르타, 공자 등은 이 비밀을 여러 가지로 표현하고 있을 뿐이다. 요컨대, 우리는 이것을 '참나'로 통일해서 부르기로 한다.

태초에 말씀(象, 정보)이 있었다. 그 말씀은 '하느님(道)'과 함께 계셨는데 말씀은 하느님이셨다. 그분(象)께서는 태초에 하느님과 함께 계셨다. 모든 것이 그분을 통하여 생겨났고 그분 없이 생겨난 것은 하나도 없다. 나는 누가 나를 규정짓는 것을 거부한다. 이것이 나의 '참나'이다. 天上 天下 唯我獨尊이다. 眞空妙有의 자리에는 '참나'속에 묘한 것이 있다는 뜻이다. 묘한 것은 개체성을 지닌 나이다. 대아와 소아가 공존하는 것이다. 개별자의 자발적 의지로 살아야 한다. 노자는 "천하만큼 나를 사랑하는 사람에게 천하를 맡기겠다"라고 하였다. 기준의 생산자가 되어야 자기가 자신의 주인이 되는 것이다. 배우는 것은 표현하기 위한 수단에 불과하다. 나는 듣기와 말하기의 중간에 서야 한다. 그럼 野性이 되살아난다. 읽을 적에 쓸 것을 염두에 두고 읽어라. 창조욕망의 수행자가 되어라. 창조적인 주체가 되어라. 충고하지 말라. "Mind yourself! I am busy caring for myself"라고 말할 수 있어야 한다. 자신에 대한 無限사랑과 無限信賴를 죽을 때까지 지켜라. 자기존엄을 지키자. 윤리의 주체가 되자. 자신이 모든 창조의 출발점이다. 이성과 야성, 지성과 영성 모든 것이 나의 것임을 알아라. 이것이 자율적 인간인 나의 도이어야 한다. 이성과 지성 야성 그리고 영성의 합일인 一心으로 살자.

자연법칙과 도덕법칙에 맞게 살자. 하느님은 도덕법칙이다. 하느님의 명령에 따라 살자. 텅 빈 마음에 응해서 마음을 내라. 생각, 감정, 오감을 내려놓고 그 자리에 뿌리를 내리고 희로애락을 쓰고 살아가라. '참나'는 성실하다. 지치지 않는다. 誠은 聖이다. 자연법칙과 도덕법칙에 순응하여 살면 성인이다. 자연법칙과 도덕법칙의 합일인 一心으로 살자. 마음에서 고요함을 얻으면 불씨는 얻은 것이다. 이 불씨를 잃지 말라. 계속 키워라. 5지, 7지, 9지 보살까지 키워라. 일심의 등급을 높이자.

제52장
밝고 영원한 것을 향하라(襲明) ○

모든 창조는 양극성을 내포한다. 창조의 기본적인 양극성은 +/-, 음/양, 또는 암컷/수컷으로 불려진다. 이 근본적인 양극성은 자가수정적(self-impregnating)이다. 이것은 모든 것을 창조하는 양성적인(자웅동체의, androgynous) 자궁이다. 모든 것에는 나도 포함된다. 나는 단일의 원리에 쫓아서 전개되는 양극성들을 내포하는 과정인 것이다. 나는 하느님의 아이요, 나는 창조의 자궁으로부터 온다.

이것을 아는 것으로 나는 안도감(stability)을 갖는다. 만일 내가 어떤 물건에, 또는 어떤 사람에게, 또는 어떤 교리나 주의에 나의 신념을 밀어붙인다면, 나는 안전성을 결여할 것이다. 사람들과 물건 그리고 주의, 교리는 왔다 갔다 하며 항상 변한다. 나는 내가 예배한 물건이 없어질까, 내가 복종하고 따르던 사람이 죽지 않나, 또는 내가 추종했던 교리나 주의가 변경되지 않을까하는 공포에 쌓여 살고 있는 것이다. 그래서 나의 유일한 충성심은 단일의 원리에 대한 것이다. 나는 한 사람을 바라보면서 이 원리와 과정 양자를 볼 수 있다. 나는 그것들이 어떻게 작용하는지를 볼 수 있다. 그것들이 실제로 작동하는 것을 볼 수 있다. 그것이 내가 집단의 리더로서의 나의 능력의 기초가 된다. 사물의 작동원리를 아는 것으로부터, 나는 또한 유연성을 지속적으로 유지하는 것의 중요성도 안다. 성장하는 것은 유연하고, 모든 인내력은 유연하다. 나는 또한 원리와 과정에 대한 신념으로 내가 죽음을 두려워하지 않는다는 것을 뜻한다는 것도 알고 있다. 내가 잃는 것은 아무것도 없다. 나는 내가 영원한 것의 한 측면이라는 것을 안다. 나의 고향은 창조의 자궁이며, 고로 죽음은 고향으로 가는 것이다.

原文

天下有始 以爲天下母 旣得其母 以知其子 旣知其子 復守其母 沒身不殆 塞其兌 閉其門 終身不勤 開其兌 濟其事 終身不求 見小曰明 守柔曰强 用其光 復歸其明 無遺身殃 是謂習常

주

母: 母는 '하나'이며(42장), 만물은 이 하나에서 생겼기 때문에 즉 자식이다. 兌: 兌는 입, 구멍(穴), 七竅 즉 외부를 향해 열려 있는 귀나 눈이나 코, 입 등의 감각기관. 감각은 동시에 "욕망의 입구이다"(王弼註). 이에 대해 門은 이성적인 心的 作用의 出口이다. 勤: 부지런하다는 뜻에서 勞苦한다는 것을 의미. 濟: 증가의 뜻. 成, 遂의 뜻. 事: 여러 가지 번거로운 것을 뜻한다. 光: 光은 외부를 비추는 지혜이며, 명은 사람의 내면을 비추는 지혜이다. 習常: 襲明, 영원불변함을 익힘.

해석

천하에는 시작점(道)이 있으니, 이것을 '천하의 어머니(天下母, 德)'로 삼을 수 있다. 이미 그 어머니를 찾으면 그 자식들을 알 수 있고, 이미 그 자식을 알고 그 어머니를 안전하게 지키면, 몸이 다할 때까지 위태하지 않을 것이며, 입을 닫고 문을 닫으면 몸이 다할 때까지 근심이 없을 것이며, 입을 열고 번거로움을 더하면 몸이 다하도록 희망 없이 살게 될 것이다. 작은 것을 잘 보는 것을 밝음(明察, 비전)이라 하고, 유약한 것을 지키는 것을 강함(强)이라 한다. 빛을 써서 그 밝음으로 돌아가 자신들의 비전을 신뢰하면, 몸에 불행이 닥치지 않고 죽음을 넘어 살 것이다. 이것을 바로 '영원불변함을 익힘(襲常)'이라 한다.

해설

도심(道心), 본심(本心), 父母未生前 眞面目, 천하의 시작점(道)과 천하의 엄마(母), 참나(眞我, 大我), 영원불변함 등의 개념이 등장하는 장이다. 무명(無名)에서 시작할 적에 도가 있었고 이를 우리의 아버지(아빠)라 한다. 유명(有名), 즉 이름이 생길 때부터 어머니(母) 德의 보살핌을 받아 만물이 생성 성장한다. 이때를 先天精氣神, 법신(法身)의 자리라 한다. 이에 대하여 덕의 시대를 後天精氣神의 자리 또는 화신(化身)의 자리라 한다. 정기신은 우리 내부의 세 보물이고 입, 코, 눈의 7구멍은 외면의 세 가지 보물인데, 내면의 세 가지 보물은 바깥 사물을 쫓아가지 않도록 해야 하며, 외면의 세 가지 보물은 마음을 유혹하여 흔들지 않도록 해야 한다.

사람의 마음 '人心(ego의 마음)'은 오직 위태로울 뿐이며, 도심(道心, '참나'의 마음)은 오직 미묘할 뿐이다. 오직 정밀하고 오직 한결같다면(精一, 誠意), 진실로 그 중심(中)을 잡을 수 있을 것이다. 자신의 본성에서 그 씨알을 구하라. 하나님이 너희의 머릿골에 이미 내려와 계신다. 본심은 본래 태양과 같이 밝다. 빛은 비전의 기능(function)이요, 비전은 빛의 體現(embodiment)이다. 만일 우리가 그 빛의 근원을 찾기 위해 쓸 수 있다면, 우리는 불행으로부터 자유로이 살 수 있고 영원불멸의 道와 하나가 될 수 있다(王安石).

태양과 같이 밝은 우리 본성을 밝히기 위해 우리는 무엇을 해야 하는가? 禪, 몰입방법으로 '참나'를 찾아서, 내시반청(內視反聽)하여 안의 소리를 들어라. 이렇게 '참나'를 찾아 견성하면, 이 마음이 바로 도심이다. 이 도심이 동정간(動靜間)에 끊이지 않고 흐르도록 하라. 상락아정(常樂我淨)이다. 백(魄)을 잊지 말아라. 혼(魂)과 백(魄)을 합치면 영원히 산다. 불사(不死)의 세계로 나아가는 첩경이다. 윤회를 벗어 날 수 있다. 마음은 '참나'의 빛을 쓴다. 회광반조(廻光返照)하라. 밖으로 향하던 빛을 돌려 자신을 비춰라. 그 참된 예지(叡智)의 빛을 써서, 그 밝은 '道'를 아는 절대의 지혜로 돌아간다면 몸의 재앙을 남기는 일이 없으리라. 항상불변(恒常不變)의 '道'에 따르는 참된 무위의 처세라 할 수 있다.

제53장
권력을 이용하여 도적의 우두머리가 되지 말라 ★

현명한 지도자는 조용하고 명상적인 생을 살아간다. 그러나 대부분의 사람들은 할 수 있는 한 많은 재산을 얻는데 바쁘게 지낸다. 조용한 길은 보다 의식적인 실존을 지향한다. 분망한 길은 과장된 물질주의를 창출한다. 보다 더 많이 알아차림으로써 하나님과 모든 피조물의 동일성에 대한 감각을 얻게 된다. 그러나 과대소비(excessive consumption)는 타인을 착취(exploiting)함으로써만 가능한 것이다. 이 세계의 재화는 불평등하게 배분되어 있다. 소수인이 다량을 소유하고, 대부분의 사람들은 아주 소량을 소유한다. 우리는 골고루 미칠 만큼 풍족한 자원을 써버린다. 누구나 이런 사실을 안다. 그러나 재산이 많아 그것으로 괴로움을 당하는 사람들은 더욱 더 많은 것을 얻고 있다. 그들은 그들이 가진 것을 자랑까지 한다. 도둑질이 무엇인지를 그들은 모른단 말인가? 다량의 재산을 소유하는 것은 하느님으로부터 온 것이 아니다. 사람들은 타인을 조종함으로써 그 재산을 획득하는 것이다.

原文

使我介然有知 行於大道 唯施是畏 大道甚夷 而民好徑 朝甚除 田甚蕪 倉甚虛 服文綵 帶利劍 厭飲食 財貨有餘 是爲盜夸 非道也哉

주

介然: 미세한 모양. 施: 통하는 자. 徑: 지름길. 朝: 朝廷, 宮室. 除: 掃除한다는 뜻으로 깨끗한 것. 盜夸: 도적의 우두머리.

• • •

해석

내가 충분히 현명하다면 나는 큰길(大道)을 따라 걸으면서, 오직 잘못된 길로 빠져들지 않을까 두려워 할 것이다. 큰 길은 평탄하건만 사람들은 지름길을 좋아한다. 朝廷은 깨끗하건만 밭은 거칠어져 있고, 창고는 텅텅 비어 있으며, 그런데도 궁정의 사람들의 옷은 광채가 나고, 예리한 칼을 찼으며, 배가 불러 음식을 싫어할 지경이고, 재화는 남아돌 정도이다. 이를 일러 '도적의 우두머리'라고 하니, 이것은 '道'가 아니지 않은가?

> 해설

정치의 부패와 타락을 규탄한다. 무지무욕의 정치, 대아적 효율성을 극대화하는 정치는 이루어지지 않고, 소아적 효율성만 판을 치는 판국일 때 사회는 양극화되고, 각종 범죄는 증가하고, 국고는 텅 비어 있고, 국민들은 일할 생각을 하지 않는다. 국민 5%가 국가재산의 95%를 차지하는 정도가 되면, 그 나라는 멸망한다는 것이 역사의 교훈이다.

잘 베풀어야 한다. 초의식(超意識)은 의식과 무의식중에 있다. 항상 '참나'는 그냥 의식하면 끝난다. 至誠之道에 誠은 슈퍼의식을 말한다. 誠은 性이다. 바탈이다. 견성(見性)이란 자신의 本心(本性)을 안다는 것이다. 본성 즉, 육체와 정신이 따라야 하는 원칙을 말한다. 도(道)안에 상(象)이 있다. 상은 이미지이다. ego를 덜고 덜은 것이 '참나'이다. 공자, 예수, 부처, 노자, 장자가 이것(道)을 얻어서 성인이다. 우리가 몰입을 통하여 얻은 '참나'인 '불꽃(見性)'을 잊지 말자. 이를 바탕으로 의성신(意成身)을 만들어라. 영생할 것이다. 습상(習常)하자. 영원한 것을 익히자. 혼과 백을 하나로 합치면 죽음을 맛보지 않을 것이다. 혼비백산하지 않는다.

제54장
사물을 있는 그대로 관찰하라 ★

이 세상에 긍정적인 영향력을 미치고 싶은가? 첫째로, 당신의 생활을 정돈하라. 당신의 행동이 건전하고 효과적이게 하려면 유일의 원리를 당신 자신의 기초로 삼아라. 그러면, 존경을 받을 것이고 강력한 영향력을 미칠 수 있을 것이다. 당신의 행동이 파장효과를 통해 다른 사람들에게 강력한 영향력을 미칠 것이다. 물결효과가 작동하는 것은 각자가 타인들에게 영향력을 미치기 때문이다. 강력한 사람들이 강력한 영향력 그 자체인 것이다. 당신의 생활이 작동하면, 당신은 당신의 가족에게 영향력을 미친다. 당신의 가족이 작동하면, 당신의 가족들이 공동체에 영향력을 미친다. 당신의 공동체가 작동하면, 당신의 공동체는 전 국가에 영향력을 미친다. 당신의 국가가 작동하면, 당신의 국가가 전 세계에 영향력을 미친다. 당신의 세계가 작동하면, 파장효과(ripple effect)는 전 우주를 통하여 퍼져나갈 것이다. 당신의 영향력은 당신 자신으로부터 시작하며 밖으로 물결쳐 나아간다는 것을 기억하라. 그리하여 당신의 영향력은 힘이 강력하고 건전함을 확신하라. 이렇게 작동한다는 것을 어떻게 알 수 있을까? 모든 성장은 번식력 있고 힘센(fertile and potent) 핵으로부터 밖으로 퍼져 나아간다. 당신은 하나의 핵(nucleus) 인 것이다.

原文

善建者不拔 善抱者不脫 子孫祭祀不輟 修之於身 其德乃眞 修之於家 其德乃餘 修之於鄕 其德乃長 修之於國 其德乃豊 修之於天下 其德乃普 故以身觀身 以家觀家 以鄕觀鄕 以國觀國 以天下觀天下 吾何以知天下之然哉 以此

주

修之於身: 여기에서 修의 대상은 '道'일 것이다. '도'를 닦는다면 사람의 내면만을 가리키는 것처럼 들리지만, 修는 어떤 것을 완전히 하는 것이다. 여기서는 '도'를 완전히 지니기 위해서는 끊임없이 노력해야 할 필요가 있다는 것과 그 노력의 정도를 보면 그 사람 혹은 한 집안 등의 前途를 알 수 있다는 것을 말하고 있는 것 같다.
輟: 그치다(止). 以此: 위에서 말한 것으로 천하의 일을 알 수 있다는 뜻.

• • •

해석

잘 세운 것은 뽑히지 않고 잘 품으면 벗어날 수 없어서 자손대대로 잘 지키면 자손이 길이 이어져 조상에 대한 제사가 그치지 않을 것이다. 이러한 '도'를 몸에 닦으면 그 '德'이 참되고 그것을 가정에 닦으면 그 덕이 넘치며 그것을 고을에 닦으면 그 덕은 오래가고, 그것을 나라에 닦으면 그 덕은 곧 풍성해지며, 그것을 천하에 닦으면 그 덕은 곧 두루 퍼진다. 그런 까닭에 사람은 그 사람이 '도'를 몸에 닦는 것으로 알 수 있고, 한 집안은 그 집안이 그것을 닦는 것으로 알 수 있으며, 한 고을은 그 고을이 그것을 닦는 것으로 알 수 있고, 한 나라는 그 나라가 그것을 닦는 것으로 알 수 있으며, 천하는 천하가 그것을 닦는 것으로 알 수 있다. 나는 천하가 그렇다는 것을 어떻게 아는가? 바로 이것에 의해서다.

해설

사물의 本末을 파악해야 하는데, 이를 格物致知라고 한다. 격물치지를 하기 위해서는 남의 입장에서 보아야 한다. 역지사지(易地思之)해야 한다. 입장을 바꾸어서 생각해보라는 뜻이다. 이것이 "나라를 나라로 평가하고 고을을 고을로, 가정을 가정으로 평가한다"는 뜻이다. 소강절에서 "사물로 사물을 관찰하라"는 뜻도 같은 뜻이다. 인간관계의 핵심이다. 원만한 인간관계를 유지하기 위해서는 역지사지를 생활화하는 것이 새 시대의 지도자들이 명심해야 할 일이다. 관찰자의 사견(邪見)이 개입되어서는 제대로의 관찰은 안 된다. 장자가 말한 대로 도의 실체는 자신에 대한 관심에 놓여 있다. 국가에 대한 관심은 무관한 것이다. 이러한 관점에서, 황제의 일은 성인의 취미이며, 자신을 개발시키거나 인생을 풍족하게 하는 일이 못된다(莊子: 28.3). 사물의 결대로, 자연 그대로 놓고 관찰하고 판단해야 한다. 역지사지해서, 내가 바라지 않는 것을 남에게 하지 말고, 내가 바라는 것을 남에게 해주어라. 正義와 仁愛가 살아날 것이다. 이러한 眞理의 價値를 세우고(建極하고) 껴안아라(抱一하라). 心志를 굳혀라. 예수, 석가, 노자, 소크라테스가 공히 깨달은 진리정신을 추모하라. 스스로를 하나의 匹夫라고 생각했던 그 마음에 이런 진리를 새겨두고 실천하면 성인이 따로 없을 것이다. 그 누가 필부의 가슴속 뜻을 빼앗을 수 있으랴. 우리 안에 있는 참(道)은 초월적인 절대존재(一)를 찾지 않을 수 없을 것이다. '참나'로 살자.

제55장
진리가 아니면 일찍 그만두라 ★

자신의 장애물(blocks, 無知와 我執)과 갈등(conflicts)들을 모두 버리는 사람들은 활기에 찬 에너지의 자유로운 흐름을 경험할 것이다. 그들은 어린아이와 같이 표정이 밝고, 상해(傷害)에 대해서는 아동과 같은 면역력을 즐길 것이다. 벌레들이 그들을 물지 않을 것이고, 개들이 그들을 공격하지 않을 것이다. 말썽꾸러기들이 그들을 혼자 있게 놔둘 것이다. 그들의 몸은 긴장이 이완되어 있고 유연하다. 그러나 그들의 정력과 힘은 놀랍다. 그들은 지나치게 호색적이지 않으면서 성적으로 감동시킨다. 그들은 오랫동안 노래하고 큰 소리로 외치기까지 할 수 있으나 결코 목이 쉬지 않는다. 그들은 한 사람이 아니라, 모든 피조물의 사랑에 새롭게 빠져 있는 것과 같으며, 그들의 에너지는 모든 피조물처럼 풍부하다.

흥분이나 분발과 계몽의 활기에 찬 흐름을 혼동하는 것은 잘못이다. 자극제와 정서적인 모험은 사람들을 흥분시킨다. 그러나 이러한 흥분은 사람의 에너지를 증진시키지 못한다. 반대로, 흥분은 에너지를 낭비하고 활력을 소진시킨다. 자극이 저항에 직면할 때에 오는 긴장으로 흥분을 생각하라. 흥분되는 경험은 자극이 정지되거나 또는 사람이 지쳤을 때에 종말을 고한다. 그러나 계몽(깨어 있음, 거경)의 활력은 지속적인 흐름이다. 그것은 저항에 봉착 하지 않으며 긴장 없이 지속된다. 흥분은 지나가는 욕망에 뿌리를 내리고 있으며, 생명력 있는 에너지는 영원으로부터 솟아오른다.

原文

含德之厚 比於赤子 蜂蠆虺蛇不螫 猛獸不據 攫鳥不搏 骨弱筋柔而握固 未知牝牡之合而全作 精之至也 終日號而不嗄 和之氣也 知和曰常 知常曰明 益生曰祥, 心使氣曰强 物壯則老 謂之不道 不道早已

주

含德: 덕을 머금다. 赤子: 갓난아이. 蜂蠆虺蛇: 벌, 전갈, 이무기와 뱀. 不螫: 쏘지 않는다. 猛獸不據: 맹수도 덤비지 않는다. 攫鳥:새매. 不搏:채지 않는다. 牝牡之合: 암컷과 수컷의 교합. 作: 일어섬. 和: 천지만물이 균형에 있는 것이 和이며, 그 균형조화가 잘 이루어진 것의 상징이 갓난아기이다. 益生: 불로장생약을 먹거나 기도드리는 등의 일을 가리킨다. 거듭나다. 祥은 보통 吉祥, 吉兆의 뜻으로 쓰인다. 强: 强暴. 不道早已: 도가 아니면 일찍 죽는다.

> 해석

덕을 두텁게 머금은 사람은 '갓난아이'와 비슷하다. 벌도 전갈도 쏘지 않고, 독사도 물지 않으며, 맹수도 덤비지 않고, 날쌘 새도 채지 못한다. 뼈는 약하고 힘살도 부드러우나 손아귀 힘은 세다. 아직 남녀교합은 모르지만 고추가 일어나니 생명력(精)의 알짬이 지극한 것이다. 하루 종일 울어도 목이 잠기지 않으니 和氣가 지극하다. 이 화기를 '영원불변함(常)'이라 하고, '조화로움'을 아는 것을 밝음(明)이라고 하며, 생명을 늘리는 것을 '상서로움(祥)'이라고 하고, 마음으로 기운을 조화롭게 부리는 것을 '강함(强)'이라고 한다. 만물은 强壯하여지면 쇠태(老)한다. 이것은 '도'가 아니라고 할 수 있다. '도'가 아닌 것은 일찍 죽게 된다.

> 해설

음양의 조화를 완전히 이루어, 영원불변의 도에 일치하는 것을 常이라 하고, 이러한 도를 아는 것을 명(明)이라 한다. 도를 깨닫는 지혜라고 한다. 수신(修身)을 위해 精氣神을 기르는데, 바른 기운과 바른 정신에 바른 생명력(정력)이 꽉 차 조화로운 상태를 덕(德)이라고 한다. '갓난아이'는 통으로 살아간다. 자아가 아직 형성되지 않았다. 정기신을 선순환하면서 고요한 정신, 에너지, 생명력, 깨어 있는 상태가 덕이다. 참나와 혼이 합해진 영적 육은 신선(神仙)이다. 단전호흡으로 정기신을 길러 神은 上丹田에 氣를, 精(차크라)은 下丹田에 모은다. 단전은 에너지은행이다. 그러면 道胎가 생긴다. 참의 태를 껴안으니, 含德之厚, 眞理把持가 되는 것이다. 道를 껴안아라. 中과 常을 마음에 품어라. 항상 변하는 현상 밑에는 불변의 진리가 있다. 이와 같이 마음은 二重構造로 되어 있다. 우리는 통상적으로 이성으로 변하는 현상을 개념으로 추론하고 분석한다. 그 추론결과의 옳고 그름의 판단은 靈性의 직관에 의존한다.

도를 닦는 사람은 우선 자신의 마음에 초점을 맞추고, 그 마음이 방황하지 않을 때에, 그들은 차분해진다. 마음이 차분해지면, 그들의 호흡은 균형을 찾게 된다. 호흡이 균형을 잡게 되면, 그들의 精은 안정되며, 그들의 神은 온화해지고 진정한 本性이 회복된다. 호흡법을 알면 인내하는 법을 알게 된다. 그 다음에 우리의 진정한 본성을 알게 된다. 우리의 본성을 모르고 우리 몸에 영양을 공급하고 우리의 생명을 연장하려하면, 오히려 몸을 해하고 생명을 파괴한다. 호흡을 안정시키지 않으면 精氣가 약해지고 우리 몸은 파괴된다.

제56장
아는 이라도 말로는 못 한다: 지도자의 원상 ★

현명한 지도자는 사건들의 진상을 말로 포착할 수 없다는 것을 알고 있다. 그런데 왜 아는 척하는가? 전문용어를 혼동하는 것은 사물이 발생하는 방법을 모르는 지도자의 확실한 징후중 하나이다. 그러나 말할 수 없는 것을 시현할 수는 있다. 적정하라(침묵을 지켜라). 깨어 있어라(거경하라). 깨어 있음이 효과적이다. 무슨 일이 발생하는지에 빛을 비출 것이다. 갈등들을 명료히 하고 흥분된 개인이나 집단의 장을 조화롭게 한다. 지도자는 모든 존재들이 단일의 총체라는 것 또한 알고 있다. 고로, 지도자는 어느 편도 들지 않는 중립적인 관찰자이다. 지도자는 선물 또는 위협에 유혹되지 않는다. 돈, 여자(남자) 또는 명성은 득실과는 무관하게 지도자를 중심으로부터 멀어지게 동요시킬 수 없다. 지도자의 원상은 이상주의적이지 않다. 오히려 사물이 어떻게 작동하는지에 관한 실용적인 지식에 의거한다.

原文

知者不言 言者不知 塞其兌 閉其門 挫其銳 解其粉 和其光 同其塵 是爲玄同 不可得而親 不可得而疎 不可得而利 不可得而害 不可得而貴 不可得而賤 故爲天下貴

주

知者: 아는 사람. 여기서는 '도'를 아는 사람을 가리킨다. 兌: 입, 눈, 귀, 코 등 감각기관. 7竅를 통해서 우리는 느끼고 안다. 그 아는 주체가 부처이다. 門: 理知의 작용. 玄同: 밝고 어두운 것 등의 양 극단을 잘 조화하여 치우치거나 부족함이 없는 동일한 상태로 만드는 '도'의 신비한 작용, 즉 신비한 동일.

• • •

해석

아는 자는 말하지 않고, 말하는 자는 알지 못한다. 그 입을 닫고 문을 닫으며, 모든 날카로운 것을 꺾고(모든 분별이 해소되며), 어지러운 것을 잘 풀며, 빛을 부드럽게 하여, 티끌과 함께 어울리니 이것을 성인들의 共同體(組合, 玄同, 출입구, 안팎 그리고 自他가 없는 공동체)라 한다. 그래서 그것과 친해질 수도 없고 멀어질 수도 없으며, 그것에 이익을 줄 수도 없고 해롭게 할 수도 없으며, 그것을 존귀하게도 비천하게도 할 수 없다. 그러므로 '천하에서 가장 존귀한 것(天下貴)'이 된다.

해설

도라는 것은 본래 말로는 못하는 거다. 자기가 체험하는 수밖에 없다. 체험하는 능력은 우리가 말하기 때문에 생기는 거다. 행동과 말은 현상계에서 하는 것이고, 도를 안다는 자리는 우리 생각이 구경(究竟)에 이른 것이다. 그것은 현상을 초월한 자리이므로 말로 할 수는 없다. 그것은 해오(解悟)의 자리이다. 증오(證悟)의 자리이다. 체험하는 자리이다. 이 자리는 말의 세계가 아니다. 그러나 말없이는 할 수가 없다. 동물에게도 있는 말, 이 우주는 말씀을 가진다. 철학적으로는 〈요한복음〉 1:1에서 Logos(말씀, 이성, 이해한다, 理致)는 말한다는 뜻이다. 우주에는 처음부터 말이 있었다. 뜻이 있다는 말이다. 말을 많이 해도, 밖에서 내게 많이 들어오면 내가 본대로 유지하지 못한다. 그래서 입을 닫고 문을 닫아 버린다. 날카로운 것은 조금 죽인다. 얼크러진 것을 풀고, 밝은 빛을 누그러뜨린다. 조금 양보한다. 태양광은 직접 볼 수 없다. 도통하면 겸손해진다. 도를 깨달은 그이의 모습이다. 화광동진(和光同塵)이다. 동사섭(同事攝)하신다. 도를 깨친 이는 자기가 참이기도 하지만, 사랑도 하고, 정의롭기도 하며, 양보도 해야 하고 시비판단도 해야 하겠기에 자기의 모습들을 그대로 나타내지 않는다. 이것을 일러 '현동(玄同, dark union, 성인들의 마음상태)'이라 한다. 만물이 있어서 무한한 차별이 있지만, 그것을 하나로 보는 것이다.

작은 분별만으로는 도에 접근 못한다. 현동해야 한다. 너무 서양식으로 분석해 따져서 하는 것은 현상계에서는 들어맞을 것이다. 그러나 원체 큰 그 자리는 모른다. '까맣게 하나로 보는' 그 자리에 가야 한다. 그래서 그런 자리는 가깝게 하려고 해도 가까이 못가고, 멀리 하려고 해도 멀리 할 수도 없는 그런 분이다. 또 그분에게 이롭게 해드리려 해도, 또 나쁘게 하려고 해도, 높이려고 해도, 낮추려고 해도 그렇게 할 수 없는 분이다.

친소(親疎), 이해(利害), 귀천(貴賤) 여섯 가지 조건으로, 상대되는 걸로 하려고 해도 안 되는 분이다. 왜? 그것은 그분은 이분법적인 것을 초월하신 분이기 때문이다. 그분은 불사선불사악(不思善不思惡), 선악(善惡)을 초월한 입장에 서신다. 멸불멸(滅不滅)을 초월한 자리, 초월계에 계신 그분이시다. 노자에게 있어 이 자리는 자연대로 있는, 천하에 본래 있는 참 높은 자리이다. 아는 이는 일상적이고 피상적인 것을 초월하므로, 가까이 할 수도 없고, 끌어안을 수도 없다. 그들은 지극히 정직하여 멀리 할 수도 없다. 그들은 만족하며 욕망이 없으므로 도와 줄 수도 없다. 그들은 생과 사를 넘어서 살아간다. 고로, 그들에게 해를 가할 수 없다. 그들은 고위직을 먼지로 보기 때문에 존귀하게도 못하고, 그들의 누더기 같은 옷 밑에 주옥을 숨기고 있으므로 천하게도 대할 수 없다. 아는 자들은 세상을 걸어가지만, 그들의 마음은 물질계를 초월하고 있다. 그래서 세상 사람들이 귀히 여긴다. 도와의 玄同을 경험하면 선악, 자타, 미추의 구별을 초월한다. 즉 그들은 無와 결합한다. 그러므로 그들이 분리될 수 있는 것은 없어지는 것이다. 그러므로 도를 얻으려는 지도자, 도를 실천하려는 지도자는 '참나'를 찾아 견성을 위해서도 참선과 명상을 시도하라. 항상 깨어서 주위에서 무슨 일이 왜 일어나고 있느냐를 알아차릴 수 있어야 한다. 도의 철학은 현실주의적이지 이상주의가 아니다. 실용주의적이다.

제57장
올바름으로 나라를 다스려라 ◎

정직하고도, 개방적인 집단으로 운영하라. 당신의 할 일은 현재 발생하고 있는 일을 촉진시키고 분명히 하는 것이다. 가급적 적게 개입하라. 아무리 훌륭하더라도 그 개입은 지도자에게로의 의존성을 창출한다. 규칙은 적을수록 좋은 것이다. 규칙들은 자유와 책임을 감소시킨다. 규칙들의 집행은 강제적이고 조종적이기도 하며, 그것으로 인해 자발성을 감축시키며 집단 에너지를 흡수한다. 강제적일수록 집단은 더 저항적이 될 것이다. 당신의 조종은 회피를 잉태하기만 할 뿐이다. 모든 법은 不法을 만들어낸다. 이것은 집단운영의 방법이 될 수 없다. 현명한 지도자는 집단 내에 명백하고 건전한 분위기를 확립한다. 알아차림의 견지에서 보면 집단은 자연스럽게, 건전하게 행동한다. 지도자가 침묵을 실천할 때, 집단은 초점을 잃지 않는다. 지도자가 규칙들을 부과하지 않을 경우, 그 집단은 그 자체의 미덕을 발견한다. 지도자가 비이기적으로 행동하면 집단은 단순히 해야 할 일을 한다. 좋은 리더십은 무사무위이어야(doing less and being more) 백성들은 스스로 부유해지고 도인이 될 수 있다.

原文

以正治國 以寄用兵 以無事取天下吾何以知其然哉 以此天下多忌諱 以民彌貧 民多利器 國家滋昏人多技巧 奇物滋起 法物滋彰 盜賊多有故聖人云 我無爲以民自化 我好靜而民自正我無事以民自富 我無欲而民自樸

주

正: 바르고 정직한 것. 奇: 奇計, 즉 남을 속이는 기이한 꾀. 以此: 여기서 此는 '인간의 내부에 있는 힘'. 無事: 無爲之事, 인위적으로, 작위적으로 일을 꾸미지 않음. 忌諱: 꺼리는 일. 금지하는 일, 즉 禁忌. 利器: 재미있는 기구. 技巧: 技는 伎와 같다. 교묘한 솜씨. 法物=奇物: 진귀한 물건, 기이한 물건. 彰: 밝다, 나타난다. 滋: 더욱 더.

● ● ●

해석

나라는 '바름'으로써 다스리고(원칙대로 함), 군사는 '숨김'으로써 쓴다(속임수를 씀). 그러나 無事(nonaction)로 세상을 받들어야 한다. 내가 어떻게 그러한 줄을 알겠는가? 이것 때문이다. 세상에 꺼리고 싫어하는 것이 많으면 국민들이 더욱 가난해진다. 국민들이 재미있는 기구를 많이 가질수록 국가는 점점 더 혼란스러워지며, 국민들이 교묘한 재주가 많을수록 '이상한 물건'을 더욱 많이 만들어내고, 진귀한 물건이 더욱 창성할수록 도적이 점점 많아진다. 그러므로 聖人은 말한다. "내가 하는 것이 없으니 백성들이 스스로 변화하고, 내가 고요함을 좋아하니 백성들이 스스로 바르게 되며, 내가 일삼는 것이 없으니 백성들이 스스로 부유해지고, 내가 욕심내지 않으니 백성들이 스스로 '다듬지 않은 통나무(樸)'처럼 순박해진다.

해설

자연 그대로의 무사(無事)의 정치를 말한다. 정공법(正攻法)으로 나라를 다스리고, 기습법(奇襲法)으로 승리한다는 孫子와 鄭道傳의 병법은 '군이 남쪽을 공격하면 게릴라 특공대로 북쪽을 공격하고, 대군이 서쪽을 공격하면 아군 중 특공대 게릴라는 동쪽으로 나가는 것'을 기도(奇道)라고 한다. 기습법은 게릴라공법이다. 복병전도 이에 속한다. 그 밖에도, 오늘날 북한의 게릴라전법은 다양하여, 예컨대 사이버테러, 소형무인기의 공격, 산불 작전, 지하철 작전, 땅굴작전 등 각양각색의 공략에 대비해야 국토안전을 보장할 수 있다. 북한 핵무기에 대한 전략은 한국안보에 결정적으로 중요하다. 기본 전략을 정공법으로 할 것이냐 또는 기습법으로 할 것이냐는 사안의 중요성과 상황에 따라 결정해야 할 것이다. 범인 체포작전에도 응용할 수 있을 것이다. 더구나, 도시화와 산업화, 정보화로 인하여, 범죄가 고도지능화와 대형화하는 추세에 있는 요즈음의 사회에서는 '범죄와의 전쟁'도 실시해야 할 것이다. 대내외적인 공격에 항상 대비해야 우리가 바라는 道義政治도 道義國家建設도 가능할 것이다.

模範國家를 건설하는 기본은 '국민이 본질적으로 자율적인 존재'라는 것을 믿는 데에서 찾아야 한다. 국민의 자율성을 존중하고, 결국 국민이 스스로 노력하여 부자가 되는 것, 스스로 조용히 안정을 찾아 올바르게 되고, 국민들이 스스로 자신의 영성을 높인다는 것을 굳게 믿고, 영성이 높은 정치인은 자율성을 존중해서 도와주도록 해야 할 것이다. 老子의 정치철학의 목적은 국민 모두의 양심수준(영성 수준)을 제고하고자 하는 것이다. 그러므로 양심적인 지도자는 국민의 양심을 깨우는 일에 힘을 써야 할 것이다. 민족의 양심을 건드리는 외국의 정치수장을 보는 국민의 마음도 헤아려야 할 것이다.

국민들의 自化, 自正, 自富, 自撲을 굳게 믿는 노자는 "리더는 백성을 깨우는 일에 힘을 써야 할 것이다"라고 가르친다. 그러므로 노자는 자유자율적 사회를 신봉하는 진정한 自由民主主義者라고 말할 수 있다.

제58장
사태 전개과정을 살펴라
－재앙과 축복이 내재해 있다 ◎

집단과정은 자연스럽게 전개된다. 그것은 자기규제적인 것이다. 개입하지 말라. 스스로 작동할 것이다. 과정을 통제하려는 노력들은 통상적으로 실패한다. 그 통제는 과정을 봉쇄하거나 또는 혼돈상태를 만들어 낸다. 발생하고 있는 일을 일단 믿어 주는 것을 학습하라. 침묵이 있으면, 그 침묵이 증대되도록 놔두어라. 그러면 무언가 나타날 것이다. 폭풍이 있으면, 그 폭풍이 맹위를 떨치도록 하라. 그 폭풍은 고요 속으로 사라질 것이다. 집단성원들이 불만스러워 하는가? 당신은 집단성원을 행복하게 만들 순 없다. 설령 가능할지라도, 당신의 노력은 집단성원에게서 창조적인 투쟁(creative struggle)을 박탈하는 것이다.

현명한 지도자는 현재 전개되고 있는 집단과정을 조장하는 방법을 알고 있다. 왜냐하면, 지도자 또한 하나의 과정이기 때문이다. 집단과정과 지도자의 과정은 똑같은 방법으로 동일한 원리에 좇아 전개된다. 지도자는 사물이 발생케 하지 않고도 심심한 영향력을 발휘할 수 있는 방법을 알고 있다. 예컨대, 현재 일어나는 일을 조장하는 것이 당신이 일어났으면 하고 바라는 것을 강압적으로 밀고 나아가는 것보다 효과적이다. 행동을 示顯하기 또는 벤치마킹 하는 것이 도덕성을 강요하는 것보다 효과적이다. 공평무사한 입장이 편견보다 강력하다. 광휘는 국민을 격려 한다. 그러나 여타의 모든 사람들을 보다 강하게 빛나게 하는 것은 국민들을 낙망케 한다.

原文

其政悶悶 其民淳淳 其政察察 其民缺缺禍兮福之所倚 福兮禍之所伏孰知其極 其無正 正復爲寄 善復爲妖 人之迷 其日固久是以聖人方而不割 廉而不劌 直而不肆 光而不耀

주

悶悶: 어둡고 총명하지 않다는 뜻. 여기에서는 정치가에 대하여 사용하고 있다. 어두운 듯하다. 답답하다. 淳淳: 순박하다. 순후란 모양. 察察: 꼼꼼하게 살핀다. 밝게 살피는 것. 缺缺: 이지러진 상태, 불만에 빠진 상태, 모자라는 모양, 쩔쩔 맨다. 所倚: 기댄 곳. 所伏: 잠복한 곳. 極: 맨 꼭대기, 여기서는 道를 뜻함. 廉: 모난 것. 肆: 여기서는 찌른다는 뜻. 中은 道로 양변을 초월한다.

・・・

> 해석

그 정치가 어두운 듯 超然하면(stands aloof) 그 국민들이 깨어 순박하고 중후해진다. 그 정치가 꼼꼼하게 개입하여 사람들에게 쌀쌀맞으면 백성들이 쩔쩔맨다. 재앙이여, 축복이 기대어 있다. 축복이여, 재앙이 잠복해 있다. 누가 그 끝을 알 수 있겠는가? 바른 것은 없는 것일까? 올바른 것이 기이한 것이 되기도 하고, 선한 것이 다시 요사스러운 것이 되기도 한다. 사람들이 미혹에 빠진 날은 이미 오래 되었다. 이 때문에 성인은 반듯한 것을 일부러 자르지 않으며, 뾰족하되 꿰뚫지 않으며 모난 곳을 깎아 없애거나 하지도 않는다. 일직선으로 곧지만 뻗치지 않으며 고집하지도 않고, 마음속에 빛이 있어 빛나되 눈을 부시게 빛내려고도 하지 않는다.

> 해설

도덕성을 강요하는 것은 소외를 불러온다. 도덕성은 설득적이든지 시범을 보이는 방법으로 스스로 따르도록 해야 할 것이다. 군대나 경찰 또는 기타 질서유지활동을 하는 조직에 적합한 통제방법은 강제적인 성격이 강하다. 대학이나 기타 문화조직에서의 통제방식은 설득적 또는 규범적이다. 회사 같은 공리적 조직에서는 공리적(utilitarian)수단의 동원이 지배적이다. 만일 조직의 유형과 통제유형간 위와 같은 일치성이 결여되면 문제가 심각하다. 예컨대 학교와 같은 교육기관은 규범의 내면화를 일차적으로 강조하는 반면에, 강제를 통한 기강확립은 감소경향이 있다.

천하를 대담한 야심과 치밀한 지모로 통일한 秦始皇도 만리장성을 쌓고, 아방궁을 짓고 여산릉 묘지를 축조하느라 수십만의 국민을 괴롭혔다. 뿐만 아니라 焚書坑儒로 고전을 불태우고 학자들을 생매장하여 죽였다. 나라가 망할 조짐이 청천 백일하에 자행되었던 것이다. 통일한지 15년 만에 멸망했다. 오늘날의 북한은 세습왕조 체제이지만, 나라가 아니고 마피아집단이나 마찬가지다. 입만 열면 욕설이고 거짓이고 협박이다. 납치며, 테러요, 공갈이며 전쟁 위협이다. 옳지 못한 깡패집단이 북한의 실세들이다. 저런 북한이 60년 이상 버티고 있다는 것은 있을 수 없다.

그러면, 어떻게 이 문제를 풀어야 하나? 노자는 길흉이 섞여 있다고 했는데, 점이나 치고 꿈 해석하려고 다니는 불안해소현상을 언제까지 보고 있어야 하는가? 남한 내의 종북세력은 웬 말인가? 북한 실세들의 대남공작 및 간첩작전이 효력을 발생하고 있다는 말인가? 아울러 국내 정당들이 이들 종북성향의 인물을 영입하고 비호하는 작태는 웬 말인가? 온 국민이 본성을 찾아, '참나'를 찾아 짐승 같은 모습에서 벗어나야 해결할 수 있는 문제이다. 국민들이 다 같이 마음을 가다듬고, 仁義禮智信을 생활화할 적에 남한 내의 도덕국가가 확립되고, 북한의 폭력집단이 무너질 것이다.

정치는 어두운 듯해야 국민들이 순박해지고, 너무 꼼꼼하게 살피면 국민들이 이지러진다. 국민들의 자율성을 해치기 때문이다. 정치를 '참나'에 입각하여 하면, 국민들이 순응할 뿐만 아니라, 도인의 행태를 보이기 시작한다. 이것이 최상의 정치이다. 종교기관의 협조가 제일 중요하다. 성인들의 無爲는 무위가 아닌 무위이다. 모서리는 항상 벤다. 그러나 모서리가 아닌 모서리는 베지 않는다. 뾰족한 송곳은 항상 뚫는다. 그러나 송곳 아닌 송곳은 뚫지 않는다. 선은 항상 확장한다. 그러나 일직선이 아닌 線은 확장하지 않는다. 빛은 언제나 눈이 부신다. 그러나 빛 아닌 빛은 눈이 부시지 않다. 이 모든 것이 無爲의 실례들이다. 정치도 무위로 하는 것이 최상이다.

제59장

하늘 섬김과 사람 다스림:
정신과 지식을 아끼고 지혜를 적게 써라 ◎★

한 집단을 이끌고 있든지 또는 자신의 일상생활 가운데에, 항상 깨어 있을 필요가 있다. 어떤 일이 벌어지는지 그리고 사물이 어떻게 발생하는지를 알아차려야 한다. 무슨 일이 발생하는지와 어떻게 발생하는지를 알아차리면, 우리는 이에 좇아 행동할 수 있다. 난점을 피할 수 있고, 활기차고 효과적일 수 있다. 우리 또한 하나의 자연적인 과정이라는 것을 기억하라. 사물이 발생하는 방법을 알아차림은 우리 자신을 알아차림을 내포한다. 우리의 인생도 여타 사물의 전개를 지배하는 원리와 동일한 원리를 좇아 전개된다. 우리는 모든 피조물의 공통기반에 뿌리를 내리고 있다. 여타의 모든 것과 같다는 것은 우리가 보통이라는 것을 뜻한다. 그러나 우리가 여타의 모든 것과 같다는 것을 의식적으로 아는 것은 특출한 것이다. 그리고 그 보편성이 어떻게 작동하는지를 아는 것과 이에 좇아 행동할 수 있는 감각을 갖는다는 것은 우리의 능력이며, 우리의 인내이고 우리의 탁월함이다. 고로, 의식 또는 알아차림은 우리 능력의 원천인 것이다. 점증적으로 알아차리는 것을 학습하라.

原文

治人事天 莫若嗇 夫唯嗇 是謂早服早服謂之重積德 重積德 則無不克無不克 則莫知其極莫知其極 可以有國 有國之母 可以長久 有謂深根固柢 長生久視之道

주

嗇: 여러 설이 있으나 여기서는 吝嗇으로 해석한다. 인색을 미덕으로 여기던 사상이다. 服: 服從의 뜻. 久視: 오래도록 視息하는 것. 視息은 生存의 뜻.

• • •

해석

국민들을 다스리고 하늘을 섬기는데 있어 군주에게 가장 좋은 것은 아끼는 것(吝嗇)만한 것(경제)이 없다. 대저 오직 아껴야 하니 이것을 미리 계획하는 것(미리 제압함: 早服)이라 한다. 미리 계획하는 것을 '덕을 무겁게 쌓는 것(重積德)'이라고 한다. 덕을 무겁게 쌓으면 극복하지 못할 것이 없으며 모든 것을 극복함은 그 끝을 알 수 없음을 뜻한다. 누구도 그 끝을 알 수 없게 되면 나라를 소유할 수 있다. 나라의 어머니(國之母) 즉, 근본을 얻으면 오래 갈 수 있다. 이것을 뿌리를 깊게 하고 견고하게 함(深根固柢)이라고 말한다. 이는 오래 살고 오래 생존하는 도리이다(長生久視之道).

해설

치인사천(治人事天)이라. 위로는 신성과 조화를 이루고 옆으로는 타인과 조화를 유지하라. 인간의 일은 사람 다스리고 하늘 섬기는 일로 요약된다. 갈수록 복잡해가는 문명에 수다한 목적, 다수의 수단 방법이지만, 따지고 보면 결국 이 둘밖에 없다. 그래서 예로부터 학문이라면 인천지학(人天之學)이라고 했다. 莊子도 〈大宗師〉에서 "사람의 하는 것을 알고, 하늘의 하는 것을 알면 다시 없다(知天地所爲 知人之所爲者 至矣)"라고 했다. 그러나 사람을 누가 다스리고 하늘을 누가 섬기는가? 노자 29장에 "천하는 신비로운 그릇이라 해서는 안 된다. 하는 놈은 무너지고, 잡는 놈은 잃는다(天下神器 不可爲也 爲者敗之 執者失之)"고 했다.

예수도 "공중 나는 새를 보라. 들에 피는 백합꽃을 보라"하면서 무엇을 먹을까, 무엇을 입을까 걱정하지 말라 하지 않았던가?(마태복음 6:25~34). 예로부터 사람은 모두 그리고 만물이 다 제각각 살아가고, 제 노릇 할 수 있는 바탈(性)과 그것을 실현할 수 있는 능력을 다 갖추어 가지고 있다고 하며, 오늘의 심리학과 생리학이 다 그것을 증명하고 있다. 인간은 自律的인 存在라는 말이다. 그러므로 사람 다스린다는 말은 쓸데없는 말이다. 하늘 섬기는 일도 마찬가지다. 누가 특별히 대신해 섬길 수도 없고 그럴 필요도 없는 것이다. 모든 종교가 그렇듯이 근본에 돌아간다는 것으로 시작된다. 막약색(莫若嗇)이라, 아낌만 한 것이 없다. 그래야 모든 욕심을 가능한 억제하고, 생리적, 심리적, 정신적 모든 정력을 쌓아서 이것으로 돌아오는데 전력을 해야 하기 때문이다. 이를 조복(早服)이라 한다. 일찌감치 근본에 돌아간다는 뜻이다. 그리하여 거듭 속 알(德)을 쌓아라. 하늘의 씨를 쌓아라. 중적덕(重積德)하라. 안으로는 하느님(天)을 껴안고, 밖으로는 주위사람들을 다스림에 아낌(嗇)을 뛰어넘는 것이 없다. 막스 베버(Max Weber)가 신교윤리와 자본주의정신(Protestant's Ethics and the Spirit of Capitalism)의 상호친화력(affinity)을 근면, 절약, 저축에서 찾은 것과 맥을 같이 하는 것이다.

요즈음에는 살기 위한 정치경제가 아니라, 사치하기 위한 정치경제가 되었다. 전쟁은 사치 중 사치이다. 이제라도 살길을 찾아야 한다. 영성을 찾아 나서라. '참나'를 찾아라. 그러면 하느님 모습을 찾을 수 있다. 천손인 단군의 후예가 갈 길을 찾아 홍익인간 할 수 있다. 그러면 治人事天할 수 있다. 나라를 둘 수 있다. 우리는 2050년쯤이면 세계에서 2등 국이 되며, 전쟁이 없고 골고루 잘 사는 복지국가를 맞이할 것이라는 선지자의 예언을 굳게 믿고 온 민족이 힘을 합쳐 영광의 대열에 참여하여야 한다. 고난의 역사를 영광의 역사로 바꾸어야 한다. 그때는 유국지모(有國之母)가 있어 나라의 근본을 잡아 갈 것이다. "제 몸을 사랑하기를 나라 사랑 하는 것보다 더 중히 아는 사람은 나라를 가져다 부탁할 만하다(도덕경 13장 貴以身爲天下者 可以寄天下 愛以身爲天下者 可以托天下)" 몸을 사랑하고 아낌은 제가 하늘의 아들임을 알기 때문이다. 뿌리 깊은 나무가 왕성하고, 그 꼭지가 단단한 열매가 폭풍에도 떨어지지 않는 것 같이, 그런 사람, 그런 나라는 영원할 것이니, 그것이 道, 곧 길이요 진리요, 생명이다 하는 말이다.

제60장
귀신도 성인도 사람을 해치지 못하게 하라
(내치 및 종교정책의 원리) ◎

집단을 다스리는 것은 작은 생선을 요리하듯 해야 한다. 집단을 미묘하게 다스려라. 가능한 한, 집단과정이 자연스럽게 나타나도록 허용하라. 스스로는 나타나지 않는 현안들을 선동하거나 또는 감흥을 이끌어내려는 유혹을 저지(격퇴)하라. 현안들이나 감흥들을 불러일으키면, 적기(適期)이전에나 그리고 부당한 압력으로나 힘을 분출하게 될 것이다. 이 현안이나 감흥들은 다른 사람 또는 장소에 속하는 것일 수도 있다. 그 부당한 압력에 대응하여 어떤 목표물을 분쇄하든지 또는 타격하는 불특정 또는 혼란스러운 에너지일 수도 있는 것이다. 이러한 힘들은 실질적이며 집단 내에 실존하는 것이다. 그러나 억지로 추진시키지 말라. 준비가 되었을 때에 분출되도록 하라. 감추어진 현안과 감흥이 자연스럽게 나타날 때, 이것들은 자연스럽게 해소된다. 해로운 것은 아니며, 사실상 이것들은 여타의 생각이나 감정들과 다르지 않은 것이다.

모든 에너지는 자연스럽게 일어나며, 형태를 취하고, 강하게 성장했다가, 새로운 해소과정에 돌입하여 종국적으로 사라지는 법이다.

原文

治大國 若烹小鮮, 以道莅天下 其鬼不神 非其鬼不神, 其神不傷人 非其神不傷人 聖人亦不傷人 夫兩不相傷 故德交歸焉

주

若烹小鮮: 작은 생선을 조릴 때 계속 들쑤시면 안 되는 것처럼 법령이 번잡해서는 안 된다는 뜻. 其鬼不神: 천하가 '도'에 따라 다스려지면 백성들이 마음 편히 살게 되기 때문에 귀신에 대한 숭앙이나 祈求따위로 재해가 일어나지 않는다는 뜻.

• • •

해석

나라를 다스리는 것은 작은 생선을 조리하는 것과 같다. '道'로써 천하를 다스리면 '귀신'도 아무런 힘을 떨치지 못한다. 아니 귀신들이 위력이 없어서가 아니라 그 위력이 사람들을 해치지 않는다고 해야 할 것이다. 귀신이 위력을 지니고 있으면서도 사람들을 해치지 못한다. 귀신들이 사람들을 해치지 못하는 것이 아니라, 성인이 귀신들이 해치지 못하도록 막아준다. 그리고 귀신이나 성인도 상대방을 해치지 않는다. 양쪽 모두 서로를 해치지 않는 것은, 서로 그 德에 의존하기 때문이다.

해설

나라는 큰 것이지만, 잘못하면 상하기 쉬운 것이 작은 생선 같으니, 정치인이 특별히 마음을 써서 국민을 절대로 건드리지 않아야 한다는 것이다. 노자는 또 천하(天下)는 신기(神器)라 불가위야(不可爲也)라 했다. 신비롭고 미묘한 물건이라 사람의 생각과 재주로 하려 해서는 안 된다. 위자패지(爲者敗之)라, 재주로 정치하면 반드시 잘못된다.

도(道)로써 정치하라는 말이다. 도는 사람의 지혜와 힘을 초월한 모든 것의 근본이 되는 진리다. 이 우주의 모든 것이 돼가는 것은 스스로 하는 이 도의 힘이기 때문에 거기 잘 순종해 가는 것이 사람의 지혜다. 건드리는 것은 사람이 자기의 재주로 해보려하기 때문에 법을 까다롭게 만들고 제도를 복잡하게 만들어, 국민을 번거롭게 하면 사람의 오묘한 천성이 상해버린다. 그러면 속이려는 마음, 불신의 마음이 늘어난다. 고로, 도인(道人) 정치가는 절대 국민을 건드리지 않고 모든 사람이 근본적으로 품고 있는 그 인간성에 의하여 행동하도록 한다. 그렇게 국민을 믿고 들어가면 정치가 바로 된다는 말이다. 생래적으로 타고난 本心과 그 결인 인의예지신을 믿고 국민을 대하면 된다는 말이다. 옛날에는 사람들이 잘 몰라서 귀신에 의존하는 경향이 짙었다. 사람들의 심리에 고장이 나면 나타나는 현상을 과학적으로 이해 못하고 귀신의 존재를 믿었던 모양이다. 사회불안, 모순이 원인이 되어 사회병질이 생기는 것인데, 그 주된 원인은 정치의 잘못에 있다. 그래서 국민을 몰아치는 국가주의 정치주의의 정치를 하지 말라고 하는 것이다. 선거 때마다, 정치인들이 점을 치러 다니는 현상이 아직도 삼천리금수강산을 뒤엎고 있다. 귀신에게 물어보는 것은 나라가 멸망할 조짐이다. 국민들에게 물어보라. 나라가 번영할 것이다(左傳, 722~481 BC, 春秋시대 주요 정치적 사건에 관한 포괄적인 기록).

요즈음 사이비종교가 판을 치고, 미신이 무성한 것은 정치의 잘못에서 그 궁극적 원인을 찾아야 한다. 사이비(似而非)의 뜻은 '비슷한데, 아니다'라는 것이다. 종교지도자라 하는 사람 중에 이런 사이비가 많다. 그것을 구별하는 것은 아주 간단하다. 성인도 사상(四相: 아상, 인상, 중생상, 수자상)에 집착하면 성인이 아닌 것이다. 즉, ego에 집착하여 우월의식에 사로잡히고, 이에 수반하는 열등의식, 한계의식, 차등의식이 팽만한 사람을 사이비라고 일컫는다.

"나는 파도다"라고 하면 아상을 가진 것이다. 인상, 수자상, 중생상은 따라붙는다. 고로 이러한 사람은 사이비이다. "나는 바다 그 자체이다"라고 해야 한다. 텅 빈 가운데에는 인의예지가 본래 갖추어져 있다. ego가 사라지고 그 자리에 '참나'가 들어서서 한다는 말이다. 사이비종교지도자가 없어져야 건강한 나라라고 할 수 있다.

미묘하고 유연한 인간성을 자연대로 놔두어라. 그 사람은 인의예지의 마음을 갖고 있으며, '옳다, 그르다'를 배우지 않았어도 판단할 수 있다. 제발 국민을 무시하지 말라. 오늘날 서양식 정치한다고 정치공학적인 것만 배워, 잔재주부리는 정치인이 많다. 제발 건드리지 말라. 국민 성격만 더 못쓰게 하고 있다. 국민도 스스로를 이런 정치로부터 보호해야 한다. 본심 즉, '참나'로 돌아가서 아무리 작은 생선이라도 스스로를 지켜야 한다. 자주와 독립은 개개인의 주체성 확보에서부터 시작된다. 재주보다 원리를 믿자.

제61장
큰 나라든 작은 나라든 겸하해야
관용을 상대방에게서 얻어낼 수 있다(외교의 원리) ◎

위대한 지도자는 다른 사람들 위에 있다고 믿는 것이 잘못이다. 역설적으로, 위대함은 겸손하고 텅 비우며 수용적이고 섬기는 법을 아는 데에서 온다. 생명력은 강과 바다의 물과 같다고 상상해보라. 바다는 강보다 크지만 낮은 데에 머물며 개방적이고 수용적이다. 분주하고 돌진하는 강물은 바다로 들어가서 흡수되어 변형된다. 또는 지도자가 밑에 누워서 개방적이며 마음을 텅 비워 수용적인 여성이라고 상상해보라. 국민(집단성원)은 위에 위치하고, 긴장하여 욕심이 가득 찬 남성이다. 여성은 남성을 받아들이고 남성의 움직임을 흡수한다. 곧 여성은 남성을 포옹하였으며, 남성은 자신을 소진시켰고, 부드럽게 해소된다.

현명한 지도자는 섬기는 자이며 받아들이는 자이고, 굽히는 자이며 추종하는 자이다. 국민(집단성원)의 동요가 선봉을 차지하지만 지도자는 따른다. 그러나 변형되는 것은 국민의 의식이며, 해소되는 것은 국민들의 동요이다.

이 관계는 호혜적이다. 국민의 심리과정을 알아차림은 지도자의 책무이며, 수용되고 관심이 기울여져야 하는 것은 국민(집단성원)들의 욕구이다. 양측은 그들이 필요로 하는 것을 얻는다. 만일 지도자가 봉사하고 추종하며, 개방적이고 자세를 낮춰 밑에 위치하는 지혜만 갖고 있다면 말이다.

原文

大國者 下流 天下之交 天下之牝牝常以靜勝壯 以靜爲下故大國以下小國 則取小國 小國以下大國 則取於大國故或下以取 或下以取大國不過欲兼蓄人 小國不過欲入事人兩者各得其所欲 大者宜爲下

주

交: 여기서 交는 집중의 뜻. 取大國: 이때의 取는 수동형(王弼註).

주해

하나의 바다가 100개의 강을 통괄할 수 있는 것은 낮아지는 것을 完遂했기 때문이다.(도덕경 66장) 대국을 지도하기 위해서 우리는 바다와 같아야 한다. 우리는 분수지의 밑바닥에 있어야하며 가장 작은 흐름이라도 싸우지 말아야 한다. 대국은 높은 분과 낮은 분의 회합장소이다. 여성적인 것은 음적인 것, 약하고, 겸손하고, 복종하는 것-앞장서지 않는 것을 指稱한다.(河上公) 여성적인 것은 어머니이다. 만물이 자신들의 어머니는 존경한다. 성인은 남성적인 것을 인정하지만 여성적인 것을 추켜세운다. 따라서 만물은 성인에 귀의한다.(曹道沖-宋나라 승려) 보다 큰 사람에게 봉사하는 것이 용이하다. 보다 적은 사람에게 봉사하는 것이 어렵다. 어렵기 때문에 노자는 말한다. '보다 큰 사람이 낮추어야 한다.'(王安石) 덕이 있는 치자만이 보다 작은 나라에 봉사할 수 있다.(孟子) 謙虛를 닦음으로써, 각자는 원하는 것을 얻는다. 소국이 겸손하다면, 자신을 보존할 수 있다. 그러나 그것이 전부이다. 그 작은 나라는 세상이 자국에 歸依하게는 못한다. 세상은 겸허를 닦는 대국에 귀의한다. 그러면, 쌍방이 원하는 것을 얻는다. 그러나 보다 더 겸허할 필요가 있는 측은 대국이다.(王弼)

・・・

해석

큰 나라는 강의 하류와 같이 천하의 모든 흐름이 서로 만나는 곳이다. 큰 나라는 천하의 암컷이다. 암컷은 언제나 조용함으로 수컷을 이기니 고요함으로써 자신을 낮추기 때문이다. 그러므로 큰 나라는 작은 나라에 자신을 낮추어 작은 나라를 취하며, 작은 나라는 큰 나라에 자신을 낮추어 저자세를 취하면 큰 나라에게 취해진다. 그러므로 자신을 낮추어 취하기도 하며, 간혹 자신을 낮춤으로써 취해지기도 한다. 큰 나라가 바라는 것은 합병하여 모든 사람들을 기르려는 것뿐이고, 작은 나라가 바라는 것은 합세하여 보호를 받아 사람을 섬기려 할 뿐이다. 양자 모두 각기 바라는 바를 달성하기 위해서는 마땅히 보다 큰 쪽이 더 낮추어야 할 것이다.

해설

겸하(謙下)의 정치를, 柔弱의 정치와 더불어 강조한다. 이를 확대 해석해서, 대국과 소국 간의 관계도 양측 지도자가 모두 겸하의 자세로 임한다면 상호 신뢰가 생겨 평화가 올 수 있다. 자기를 낮추는 자세로 세계평화의 주도자가 될 수 있는 것이다. 국민과 지도자와의 관계, 가정 내의 부부관계에도 확대 적용할 수 있을 것이다. 맹자가 말했듯이 덕이 있는 지도자만이 小國을 섬길 수 있고, 현명한 지도자만이 大國을 섬길 수 있다. 즉, 빈(牝)이 모(牡)를 이기는 원리(암컷이 수컷을 감싸 안아 줌으로써 태평해지는 원리)를 말한다. 지도자와 국민간의 관계를 유추하면, 지도자가 겸양하여 국민을 떠받들어 줄 적에 태평한 세상이 도래한다는 것이다. 周易의 兌卦가 바로 이를 상징하고 있다. 陰이 3개 上을 차지하고, 陽 3개가 下에 위치한 모양을 취한다. 여기에서 밑에 위치한 자를 지도자, 위에 위치한 자를 국민이라고 하자. 거꾸로 뒤집히면 비괘(否卦)로, 선천괘로 수명을 다하지 못하고, 군자가 숨고 소인이 득세하는 때를 말한다고 한다. 이런 때 일수록, 자중하여 때를 기다리다가 뜻을 모아 일대의 사회개혁을 단행하는 것이 상책이라는 것이다.

제62장
'道'는 구할 수 있고, 죄가 있어도 벗어날 수 있다 ○

문제를 풀기 위해서 어느 집단에 가입하거나 현명한 지도자가 될 필요는 없다. 인생의 행로는 자연스럽게 전개된다. 갈등은 한 사람이 사물의 전개방식을 알고 있느냐 여부와는 관계없이 조만간에 스스로 해소된다. 격물치지를 하면 그 사람의 언행이 보다 더 무게가 있고 효과적이라는 것은 진실이다. 그러나 알아차림의 광명이 없이도, 사람들은 성장하고 향상한다. 의식하지 못하는 것이 죄가 아니다. 알아차리지 못함은 단지 대단히 도움이 되는 능력이 결여되었을 뿐이다. 격물치지함은 지도자에게 이 세상에서 수여하는 학위나 직함보다 더 실질적인 힘과 능력을 부여한다. 이러한 연고로 모든 시대와 여러 문화권에서 격물치지한 사람들을 귀히 여겨 온 것이다.

原文

道者 萬物之注 善人之寶 不善人之保 美言可以市 尊行可以加人 人之不善 何棄之有 故立天子 置三公 雖有拱璧以先駟馬 不如坐進此道 古之所以貴此道者何 不曰求得 有罪以免耶 故爲天下貴

주

注: 물 대주는 곳. 注대신 奧라고도 쓰는데, 이때는 은신처, 지성소, 성역이라고 한다. 美言可以市: 여기서 市는 동사로서 판다(賣買)는 뜻. 따라서 아름다운 말은 많은 사람들에게 알게 할 만하다는 것이니 곧 말을 하면 보답을 받을 수 있을 것이라는 뜻. 市: 매매. 市尊: 존귀한 지위를 산다. 尊行可以加人: 尊行은 엄숙하고 무게 있는 높은 행동. 可以加人은 남의 위에 얹을 만하다는 것이니 즉, 남으로부터 존경을 받을 수 있을 것이라는 뜻. 三公: 천자를 받드는 百官 중에서 가장 높은 관원들. 拱璧: 拱은 아름드리, 璧은 커다란 둥근 구슬. 駟馬: 네 필의 말이 끄는 수레.

• • •

해석

'도'는 만물의 至聖所(속)이니, 착한 사람의 보배이고, 착하지 못한 사람도 간직한 바니라. 아름다운 말은 사람들에게 알릴만 하고, 고상한 행동은 사람들에게 파급될 만하니, 사람이 선하지 못하다고 해도 어찌 버림이 있으랴? 그러므로 천자를 세우고, 三卿을 두었는데 아름드리 구슬을 안고 남들보다 먼저 사두마차 앞으로 달려와서 바치는 것보다도 가만히 앉아서 이 '道'를 바치는 것이 나은 것이다. 옛사람들이 이 道를 귀하게 여긴 까닭은 무엇인가? 그것은 "찾으면 얻을 것이요, 죄 있으면 면할 것이라고 말하지 않았던가." 그러므로 세상(우주)의 귀중한 님이 된다.

해설

도는 원리, 방법 즉, 사물의 발생원리와 작동원칙이다. 모든 창조의 근본이 되는 유일원리이다. 영성(신성)수준이 높은 사람이 이 원리를 더 빨리 터득한다. 격물치지할 수 있는 것이다. 열린 마음으로 몰입하여야 알 수 있는 것이 '道'이다. 개인적인 편견과 편의를 옆으로 치워야 한다. 허허공공(虛虛空空)하여 텅 빈 마음으로 생각, 감정, 오감을 내려놓고, 사리사욕을 내려놓고 신령스럽게 알 수 있는(靈知) 것이 '도'이다. 상대적인 현상계에서의 선/악, 시/비, 의/불의, 호/불호(오), 죄인/비죄인의 二分法的 구별을 초월한 '도'의 입장에서는 차등이 없어진다. 햇빛은 구분 없이 비친다. 선악을 구분하지 않고 초월적 입장에서 전체를 위하여, 대아적인 공의(公義)를 위한 결정을 한다. 이렇게 되는 이치로 不善人도 도의 보호를 받고, 도통하고자 하는 소원성취도 도에 의해 가능해지고, 면죄(免罪)도 도에 의해 되는 것이다.

그러므로 정치도 이 '도'에 의해서 다스려야 한다. 정치인 개인의 사리사욕이 아니라 국민전체의 이익을 위한 정책결정을 해야 한다. 우매한 민중의 눈을 속이는 인기영합주의(populism)도 배격해야 한다. 포퓰리즘에 속지 않으려면 국민 각자도 깨어 있어야 한다. 위정자나 국민 모두 '도'에 입각하여 우리의 정치공동체를 운영해 나아가야 한다. 도의 결(道紀)인 인의예지신은 우리 모두 태어날 때부터 갖고 온 생래적인 것이다. 우리 각자가 갖고 있는 것이므로, 다만 우리 모두가 깨어있기만 하여, 혼침(昏沈)과 산란(散亂)

에 빠지지 않고, 성성적적(惺惺寂寂)하여 또랑또랑하고 고요히 마음을 단속할 수 있다. 철학적으로, 우리는 우리가 갖고 있는 것만을 구하여 얻을 수 있는 것이다. 4大(지수화풍)의 몸과 6근 6경을 통해 들어온 知覺인 마음이 다 죽어 없어질 때에 니르바나와 통하는 길이 뚫린다. 이것이 苦集滅道이다.

자아가 없어져야 眞我가 산다. 아니 ego(자아)는 본래 없는 것이다. 본래 無我란 말이다. 전자의 견해는 소승불교의 입장이요 漸修를 강조하는 것이요, 후자의 입장이 頓修의 입장이다. 리더십을 강조하는 본서는 대승보살을 따른다. 대승불교의 가르침이다. '참나'는 하느님이고 性靈이며 道이다. 도는 만물의 밑둥이다. 착한 사람이 보배요 착하지 못한 사람도 돌보아진다. 이 우주의 존재근원이란 말이다. 즉 절대자인 하느님이란 말이다. 도기(道紀)인 사랑, 의로움, 사람들과의 조화, 그리고 슬기로움의 생활화(誠)로 '도'와 함께하는 생활을 하자. 그리하여 도가 그러하듯이 모든 이를 포섭하자. 감싸안아주자.

제63장
조짐과 기미가 보일 때 성실하게 다루어라 ◎

현명한 지도자는 효과적으로 행동하는 방법을 알고 있다. 효과적으로 행동하려면 깨어 있고 공평하라. 당신이 만일 깨어 있으면 당신은 무슨 일이 벌어지는지를 알게 될 것이며 무모하게 행동하지 않을 것이다. 공평무사하면 균형 있고 중심이 잡힌 태도로 대응할 수 있다. 당신을 향한 모든 사람과 모든 현안에 대하여 경의로운 마음으로 대하라. 당신이 조우하는 어느 것이라도 중요하지 않은 것으로 여겨 물리치지 말라. 그러나 사람이든 현안이든 초조해하거나 또는 압도당하지 않을까 두려워하거나 또는 당황해서는 안 된다. 공격을 받거나 또는 비판을 받더라도, 그 사태에 빛을 비추는 것같이 반응하라. 이것이 중심을 잡는 문제이며 또한 조우가 하나의 무용(a dance)이며 당신의 ego 또는 실존에 대한 위협이 아님을 아는 문제인 것이다. 진실을 말하라.

집단에서 벌어지는 일을 의식하고 있으면, 일어나는 상황이 손을 벗어나기 오래전에 인식하게 될 것이다. 모든 상황은, 아무리 크고 복잡하게 될지라도, 작은 것에서 그리고 간단한 데에서 시작된다. 조우를 피하지도 찾아다니지도 말라. 다만 마음을 열어 놓고 遭遇가 생기게 되면 아직 관리 가능한 기간에 대응조치를 취하라. 사태를 수습하기 위해 영웅적인 행동이 필요할 때까지 대응 조치를 연기하는 것은 효력이 없다. 이렇게 잠재적으로 곤란한 상황은 단순해지는 것이다. 만일 평소에 자신의 능력을 자랑하지 않았거나, 자신의 생각대로 사람들이 행동하도록 노력하지 않았으면, 어떻든 당신과의 조우를 원하는 집단성원은 거의 없을 것이다.

原文

爲無爲 事無事 味無味 大小多少 報怨以德 圖難於其易 爲大於其細 天下難事 必作於細 是以聖人終不爲大 故能成其大

夫輕諾必寡信 多易必多難 是以聖人猶難之 故終無難矣

주

無爲: 자연에 순응하는 정치. 無事: 無爲의 정치를 하기 때문에 할 일이 없는 것. 味無味: 맛없는 것을 맛본다는 것이니 곧 '道'를 지킨다는 뜻(제35장 참조). 猶: 오히려. 終: 끝내.

주해

행동함 없이 행동함(爲無爲)은 자연스러운 것만 하는 것을 뜻한다. 일함 없이 일한다는 것(事無事)은 미리 준비함으로써 분쟁을 피한다는 것을 뜻한다. 이해함 없이 이해한다는 것(味無味)은 명상을 통해 도의 의미를 이해한다는 것을 뜻한다.(河上公) 爲無爲하면,

우리자신을 消盡시키지 않는다. 事無事함으로써 타인을 귀찮게 하지 않는다. 味無味함으로써, 우리는 아무것도 낭비하지 않는다.(李息齊) 사람들이 하는 것은 행동을 포함한다. 성인들이 하는 것은 무위의 도와 일치한다. '일(事)'은 행동의 조건들을 지칭한다. '이해한다(味)'는 것은 행동의 의미를 지칭한다.(王道) 위무위, 사무사, 미무미는 자연적인 것에 순응하고 스스로를 타인에게 강요하지 않는다는 것이다. 비록 타인들이 성인들을 잘못 대하지만, 틀린 것은 성인이 아니고 그들의 것이다. 성인들은 자신들의 마음속에 있는 德으로 대응한다. 텅 비우고 떨어져서, 그들은 무위를 신봉하도록 타인들에게 영향력을 미친다.(宋常星) 성인들은 행동의 大小多少를 초월하여 만사를 동일하게 대한다. 왜 그들이 분노로 반응하면 안 되는가? "만일 우리가 잘못을 친절로 갚는다면 우리는 복수에 종언을 고할 수 있다. 원한을 원한으로 갚으면 복수는 결코 끝나지 않는다.(曹道冲) 현명한 지도자는 작은 음모를 색출함으로써 큰 음모를 피한다. 그들은 작은 처벌을 입법화함으로써 커다란 반란을 피한다.(韓非) 성인들은 중요하지 않은 것이 큰 문제로 되지 않도록 조심한다. 커지기 전에 행해야지 커진다면 행위는 이미 늦은 것이 된다.(王眞) 내가 道를 닦기 위해 입산을 했을 때, 처음에는 상당히 어려웠다. 그러나 일단 내 마음을 사용하는 방법을 익힌 다음에는 상당히 쉬워졌다. 세상 사람들이 어렵다고 여기는 것은, 성인들은 쉽다고 생각한다. 그 반대도 이와 같다.(德淸)

・・・

해석

하는 일 없음을 함, 일없는 일, 맛없는 맛, 크고 작고 많고 적건 간에 원망은 덕(속알, 깨우침)으로 갚아라. 어려운 일을 위해 그것이 아직 쉬울 때에 도모(계획)하고, 큰일은 그것이 미세할 때에 처리하라. 세상 가장 어려운 일은 반드시 쉬운 데서부터 일어나고, 세상 가장 큰일은 반드시 미세한 데서부터 시작된다. 이 때문에 聖人은 결코 큰일을 하지 않으니, 그리하여 능히 큰 목표들을 이루어 낸다. 무릇 쉽게 응락하는 사람은 반드시 믿음성이 적으며, 일들이 많이 쉽다고 생각하는 사람은 반드시 많이 어려워지는 경우를 만나게 되는 수가 많다. 그러므로 성인조차 오히려 모든 일을 어렵게 여긴다. 그런 까닭에 성인은 마침내 어려운 일이 없는 것이다.

해설

신중하고 치밀한 태도를 강조하는 장이다. 난사(難事)는 쉬운 데에서, 대사(大事)는 소사(小事)에서 꾀한다. 공자님께서는 "올곧음으로 원한을 갚고, 은덕으로 은덕을 갚아야 한다(以直報怨 以德報德)"라고 하셨지만, 노자선생께서는 덕으로 원한을 갚으라고 하신다. 원망을 덕으로 갚는 마음은 예수님 마음처럼 아름답다. 생각하건데, 공자가 말하는 以德報德은 노자의 德敎(노자 60장)를 말하는 것이다. 以德報怨은 상대방이 영성개발의 가능성이 있으면 하는 것이다. 상대방이 영성을 깨우칠 가능성이 없다고 판단되면 以直報怨을 하는 것이다. 예수가 "원수를 사랑하고, 너희를 박해하는 사람들을 위하여 기도 하여라"라고 한 말과 통한다. 그러므로 격물치지하는 지도자는 일을 처리할 때에, 신중해야 한다. 쉬운 데서, 그리고 작은 일에서 도모(圖謀)하는 것이 일을 키우지 않는 비결이다. 매사를 어렵게 생각하여 신중을 기하는 것이 어려움을 예방하는 비결이다. 원수까지도 사랑하는 것은 하느님이 온전하신 것 같이, 우리 인간도 온전하게 되는 것이다. 원한을 덕으로 갚는 것은 우리 조상들의 가르침인 것이다. 대인(大人), 보살(菩薩), 도인(道人)은 큰마음으로 사랑하고 온전해야 한다. 이들의 포용력 앞에서는 원망하던 자도 제 스스로 마음을 돌린다.

국가가 총체적으로 위험에 처할 경우, 그 원인을 살펴보면 국민들이 지위고하를 막론하고 매사를 신중하게 처리하는 정신이 부족하지 않나 하는 생각이 든다. 국민교육의 문제요, 국민성 개조의 문제이다. 이밖에도, 행정의 형식주의, 연고주의, 정책결정과정에서의 참여의 제한과 집행과정에서의 매통(買統, 통제력의 매수현상)이 근본적인 원인으로 작용하는 것이다. 국가개조 작업에 필수적으로 고려해야 할 사항이다.

제64장
끝마침을 처음과 같이 삼가면, 그르치는 일이 없다 ◎

시작의 조짐을 인식하는 것을 학습하라. 탄생 시에는 상대적으로 관리하기가 용이하다. 약간의 개입으로 교도(敎導)가 된다. 잠재적인 장애물을 피할 수 있다. 가장 큰 위험은 지나친 힘을 사용함으로써 생성과정을 분열시키고자 하는 데에 놓여 있다.

현명한 지도자들은 사물의 발생 이전에 알아챈다. 견고하고 굳은 나무는 유연한 묘목에서 시작된다. 큰 건축프로젝트는 흙의 한 삽질에서 시작된다. 수천 마일의 여정도 한 발짝으로 시작한다. 하나의 사건이 완전히 힘을 받아서 형태를 취했을 때에는, 가능한 뒤로 물러나라. 불필요한 개입은 전개되고 있는 일에 대하여 혼란을 야기(惹起)시키거나 방해가 될 뿐이다. 특히, 기존의 계획이나 모형에 일치하도록 만들려는 노력은 하지 말라.

많은 지도자들이 끝마무리를 할 즈음에 일을 망친다. 그들은 초조해진다. 그들은 일정한 결과를 선호하고 고집하기도 한다. 그들은 초조해지고 실수를 범한다. 이때가 바로 조심해서 깨어 있을 시간이다. 너무 안달하지 말라. 너무 도와주지 말라. 무언가 해냈다고 점수를 받으려 안

달하지 말라. 현명한 지도자는 아무런 기대도 하지 않기 때문에, 어떠한 결과도 실패로 불릴 수가 없는 것이다. 주의집중을 하여 끝마침을 신중히 하기를 처음처럼 하고, 자연적인 전개방식을 허용하여 대부분의 시간동안 뒤로 물러나 있음으로, 지도자는 일이 만족할만한 결론에 도달하는 것을 볼 수 있을 것이다.

原文

其安易持 其未兆易謀 其脆而拌 其微易散 爲者於未有 治之於未亂 合抱之木 生於毫末 九層之臺 起於累土 千里之行 始於足下 爲者敗之 執者失之 是以聖人無爲故無敗 無執故無失 民之從事 常幾於成而敗之 愼終如始 則無敗事 是以聖人欲不欲 不貴難得之貨 學不學 復衆人之所過 以輔萬物之自然 而不敢爲

주

持: 지니다, 지키다. 脆: 약하다. 拌: 부수다. 깨뜨리다. 얼음 등이 녹는 것. 合抱之木: 아름드리의 큰 나무. 毫末: 터럭만한 것(싹). 累土: 흙을 거듭 쌓은 것. 幾於成: 거의 완성하게 된 것. 愼終如始: 끝마침을 처음처럼 신중히 하라. 欲不欲: 세상 사람들이 욕심 내지 않는 것을 바란다는 뜻으로 풀이한다. 輔萬物之自然: 만물의 스스로 그러한 본성을 도울 뿐. 而不敢爲: 감히 억지로 다스리고자 하지 않는다.

∙ ∙ ∙

해석

평화로울 때에 다스리기 쉽고, 조짐이 드러나기 전에 꾀하기 쉽다. 약할 때는 부셔버리기 쉽고, 작은 것은 흩어버리기 쉽다.

아직 생겨나기 전에 처리하고, 반란이 일어나기 전에 다스려야 한다. 아름드리 큰 나무도 터럭만한 작은 싹에서 나오고, 구층 높이의 樓臺도 한 줌의 흙을 여러 번 쌓는 데서 일어섰고, 천리 갈 길이 발밑에서 시작된다. 인위적으로 하는 자는 그르치고, 인위적으로 붙잡는 이는 그것을 잃는다. 그러므로 聖人은 행하지 않음으로(無爲) 실패하지 않고, 잡으려 하지 않으므로 어느 것도 잃지 않는다. 사람들이 일 쫓음에 늘 거의 이루고서 그르친다. "끝맺음을 처음처럼 삼가면, 그르치는 일이 없다." 이러하므로 성인들은 하고자 않기를 하고자 하며, 얻기 어려운 寶貨를 소중히 여기지 않으며 배우지 않기를 배운다. 그래서 여러 사람들의 잘못을 '道'로 복귀시킨다. 그리하여 만물이 스스로 그러한 본성(自然)을 도와줄 뿐이고, 감히 억지로 다스리고자 하지 않는다.

해설

조짐이 드러나기 전에 도모하기 쉽다. 억지를 부리지 말고 도모하

라. 이것이 자연의 도리이다. 이 장의 公理이다. 수미(守微), 즉, 도인의 신중하고 치밀한 인생태도를 말한다. 敬 은 未發의 경, 깨어나 있는 상태의 경이고, 己發의 敬은 정신 차림 중에 생각(감정)이 동했을 때도 깨어있기가 중요하다.

1) 제1의 定理: 조짐이 생겨나기 전에, 그리고 한참 진행하여 어지러워지기 전에, 선악심이 일어나면 처리한다. 악심 같으면 부셔버린다. ego의 소리면 잘라버려라. '참나'의 소리면 실천하라. "작아도 선이면 하고 악이면 하지 말라."
2) 제2의 定理: 끝까지 신중히 하라. 그러므로 성인은 無欲을 욕망하여, 배울 수 없는 그 자리 즉 도, 中은 過不及이 없는 자리를 배워 그것을 잡는다. 양극단을 배제시키고 중절, 중심을 잡아준다. 무지한 상태로 마음을 텅 비우고 있을 때에, 상대방이 상담해 올 경우 둘 중에 합리적인 것만 끄집어내면 中을 잡을 수 있다. 지나친 부분만 회복시켜주면 된다. 백성들의 본성을 돕는 것이다.
3) 제3의 定理: 수처작주 입처개진(隨處作主 立處皆眞). 즉, 자신이 서 있는 곳에서 주인의식을 갖고 최선을 다하라. 국민 각자가 일상적으로 자기 할 일을 신중하게 처리하도록 습관화해야 한다. 건성건성 하는 버릇 때문에 참사를 빚는다.

주의집중을 하여 끝마침을 처음처럼 신중하게 하고, 자연적인 사태전개방식을 관찰하라. 그 관찰전략으로는 混合探査 戰略(mixed scanning strategy)이 유효하다. 전장에서 보병이 전방을 관찰할 때에 1) 脈絡적인 探査를 하여 위험이 도사리고 있음직한 지점을 색출하고 그 부분을 집중적으로 탐사한다. 2) 위험의 조짐(자연스럽지 않은 그림자나 물체의 움직임)이 보이지 않을 경우, 가까운 데에서부터, 왼쪽에서 시작하여 오른 쪽으로 움직이면서 세부적인 탐사를 계속한다. 또 다른 예로는 기후측정위성에 장착한 廣角카메라로는 넓은 공간을, 夾角카메라로는 특정지역을 세밀하게 촬영함으로써 효과를 발휘하는 것과 같다. U-2정찰기 또는 정찰위성도 이와 같다. 바둑에서도 이와 같이 2가지 탐사(包括的인 것과 細部的인 것)의 연속적 조합이 효과적이다.

제65장
교활한 잔꾀와 억지로는
국민을 더욱 빈곤하게 한다 ★

지도자의 사부는 복잡한 이론을 강조하지 않았다. 그들은 의식과 지혜에 기초한 하나의 생활방식을 실천하였고 가르쳤다.

이론의 용어로 세상을 바라보는 사람들은 실제로 벌어지고 있는 일에 대하여 대단히 뒤섞인(복잡한) 견해를 갖고 있다. 그들에게는 명료성을 기대하기란 어렵다. 그들과 같이 일하기란 대단히 어렵다. 만일 하나의 집단에게 복잡한 설명을 구사하여 가르친다면, 사람들을 혼란스럽게 만들 것이다. 그들은 필기를 하고 마음속에 여러 의견들로 가득 채울 것이다. 그러나 당신이 거듭하여 실제상황을 알아차림으로 돌아온다면, 명료하게 하기도 하고 깨우치기도 할 수 있다. 이론과 실천을 구분할 수 있는 능력이 있으면, 많은 어려움을 극복할 수 있을 것이다. 하나의 생활방식을 실천하라. 그리고 유일의 원리에 대한 의식적인 협동을 보여주어라. 만일 도(道)에 협조하면, 보편적인 조화의 힘을 경험하게 될 것이다.

原文

古之善爲道者 非以明民 將以愚之 民之難治 以其智多 故以智治國 國之賊 不以智治國 國之福 知此兩者亦稽式 常知稽式 是謂玄德 玄德 深矣 遠矣 與物反矣 然後乃至大順

주

明民: 백성들을 밝은 사람으로 만든다는 뜻. 여기서는 巧詐한 것을 많이 보게 해서 순박함을 잃게 한 다는 것. 愚之: 어리석게 만든다는 뜻이니 여기서는 순박한 상태로 만든다는 것을 의미. 智多: 여기에 서는 얕은꾀를 많이 부린다는 뜻으로 쓰인다. 稽式: 楷式, 법칙, 규범의 뜻. 大順: '道'의 작용에 순응하는 경지.

주해

활과 화살에 관한 지식이 많아질 때에는, 공중의 새들은 괴롭고 낚시 바늘이나 어망에 관한 지식이 증식되면, 밑에 있는 물고기는 혼란을 겪게 된다. 덫이나 함정에 관한 지식이 퍼지면, 야생동물들은 혼란해 한다. 논쟁이나 토론에 관한 지식이 증폭되면, 국민들은 혼란스러워 한다. 따라서 세상의 어려움은 지식사랑에 연유하는 것이다(莊子: 10.10). 즉 사람은 자기 밖의 지식을 구하는 것은 알고 있으나, 자기가 지니고 있는 자기내부의 本性을 구해야만 하는 것은 알지를 못한다. 고대의 성인들은 국민을 보다 자연스럽게 하기위해 지식을 덜 가질수록 좋다고 생각했다. 이와 같은 혁명적인 원리는 진시황에 의해 잘못 이용되었다. 焚書坑儒사건이 그것이다. 국민을 궤변으로 성나게 하면, 반역 사상이 일어난다. 그들의 詐欺를 보다 큰 궤변으로 대적할 적에, 국민들은 당신의 술수를 꿰뚫어 보고 그 술수를 피해나간다. 따라서 그들은 비밀스러워지고, 인륜을 벗어나게 된다(王弼). 지식 없이 다스리는 자는 하늘에 귀의하고, 지식으로 다스리는 자는 인간에 귀의한다. 하늘에 귀의하는 이는 노력을 필요로 하지 않는 일만한다. 無爲로 한다. 그들의 통치는 관대하다. 인간에 귀의하는 이는 사물에 힘을 가한다. 이들은 대심판의 날에는 당황한다. 고로, 그 국민들은 부정직하다(孟子). 지식은 악을, 지식 없음은 덕을 퍼뜨린다는 것을 알면 스스로를 닦는 것과 나라를 다스리는 것의 열쇠를 이해할 것이다. 이를 이해하면 하늘과 같이 덕을 공유하는 것이고, 그리고 하늘은 검다. 玄德은 심오해서 측량할 수 없으며 하도 멀어서 미칠 수 없고, 항상 딴 사람과는 반대의 행동을 한다. 딴 사람들이 자기들만 생각하고 있을 때에, 그들은 타인에게 준다.(河上公) 너무 심오해서 볼 수도 들을 수도 없는 것이다. 玄德은 여타의 모든 것과는 다르나 도와는 일치한다. 宋常星) 성인이 귀히 여기는 것은 德이고, 다른 이들은 지식을 귀하게 여긴다. 德과 知識은 반대이다. 지식은 조화로운 경우가 적다. 덕은 항상 조화롭다.(蘇轍) 온전한 조화는 자연스러운 것이다.(林希逸)

· · ·

해석

옛날에 '도'를 잘 닦는 사람은 '도'를 가지고 백성들을 똑똑하게 만들지 않고 장차 어리석고 순박하게 만들었다. 백성들을 다스리기 어려운 것은 그들이 아는 것이 많기 때문이다. 그러므로 지식으로 나라를 다스리는 사람은 나라의 도적(공포)일 것이고, 지식 없이 나라를 다스리는 사람은 나라의 德(속알, 모범)이다. 이 두 가지의 차이를 아는 사람이 열쇠(稽式, 법도)를 찾는 사람이다. 그 열쇠를 발견하는 방법을 아는 것을 '현묘한 덕(玄德)'이라고 한다. '현 묘한 덕'은 심오하고 멀리까지 미친다. 다른 사물들과 반대가 된다. 그런 뒤라야 마침내 '크게 순응함(大順)'에 이르게 될 것이다.

해설

사람들을 본래의 순박, 진실, 무지무욕의 도인의 경지로 이끄는 정치를 말한다. 小我(ego)를 어리석게 만들어야 한다. 이를 내려놓으면 道로 다스리게 된다. 계식(稽式)은 돌아볼 법칙이다. 현묘한 덕은 하나님 뜻대로 하는 것이다. 음양이기 때문에 모순이며, 서로를 필요로 한다. 음양의 원리를 알면 大順이 된다. 玄德은 하느님의 속알이란 뜻이다. 하느님의 영성이다. 얼의 생명이다. 이것 때문에 영생한다. 죽음은 몸이 죽지만 영성은 죽지 않는다.

어리석음과 지혜로움을 초월하여라. 모를 뿐인 마음만 가져라. 그대로 부처이다. 그냥 내려놓아라. 깨끗하게 바보가 되어라. '나는 부처이다. 혹은 부처 아니다. 얻었다 혹은 잃었다'라고 말하지 말라. 이원론에서 벗어나라. 백성과 하나가 되어라. 국민을 내 자식, 형제 또는 부모처럼 섬겨라. 양심대로 살고 本心이 시키는 대로만 살아라. '모른다!' 하라. 사람들은 이해득실, 편견에 따라 이런 저런 꾀를 부리고 지혜롭다고 하는 것이다.

이것이 계식이다. 이 법도를 늘 알아차리는 것이 도인이다. 현묘한 덕이다. 음양이 모순처럼 보이지만, 그러면서도 섞여서 하나를 이룬다. 음이면서 양인 것이 反이다. 머리 굴리지 말라. 어리석게 굴어라. 도를 얻고 싶다 하지 말라. 본래 부처인데, 왜 그것을 부인하느냐? '모른다!'라고 하면 된다. 그냥 내려놓아라. 심오해지고 멀어지고 우주와 하나가 될 수 있다. 나누지 말고 우주와 그냥 하나가 되어라. 그냥 바보가 되어라. 바보는 ego가 보면 바보처럼 보이지만 실지로는 대인의 경지이다.

제66장
自謙과 不爭을 미덕으로 삼아라 ★

왜 바다가 가장 커다란 물인가? 그것은 바다가 모든 하천과 강의 아래에 놓여 있고 이 모두에게 열려 있기 때문이다. 우리가 리더십이라고 부르는 것은 추종할 줄 아는 것을 주로 내포한다. 현명한 지도자들은 배후에 머물러 있으며 다른 사람들의 행로를 촉진시킨다. 지도자가 하는 가장 위대한 일들은 대체로 포착되지 않는다. 지도자는 강요하거나 구체화하거나 또는 조종하지 않기 때문에 분개 또는 저항이 없다. 국민(집단성원)들은 지도자들이 개인적인 아젠다를 증진시키기보다는 그들의 생활을 촉진(향상)시켜주는 지도자에게 진심으로 감사한다. 지도자가 마음의 문을 열어놓았기에, 어떠한 현안도 제기될 수 있게 된다. 지도자가 방어할 만한 입장이 없고 그 어떤 정실주의(情實主義, favoritism)도 보이지 않기 때문에, 아무도 무시당한다는 느낌이 없고, 아무도 다투고자 하지 않는다.

原文

江海所以能爲百谷王子 以其善下之 故能爲百谷王始以聖人欲上民 必以言下之 欲先民 必以身後之是以聖人處上而民不重 處前而民不害是以天下樂推而不厭 以其不爭 故天下莫能與之爭

주

善下之: 그것(계곡)의 아래에 잘 있기 때문이라는 것. 上民: 백성들 위에 있는 것. 先民: 백성들 앞에 있는 것. 推: 추대하다.

주해

강물이 바다로 흐르는 것은 높은 데에서 낮은 곳으로 흐르는 물의 성질 때문이다. 즉, 바다는 모든 강들보다 밑에 위치하고 있기 때문이다. 이것은 성인을 위한 은유이다. 즉 만인이 귀의하는 성인은 그들이 사리사욕이 없기 때문이다. 성인들이 국민 위에서 통치할 경우, 그들은 밑에 있는 지위의 사람들을 억압하지 않는다. 그래서 국민들은 그를 높이고 짐으로 여기지 않는다. 성인들이 그들 앞에 서 있을 때에는, 자신들의 영광으로 국민들의 눈을 멀게 하지 않는다. 그래서 국민들은 그들을 부모처럼 사랑하고 원한을 품지 않는다. 성인들은 친절하고 사랑하며 온 국민을 자신의 애들인 양 대한다. 그래서 온 세상 사람들이 그들의 지도자로 그 성인들을 원한다. 성인들은 국민과 더불어 다투지 않기 때문에 국민들은 싫증을 내지 않는다. 우리는 무언가와 적대하여 다툰다. 그러나 아무하고도 다투지 않는 사람들과는 아무도 다투지 않는다. 성인들은 남의 앞이나 위에 서려 하지 않는다. 그러나 그들이 남의 밑에나 뒤에 처한 것을 알면, 道는 그들을 위로 끌어 올려 앞으로 밀어붙일 수밖에 없다. 겸허함을 써서 성인들은 국민의 인정을 얻어낸다. 그 다음엔 국민들의 지칠 줄 모르는 지지를 얻어낸다. 그 다음 지위를 얻기 위해 투쟁하면, 그들은 자연스럽게 끝장이다.

・・・

> 해석

강이나 바다가 능히 모든 계곡의 왕이 될 수 있는 까닭은 잘 낮추기 때문이다. 그러므로 능히 모든 계곡의 왕이 될 수 있다. 이 때문에 성인이 백성들을 올리려고 반드시 그 말을 낮추며, 백성들을 앞세우려고 반드시 그 몸을 뒤로 한다. 이 때문에 성인은 위에 자리해도 백성들이 무겁게 여기지 않으며, 앞에 자리해도 백성들이 방해하지 않는다. 이 때문에 천하 사람들이 즐겁게 밀어주되 싫어하지 않는다. 그가 다투지 않기 때문이다. 그러므로 세상의 어느 누구도 그와 더불어 다툴 수가 없다.

> 해설

섬김의 리더십이 노자의 핵심이다. 이 장에서는 낮춤의 리더십을 말한다. 백성들과 부쟁(不爭)하라. 국민들의 양심을 불러 일으켜

라. 토인비의 "지배적 소수론"에 의하면 소수가 창조적일 때 신문명이 탄생한다. 그 소수가 황극이 된다. 문명에 대한 도전에 대하여, 창조적으로 대응하여 답을 제시한다. 동서남북의 모범이 되는 사람이 된다. 虛舟라! 장자는 '빈 배가 되면, 순경 역경에서도 그 상황과 다투지 않는다'고 했다. 바보가 되면 '빈 배'가 된다. 사람은 영으로는 높은 곳으로 올라가고, ego로는 낮은 곳(민중)으로 내려가야 한다. 小我를 버리고 無我로 돌아서 大我로 굴려야 한다. '참나'가 허공을 소요하는 듯 자유로워진다. 목숨의 죽음(死)도 두려워하지 않고, 세상과 싸우지 않으면서 살아간다. 진정한 자유의 사람으로 사는 것이다. 의식을 확대하여 전체를 껴안는 '나(大我)'로 사는 것이다. 즐겁고 보람되게 살다가 초월적인 존재인 하느님의 나라로 復歸하는 것이다.

제67장
리더십의 자질 3: 慈愛, 儉約, 謙虛 ◎

여기에 역설이 있는 것이다. 아무리 모든 일의 발생방법의 유일원리가 위대하다고 해도, 이 원리를 추종하는 이들은 그들이 보통사람이라는 것을 알고 있다. 위대한 자아중심성(great egocentricity)이 그 사람을 위대하게 만들진 않는다. 그 어떤 존귀한 고립보다 모든 창조의 공통기반(共通基盤, common ground)이 생명의 보다 더 위대한 원천인 것이다. 세 가지 자질이 지도자에게는 값어치가 있는 것들이다. 모든 피조물에 대한 자애로움, 물질적인 단순성 또는 검약, 평등감 또는 겸손함. 자애로운 사람은 모두의 생존권을 대변하여 행동한다. 물질적 단순성은 공유할 수 있는 풍요를 자아낸다. 동등감은 역설적으로 그 사람의 진정한 위대성이다. 사익만이 유일의 관심사인 사람을 자애롭거나 또는 용감한 것으로 봐주는 것은 잘못이다. 과도한 소비가 타인에게 고용의 기회를 줌으로써 그들의 복지에 공헌하는 것이라고 합리화 하는 것은 잘못이다. 주제넘게 행동하거나 또는 우월한 방식으로 행동하는 것이 사실상 진정 우월한 사람이라고 상상하는 것은 잘못이다. 이러한 것들은 모두 자아중심적인 행태이다. 이러한 행태들은 실존의 공통기반으로부터 그 사람을 고립시킨다. 이러한 행태들은 유연성을 해치고 죽음을 자아낸다. 자애로움, 공유, 그리고 평등감(겸손함)은 반대로 생명을 견지시켜준다. 이것은 우리가 모두 하나이기 때문이다. 내가 너를 돌볼 적에, 나는 전체의 조화로운 에너지를 드높인다. 그리고 그것이 인생이다.

原文

天下皆謂我道大 似不肖夫唯大 故似不肖 若肖 久矣 其細也夫
我有三寶 持而保之 一曰慈 二曰儉 三曰不敢爲天下先慈故能勇
儉故能廣 不敢天下先 故能成器長今舍慈且勇 舍儉且廣 舍後且
先死矣夫慈而戰則勝 以守則固 天將建之 以慈衛之

주

不肖: 어리석고 무지한 것. 廣: 廣施와 같은 뜻. 널리 베푼다. 器長: 器는 人材를 뜻하고 長은 우두머리이니, 百官의 우두머리라는 것. 慈=仁. 團束(儉)=義. 不先=禮. 持=智. 保=誠(信).

• • •

해석

세상 사람들은 모두 나의 道(진리)가 위대하다고 말한다. 위대하지만 쓸모없다고 말한다. 오직 크기 때문에 나는 쓸모없는 것이다. 만약 쓸모가 있었다면 나는 이미 오래전에 왜소해졌을 것이다. 나에게는 늘 세 가지 보물을 지니고 있는바, 이것들을 나는 잘 챙겨서 소중히 여기고 있다. 첫째는 '慈悲'이고, 둘째는 '儉約'이며, 셋째는 '감히 천하에 뛰어나려 하지 않음'이다. 자비롭기 때문에 용감할 수 있고, 검약하기 때문에 얼마든지 널리 베풀 수 있으며, 감히 천하에 뛰어나려 하지 않기 때문에 百官의 우두머리가 될 수 있다. 그런데 지금 세상에서는 자비를 내버리고 용기만 취하려 하고, 검약함을 버리고 널리 베풀기만 하며, 뒤에 서는 것을 내버리고 앞에만 서려고 한다. 이런 것을 죽음의 문으로 들어가는 일이라 한다. 자비를 가지고 싸우면 승리하고, 자비를 가지고 지키면 견고하다. 하늘이 그 나라를 구제하고자 할 때에는 '자애로움'으로 호위해 주신다.

해설

본심(本心)의 본체와 작용: 본체는 '고요함'이요 '참나'이며 순수의식이다. 본심의 발동을 그 작용이라 하는 바, 이에는 오단지심(五端之心)을 일컫는다. 본래 良志. 良能은 시공과 개체성을 초월한 우주의식, 순수의식을 갖춘 지력이자 능력이다. ① 나와 남을 둘로 보지 않음은 시공과 개체성을 초월한 미발(未發)의 '측은지심'이며, ② 일체의 악이 없어 부끄러운 일이 없음은 미발(未發)의 '수오지심'이며, ③ 일체의 무질서와 부조화가 없음은 미발(未發)의 '사양지심'이며, ④ 일체의 무지와 의심이 없는 것은 미발(未發)의 '시비지심'이며, ⑤ 이상의 4가지 마음이 조금도 쉬지 않음은 미발(未發)의 '성실지심'이다. 이것이 5가지 본심이다.

〈정명도 識仁篇〉에서는 5가지 양심 중에서 사랑(仁)으로 모든 본심을 통합한다는 원리를 다음과 같이 말하고 있다. 즉, "학자는 반드시 '사랑(仁)'을 먼저 알아야 한다. '사랑(仁)'이라는 것은 혼연(渾然)히 만물과 더불어 한 몸이 되는 것이다. 정의(義), 예절(禮), 지혜(智), 성실(信)이 모두 사랑(仁)이다. 우리는 이러한 원리를 알아서 '성(誠)'과 '경(敬)'으로 이것(仁)을 보존할 따름이다. (사랑이라는 仁자는 사람 人에 두 二를 합친 것으로 두 사람이 그 근원적 속성이 똑 같음을 상징한다.)

〈詩經〉에서 이르기를 "아름다운 군자여, 밝고 밝은 훌륭한 덕이 백성들에게 합당하며 사람들에게 합당하구나. 하느님으로부터 복록을 받으니, 하느님이 보호하고 도와주시며(천자가 되도록) 명령하시고 하느님으로부터 복록이 거듭해서 내리는구나"라고 하였다. 그러므로 위대한 덕을 지닌 자는 반드시 천자가 되라는 하느님의 명령을 받는다. (詩曰 嘉樂君子 憲憲令德 宜民宜人 受祿于天 保佑命之 自天申之 故大德者 必受命.) －〈中庸〉

제68장
사람을 부리는 진정한 힘 ◎

가장 훌륭한 병법은 가장 온화하다. 이 병법은 공격자들로 하여금 패퇴할 기회를 허용한다. 가장 위대한 장군들은 모든 전쟁터에 돌진하지 않는다. 그들은 적에게 자충수의 실패를 하도록 여러 기회를 준다. 훌륭한 행정가들은 제약과 규제로 생산성을 달성하지 않고 기회를 제공한다. 좋은 리더십은 규제가 아니라 기회를 제공함으로써 부하들을 최고도로 동기부여 하는 것을 내포한다. 그것이 사물이 자연스럽게 일어나는 방법이다. 인생은 기회이며, 의무가 아닌 것이다. 생명은 하느님의 '살아라' 하는 명령이기도 하다.

原文

善爲士者不武 善戰者不怒 善勝敵者不與 善用人者爲之下
是謂不爭之德 是謂用人之力 是謂天古之極

주

士: 여기에서는 戰士를 가리킨다. 武: 앞을 다투어 나가 적을 무찌르는 것. 不與: 더불어 싸우지 않는다는 뜻. 配天之極: 極은 至高하다는 뜻이고, 配는 짝하다, 필적하다는 뜻. 요컨대 지고한 하늘의 법칙과 일치한다는 것.

• • •

해석

뛰어난 戰士는 武勇을 드러내지 않고, 잘 싸우는 사람은 분노하지 않으며, 적을 잘 이기는 사람은 적을 상대하지 않고, 사람을 잘 부리는 사람은 자신을 낮춘다. 이것을 '다투지 않는 덕(不爭之德)'이라 하고, 이것을 '사람을 부리는 힘(用人之力)이라고 말하며, 이것을 천고(天古)의 지극함(天古之極)이라고 말한다.

해설

天古之極(천고지극): 天地(공간)와 古今(시간)의 皇極이다. 자신을 낮춤이 용인지력의 극치이다. 지고한 하늘의 법칙과 일치한다. 무용을 드러내지 않고(不武), 성내지 않으며(不怒), 더불어 다투지 않고(不與), 사람을 잘 부리는(用人之力) 사람은 자신을 낮춘다. 不爭의 덕이다. 柔道에서와 같이 내 힘을 믿지 않고 부드럽게 남의 힘을 이용하여 이기는 방법이다. 이것이 '사람을 잘 부리는' 덕이다. 53장, 73장에도 나오는 것이다. 비록 우리의 지혜와 힘이 타인의 것보다 우월해도, 우리는 어느 것도 갖고 있지 않은 것처럼 행동해야 한다. 남보다 우리자신을 낮춤으로써, 남의 지혜와 힘을 마치 우리 것인 양 사용할 수 있다. 그렇게 우리는 무기를 들지 않고도, 화내지 않고도, 그리고 원수를 만들지 않고 이길 수 있다. 非侵略의 덕과 타인의 힘을 사용함은 우리가 다투지 않고 이기고, 움직임 없이 그 목표를 달성하는 하늘과 같은 것이다.

도와 덕을 존경하는 사람은 무기를 좋아하지 않는다. 그들은 증오를 자신의 마음에 침입하지 못하도록 한다. 그들은 재앙이 나오기 전에 제거한다. 그들은 그 무엇에 의해서도 분노하지 않는다. 그들은 이웃을 사랑하며 이방인에게는 덕을 베푼다. 그들은 싸우지 않고 적을 정복하며 겸허함으로 지휘한다.

보다 진솔한 관찰로부터 우리는 眞理把持 할 수 있다. 다윈(Darwin)의 적자생존의 법칙에 의하면 生存競爭이 진화의 원동력이다. 36억 년 전 태고의 바다에 나타난 박테리아 같은 생명체는 3억 6천만 년 전에 고생대에 처음으로 생존경쟁에서 유리해지려고 익티오스테가는 바다에서 육지로 상륙하였다. 1억 7천만 년 전에 공중을 나는 시조새가 나타난다. 유인원은 2천만 년 전이다. 직립인간이 나타난 것은 2백만 년 전이다. 사람도 생존본능이 있어 攻擊本能을 갖고 있다. 우리가 태어난 것도, 求道를 하는 것도 모두 우리 인간이 갖고 있는 본능인 瞋性때문이다. 경쟁의식과 초월의식('참나')으로 하느님과 연결된 사람도 이 진성을 바탕으로 진화시켜 달라고 하느님께 드리는 기도로 생존경쟁을 벌이고 있는 것이다. 세계최고의 문화국으로 자부하는 미국에서 15초마다 한 여자가 남편에게 두들겨 맞는다고 한다. 영세 중립국인 스위스는 예비군과 민방위군이 세계에서 가장 발달한 나라다. 인류역사 5천년 동안 전쟁 기록만도 15000번이나 된다고 한다.

가장 고상하다는 구도의 정신도 생존경쟁의 모습이다. 영생하겠다는 염원에 기초를 두고 있는 것이다. 鯤이 鵬이라는 큰 새가 되어 하늘나라에 날아오른다는 정신적인 체험이 靈性으로 도약함을 말한다. 노자도, 예수도, 싯다르타도, 공자와 맹자도, 단국 검님도 모두 이 영성인 '참나'이고 하나님과 하나인 것이다. 지금 지구상에서 벌어지는 살생의 소용돌이는 결국 사람들을 하늘나라로 밀어붙이는 폭풍우 같은 힘이라고 보아야 한다. 하나님의 뜻으로 보아야 한다.

제69장

알기 쉽고 행하기 쉬운 도리
―서러워하는 이가 이긴 것이다 ◎

집단성원이(또는 국민의 일부가) 당신과 싸우기를 원한다면 게릴라 사령관의 전략을 고찰하라. 전투를 찾아서 쫓지 말라. 당신에게 도전이 찾아오면 항복하고 뒤로 물러서라. 앞으로 너무 나아가기보다 뒤로 물러서는 것이 훨씬 좋다. 당신의 힘은 좋은 첩보이다. 어떤 일이 벌어지는지를 알아차려라. 당신의 병기는 병기가 결코 아니다. 당신의 무기는 알아차림의 빛이다.

아무런 저항이 없을 때에만 전진하라. 일전을 승리로 이끌었더라도 그것에 집착하지 말라. 만일 승리하였다면 자비로워라. 공격을 시작한 사람은 중심을 잃고 쉽사리 넘어진다. 그렇다 해도, 그 어떤 공격자라도 가볍게 보지 말 것이다. 자비로운 마음을 결코 꺾지 말라. 혹은 당신의 기술을 이용하여 타인을 불필요하게 해치지 말라. 어떤 경우에도, 보다 알아차리는 편이 이길 것이다. 병력이 대등하다면 슬퍼하는 자가 이길 것이다.

原文

用兵有言 吾不敢爲主而爲客 不敢進寸而退尺 是謂無行 攘無臂 扔無敵 執無兵 禍莫大於輕敵 輕敵幾喪吾寶 故抗兵相若 哀者勝矣

주

主: 주동자(蘇轍註) 客: 피동자, 즉 被挑發者. 吾寶: 慈愛 등의 三寶. 抗兵: 據兵과 같은 뜻으로 군사를 동원하는 것. 相加: 서로 싸우는 것. 行無行/攘無臂/扔無敵 執無兵: 노자 특유의 표현이다. 爲無爲, 事無事, 味無味도 같은 형식이다. 行無行은 하지 않음을 행한다. 즉 가지 않는 속에 나의 참된 가는 것이 있다고 하는 것이다. 다른 것도 같은 논리이다. 부쟁(不爭)의 철학은 30장, 31장, 68장에서 밝힌 바, 그래도 부득이 한 경우에는 방어전을 하는 용병이어야 한다고 말하고 있다.

• • •

해석

군사를 부리는데 할 말이 있다. "나는 싸움의 주동자(主)가 되지 않고, 손님(피동자, 客)이 되어 구태여 한 치를 나아가지 않고 한 자 물러선다." 이것은 펼칠 군대행렬이 없고 걸어 올릴 팔이 없으며,

깨뜨릴 적이 없고 붙잡을 병기가 없다고 하는 것이다. '재난'은 적을 가볍게 보는 것보다 더 큰 것이 없으니, 적을 가볍게 보면 아마도 나의 '三寶'를 거의 잃는다. 그러므로 병력이 맞섬에 서로 대등하다면 서러워하는 자가 이긴 것이다.

해설

전쟁도 무위의 마음으로 하라. 力이 같으면 才를 보고, 이도 같으면 德을 보아라. 최소의 손상으로 평화를 얻는 것이 무엇인지를 아는 것이 道人이다. 전쟁의 道에 의하면, 군대를 먼저 동원하는 것을 피해야 하고, 하느님의 축복을 받은 然後에만 전장으로 진격해야 한다. 또한 전쟁의 도에서 보면 맞수를 가벼이 여김보다 큰 화는 없다는 것이다. 적들의 실력이 대등할 적에, 승자를 결정하는 것은 어려운 일이다. 어느 편이든 슬퍼하고 자비로운 편이 이길 것이다. 왜냐하면, 天道는 생명을 사랑하는 것이고 적을 이기기 위해 자비심을 발동하는 사람을 돕는 것이기 때문이다. 그렇기 때문에 일본군의 난징 학살은 야만스러운 일이다. 노자의 삼보를 위반한 것이다. 류영모도 반전론을 찬성한 것이 아니다. 땅의 나라법도 잘 지켜야 한다고 했다. 나라가 무장을 하는 것은 그 목적이 평화를 위해서다. 즉 싸움을 말리기 위해서다. 武자는 싸우자는 것이 아니다. 창戈에 싸움을 그치게 하는 止자가 합쳐서 武가 되었다. 노자와 같은 생각을 한 것이다.

제70장
베옷을 입고 구슬을 품어라 ★

이와 같은 삶과 집단지도 방식은 알기 쉽고, 실천하기가 쉽다. 그러나 많은 지도자들이 이 접근방식을 이해하지 못한다. 자신들의 일에 이 방식을 이용하는 사람은 거의 없다. 솔직히, 너무나 간단하고 고전적이기 때문에 많은 관심을 끌지 못한다. 당연히, 가장 많은 관심은 가장 새로운 것으로 쏠린다. 현명한 지도자는, 모든 것이 전개되는 방법에 관한 유일의 원리를 고수하면서, 새롭거나 또는 독창적인 것은 하지 않는다. 현명한 지도자는 극소수의 추종자들에게 호소한다. 즉, 전통적인 지혜가 흔히 일상적인 표양 밑에 숨겨진 보물이라는 것을 인식하는 사람들에게만 호소한다.

原文

吾言甚易知 甚易行 天下莫能知 莫能行 言有宗 事有君 夫唯無知 是以不我知 知我者希 則我貴 是以聖人被褐懷玉

주

則: 본받다. 법칙으로 하다. 褐: 굵은 베옷.

• • •

해석

내 '말'은 매우 알기 쉽고 매우 행하기도 쉽다. 그런데 세상에는 능히 잘 아는 이가 없고 잘 행하는 이 없다. 말에는 大宗(하느님의 뜻)이 있고, 일에는 주재자(君)가 있다. 그저 오직 알지 못하기 때문에 '참나'를 알지 못하는 것이다. '참나'를 아는 이 드무니 '참나'를 본받는 자는 존귀하다. 그런 까닭에 聖人은 겸손히 남루하고 굵은 베옷을 입고 그 속에 '참나'인 구슬을 품는다.

해설

乾은 易知이고 坤은 簡能이다. 잘 알고 잘 해버리면 된다. 우주의 원리는 알기 쉽다. 보편법칙은 우주의 법칙, 자연의 원리처럼 간단하다. 도는 쉽게 알게 하고 쉽게 행하게 한다. 말에는 종지(宗旨)가 있고, 파도(ego)들이 바다(道)를 모르는 것이다. 그런데도, 사람들은 자연의 무언의 가르침을 알지 못하고 행하지 못한다. 그래서 조짐(兆)을 기미(幾微)로 보아 道를 알아내지 못하는 현실을 개탄한다. 20장, 41장, 67장에서도 이러한 개탄은 보인다. 영성의 개발, 직관력의 개발을 촉구한다.

小我(ego)의 추리, 분석으로 정확히 알 수 없는 영역이 '영성'이다. 이 영성은 인간이 갖고 있으면서도 약 10%만이 이것을 알고 활용할 뿐이다. 견성(見性)이라. 자신의 본성을 깨달아서 그 본성을 따라가는 것(率性)이 도(道)라 했고, 이 도의 결(道紀)이 인의예지신(仁義禮智信)이요, 그 중 핵심은 사랑이요, 사랑은 나와 너를 차별하지 않는 일원적 세계 즉 절대계의 세계에 통용되는 원리임을 알고 체험하는 것이 '일반사람에게 그토록 힘들구나!'라고 개탄하는 것이다.

그런데 과연 그러할까? 코 만지는 것보다 쉬운 일인데 말이다. 그냥 "모른다!"하고 판단과 감정과 오감을 내려놓으면(放下着) 눈앞의 커피 잔, 컴퓨터, 책, 뜰 앞의 잣나무, 산, 물, 강과 바다, 그 어느 것 하나 나와 같지 않은 것이 없지 않은가? 삼라만상이 다 나이다. 만인이 나와 같다. 이렇게 초월하여 차원을 달리하기가 힘들다는 말인가? 자연과 하나요, 삼라만상과 하나요, 만인과 하나이다. 자연법칙과 도덕법칙이 모두에게 작용하고 있다. 모든 것이 도에 따라 움직인다. 그런데 '나'만이 홀로 예외란 말인가? 아니다. 이 글을 읽는 여러분이나 나도 같다. 다만 이 백지장같이 얇은 차이가 있다면, '나'는 이것을 조금 먼저 깨닫고 선지자, 선각자의 대열에 낄 수 있었고 나는 여러 독자들을 어서 오라고 손짓하고 있을 뿐이다. 같이 행진하자고…. 하늘은 알기 쉽게 도와주고, 땅은 행하기 쉽게 조력한다. 우주의 종주(宗主)는 결국 '道', 원리이다. 君은 통솔하는 자, 주재하는 자를 말한다. 그러므로 천지운행의 도에 순응하여 살아가자. 이러한 개인이 道人이다.

제71장
모르면서 아는 체하는 것이 탈이다 ◎

아무도 모든 해답을 가진 자는 없다. 모든 것을 알지 못한다는 것을 아는 것이 정말로 알지 못하면서도 많이 안다고 생각하는 것보다 훨씬 현명하다. 가짜(사이비) 전문가는 신경질적이다. 다행히 징후들이 인식되면 치료는 용이 하다. 가짜노릇을 그만 두어라. 아마도 모든 지도자가 때때로 이런 형태의 허세를 시도한 적이 있을 것이다. 현명한 지도자는 지식의 허세를 부리는 것이 얼마나 고통스럽다는 것을 학습하였다. 현명해지고 고통을 원치 않기 때문에, 지도자는 허세에 매몰되지 않는다. 여하튼, "나는 모른다!"라고 말할 수 있는 것이 안심이 된다.

原文

知不知尙矣 不知不知病矣夫有病病 是以不病聖人不病 以其病病 是以不病

주

病: 결점, 병폐.

∙ ∙ ∙

해석

모르는 줄 아는 것이 '뛰어난 것'이요, 모르고 아는 체하는 것이 '병'이다(痴이다-저자 주). 오직 '병'을 병으로 알아야만 병이 되지 않는다. 성인에게 병이 없는 것은 자신의 병을 병으로 여기기 때문이다. 이 때문에 병이 없다.

해설

無知의 自覺을 말한다. 자명하다고 느낄 때 이를 도(道)라고 한다. 양지(良知)이다. 맞든지, 의심스럽든지, 아니든지가 명확해야 한다. 개념에 체험이 더해지면 자명(自明)한 결론이라고 할 수 있다. 학문은 여기서부터 시작이다. 우리는 양지를 갖고 있다. 시비지심이 작동한다. 無知의 철학자 소크라테스는 대화록에서 타인의 궤변을 변증법적으로 지적하여 그 타인의 불확실한 주장의 오류를 꼬집었는데 소크라테스처럼 지적하면 독살 당하든지 왕따 당하기 쉽다. 그것이 요즈음의 세태이기도 하다. 불편한 진실이기 때문이다.

'너 자신을 알라!' 이를 자기한테 적용해보라. 내면이 편안하다. 아는 것을 안다고 하라. 모르는 것을 모른다고 하라. 자신이 안다고 여기는 것 가운데, 자명하지 않다고 판단되는 지식은 버려라. 오류의 지식을 지워버려라. 그러면 자명한 지식만 남게 될 것이고,

자명한 말만 할 것이다. 진리(veritas)의 횃불을 들을 수 있게 된다. 4대성인이 공히 주장하신 자명한 진리가 황금률(golden rule-남이 자기에게 해주기를 원하는 바대로, 그에게 똑같이 해주어라. 칸트의 定言命令 '그대의 개인적 준칙이 동시에 보편적 법칙이 되기를 의욕 할 수 있을 格言에 의해서만 행동하라'는 보다 더 정교하다)이다. 영성의 수준을 높일 수 있다. 지혜와 자비와 선한 능력이 커진다. 아집의 반대가 지혜이다. 아집은 모르는 것을 아는 척 하는 데에서 시작한다. 무지와 아집에서 벗어나라. 그러면 업장을 정화한다. 영성을 키우자. 보살도는 영성을 높이고 자신이 갖고 있는 재능을 발휘하여 인류에게 공헌하는 것이다.

6법전서(法典書)는 수오지심(羞惡之心, 義)을 확충한 것이다. 윤리는 사양지심(辭讓之心, 禮)의 확충이다. 시비지심(是非之心, 智)의 확충이 성인학문이다. 체험해 보았는가? 체험의 내용을 정확히 설명하는 것인가? 개념만 쌓아 올리면 안 된다. 모른다! 하면 小我가 싫어한다. 그러나 '참나'는 희열한다. 本心(仁義禮智信心)이 맞다고 하는 것을 근거로 말하고 행동하라. 이것이 지혜를 늘리는 방법이다. 내 자신의 무지를 자각할 때, 근원적(根源的)진리인 도(道)와 도기(道紀)인 인의예지신(仁義禮智信)이라는 도덕법칙과 자연법칙에로 복귀할 수 있다고 가르친다.

모른다하면, 절대계(하늘나라)라는 우리의 판단이 이를 수 없는 데를 만난다. 그 모름(하느님의 신비)을 잘 지켜야 한다. 이를 모름지기라 하는데, 즉 하느님을 마음속에 간직하는 것을 말한다. 그러면 나날이 모르던 하나님이 분명하게 알아져 온다. 이를 공자가 중용 33장을 빌어 闇然而日章-어두운 데서 날로 빛이 밝아온다-이라고 하였다. '참나'가 내 속에 엄연히 존재하고 있음을 항상 확인하라. 이것이 人中天地一이요, 그 '하나'는 순수한 생명력의 자리인 것이다.

제72장
영적자각:
스스로를 알고 스스로를 아껴라 – 謙虛하라 ◎

집단적인 업무가 우리 시대의 실존적 불안을 다루려면 영적인 알아차림을 포함시켜야 한다. 두려움 없이는, 장엄한 것은 말로 표현되지 않은 채로 묻히고 널리 퍼진 불안은 그대로 남는다. 일부의 집단성원은 불쾌할지라도, 전통적인 종교에 관하여 말하고 싶어 한다. 하느님이라는 말에 대한 편견을 극복하라. 우리의 영적 뿌리가 갖는 위대한 힘은, 좋든지 싫든지 간에 전통에 놓여 있다. 현명한 지도자는 영적인 행태를 모형화하고 영적인 가치에 순응하여 살고 있다. 아는 방법이 있는바, 이것은 이성보다 높은 것이며 '참나'가 있는데, 이것은 자아중심성보다 위대한 것이다. 지도자는 사심 없음(무아)의 힘과 모든 피조물의 제일성(unity)을 보여준다.

原文

民不畏畏威 則大畏至 無狎其所居 無厭其所生 夫唯不厭 是以不厭 是以聖人自知 不自見 自愛 不自貴 故去彼取此

주

畏威: 畏와 威는 서로 통하는 글자로서 둘 다 두려워한다는 뜻. 따라서 畏威는 두려워 할 것을 두려워 한다는 뜻. 無狎: 업신여기지 않음. 無厭: 여기서의 厭은 누른다는 뜻. 是以不厭: 여기서의 厭은 싫어한다는 뜻. 不自見: 見은 나타낸다는 뜻. 따라서 자신을 과시하지 않는 것. 去彼取此: 여기서 彼는 자신을 드러내거나 과시하는 것 따위. 此는 스스로를 아는 것 따위.

주해

우리가 두려워하는 권위(authority)는 수명을 단축시키고 생명을 앗아간다. '크게 두려워하는 것'은 우리의 큰 두려움, 소위 죽음이다. 국민들이 두려워해야 할 것을 두려워하지 않을 때에, 그들은 보다 큰 당국이 종국적으로 나타나기 전에 자신들의 죽음을 앞당긴다. 사람들이 단순하고 그들의 생활이 좋을 경우, 그들은 당국을 두려워한다. 그러나 위에 있는 자가 道를 잃고 밑에 있는 사람들의 생활을 제한하는 갖은 종류의 조치들을 입법화할 적에는, 국민들은 거짓을 대응하고, 더 이상 당국에 예속되지 않는다. 이러한 일이 발생하면, 자연재난이 발생하고 불행이 일어난다.

보통의 관리들과 보통 사람들이 두려움이 없을 때에, 처벌이 가해진다. 장관들과 고위관료가 두려움이 없을 때에는, 추방(banishment) 조치가 가해진다. 왕자들과 왕들이 두려움이 없을 때엔, 전쟁이 발발한다. '국민들이 거처하는 곳'은 부(富)나 가난과 같은 상황(조건들, conditions)을 지칭한다. '국민들이 어떻게 사느냐'는 노동과 휴식 같은 신체활동을 지칭한다. 국민들이 자신들의 거처 또는 삶이 다른 사람들에 비해 좋지 않다고 생각하면, 그들은 당황하고 억제되며, 억제되므로 억압받는다고 느낀다. 그리고 억압받는다고 느낄 때에, '이것'에 저항하고 저것을 추구한다. 일단 자신들의 욕망이 충족되면, 자신들이 두려워하는 것이 바로 뒤따른다는 것을 알지 못한다(魏源, 1794~1856). 평온과 평화는 우리가 살아야 하는 곳에 있다. 겸손함과 텅 빔은 어떻게 살아야 하는 것이다. 그러나 우리가 욕망을 추구하기 위해 평온을 저버리고 권위를 얻기 위해 겸손을 버릴 때에는 만물은 혼란에 빠지며 국민들은 억압받는다.

당국이 질서를 회복할 수 없을 때, 그리고 국민들이 당국을 견뎌낼 수 없을 때에, 위와 아래를 잇는 연결점(link)은 끊어지고 자연재난이 발생한다(王弼). 그들은 자신들이 가진 것과 갖지 않은 것을 알고 있다. 그들은 밖으로 자신들의 덕을 전시하지 않는다. 대신에 그것을 내면에 숨겨 보존한다. 그들은 자신들의 몸을 사랑하고 자신들의 精氣를 수호한다. 그들은 세상 앞에서 자신을 추켜세우거나 칭송하지 않는다. '저것'은 나타내거나(showing) 칭송함(glorifying)을 지칭한다. '이것'은 자신을 앎과 자신을 사랑함을 지칭한다(河上公). '저것'은 외부의 사물을, '이것'은 우리 내면의 實在(reality)를 지칭한다(참나, 불성, 얼나, 법신, 도, 덕성, 사랑하는 마음 등 5단-曹道沖). 권위당국은 우리 밖에 있는 권력을 지칭한다. 성인들은 권력을 얻거나 행사하는 데에 관심이 없다. 성인들의 권력은 자연스럽게 자신들을 수신하는 것에서 나타난다. 畏는 두려움과 당국의 뜻. 厭은 억압 하다, 항의하다의 뜻으로 겹친다.

• • •

해석

백성들이 더 이상 무서움을 두려워하지 않으면, 곧 보다 더 큰 무서움이 이르게 된다. 그들이 살고 있는 곳을 업신여기지 말라. 그들의 생활 수단을 억누르지 말라. 오직 그들은 억압당하지 않으면 그들은 저항하지 않을 것이다. 그러므로 성인은 스스로를 알지만 과시하려 하지 않고, 스스로를 사랑하지만 자신을 치켜세우려 하지 않는다. 그렇기 때문에 그들은 저것을 버리고 이것을 택하는 것이다.

해설

싹이 좋지 않으면 즉, 소아적이면서 공익을 해치는 생각이면 빨리 뽑아버려야 한다. 이것이 먼 미래를 고민하는 것이다. 지금 이 순간을 만족하라. 남과 비교하면서 열등의식을 갖는 것은 불행의 시작이다. 知足할 줄 알아서 만족해하면 늘 만족스러울 것이다. 지족자부(知足者富)(33장), 聖人之治는 虛其心하고 實其服한다(3장). 현명한 정치지도자는 백성의 마음을 텅 비게 하고 배를 채워준다. 국민이 도인이 되도록 이끄는 정치를 하는 것이다.

공포의 정치, 위압의 정치, 부패와 부정과 결탁하는 정치, 거짓의 정치는 당연히 배격한다. 정경유착(政經癒着), 정실주의(情實主義, favoritism) 등 구조적 비리문제를 해결하는 초석은 道에서 찾아야 한다.

나를 드러내는 것과 치켜세우는 것을 하지 말고, 오직 나를 아끼고 나를 알 뿐이다. 성인은 무압(無狎), 무염(無厭), 불염(不厭), 자지(自知), 불자현(不自顯), 자애(自愛), 불자귀(不自貴)한다. 현명한 이는 싫증내지 않으며(사는 바를), 남의 거처하는 곳을 업신여기지 않으며, 나를 알지만 나를 드러내지 않으며, 나를 아끼고 나를 귀히 여기지 않는다.

自利利他하는 것을 키워나가자. 自害害他하는 것이어서는 안 된다. 小我的인 것과 남에게 해가되는 것이 有爲의 마음이다. 無知無慾, 무위(無爲)의 마음을 견지하라. 대아적 효율성을 추구할 수 있다. 영성으로 관조하면, 성인의 길이 보인다. 무욕(無欲)이면 흠집이 없고 부족함이 없이 뿌듯하다. 인격의 완성상태이다. 안빈락도(安貧樂道)하라. 만족하면 비록 가난해도 편안하다. 오직 사는 것에 불염(不厭)하라. 싫증만 내지 않으면 굳건히 살아갈 힘이 생긴다. "괜찮다!" 하라. 상족하고 상락할 수 있다.

'참나'를 아는 것이 '나'를 아는 것이다. 영성을 찾아라. 불교식으로 하면 제10식을 체험하고 그것으로 9, 8, 7, 6식 그리고 오감

(오식, 色聲香味觸의 오감), 감정(色受想行識)을 정화하자. 그리하여 허기심(虛其心), 즉 마음을 텅 비우는 것이다. 허허공공한 자리에서 성성적적(惺惺寂寂)한 마음으로(또랑또랑하고 조용한 마음으로) 사물을 있는 그대로 관찰하라. 보살(菩薩), 대인(大人), 도인(道人)의 생활태도이다.

제73장
국민을 위해주되 더불어 다투지 않아야 天道이다 ★

두 종류의 용기가 존재한다는 것을 상상하라. 하나는 사람을 죽이는 능동적인 용기이고 또 다른 것은 사람들을 살려주는 내적인 용기(inner courage)이다. 이 둘 가운데 어느 것이 더 좋은가?

누구도 이에 대한 대답을 해 줄 수 없다. 각기 장점과 단점이 있다. 도는 선호가 없다. 도는 방법을 뜻한다는 것을 명심하라. 그러나 어떻게 사물이 발생하는지와 내가 무엇을 해야 할지는 같지 않다. 아무도 당신에게 무엇을 해야 할지를 말해 줄 수 없다. 그것은 당신의 선택과 책임인 것이다. 자문을 구하는 대신에, 무슨 일이 실제로 발생하고 있는지를 더 알아차리도록 노력하라. 그리하면 당신 스스로 일이 어떻게 일어나고 있는지를 알 수 있을 것이다. 또한 무슨 일을 해야 할지도 스스로 결정할 수 있을 것이다.

도는 설교를 하거나 또는 어떤 특정의 행태를 지시하지 않는다. 사람들이 무엇을 하는지는 그들 자신의 책임이다. 그러나 그들의 행동유형은 자연법을 따른다. 이 법은 일반적이어서 모든 가능한 사건에 적용된다. 그것은 구체적인 것이기도 하여, 모든 사건의 모든 경우에 적용된다. 그러나 아무도 당신을 위하여 주어진 상황에서 무슨 일을 할지를 결정해 줄 수는 없다. 그 결정은 당신에게 달렸다.

原文

勇於敢則殺 勇於不敢則活 此兩者 惑利惑害 天下所惡 孰知其故是以聖人猶難之天之道 不爭而善勝 不言而自應 不召而自來 繟然而善謀 天網恢恢 疎而不失

주

敢: 대담히 행하는 것. 殺: 여기서는 수동형으로 보고 죽는다는 뜻으로 해석한다. 물론 타동형으로 보는 설도 있다. 猶: 오히려. 繟然: 허술한 모양. 恢恢: 넓고 큰 모양. 疏: 성기다. 촘촘하지 하지 않다는 뜻. 疎而不失: 그물의 코는 굵지만 하나도 놓지는 법이 없다.

주해

누구나 有爲에 용감한 것은 알고 있으나, 無爲에 과감한 것은 모른다. 유위에 과감한 자는 칼날 위에서 걷는 것이다. 무위에 과감한 자는 길의 중간에서 걸어간다. 이 두 가지 중에, 칼날 위에서 걷는 것은 해로운 것이지만, 사람들은 해를 무시한다. 길의 가운데를 걸어가는 것은 이롭지만, 사람들은 그 이로움을 알아차리지 못한다. 그래서 말이 있다. '사람들은 칼날 위에서 걸을 수는 있지만 길의

한 복 판에서는 걷지 못한다.'(中庸: 9) 유위에 과감한 자들은 죽는다. 무위에 과감한 자는 산다. 이것이 사물의 정상적인 유형이다. 그러나 가끔 행동하는 사람이 산다. 그리고 종종 행동하지 않는 사람이 죽는다. 세상에서 일어나고 있는 일은 운명에 달려 있다. 가끔은 꼭 일어나야 할 것은 일어나지 않는다. 天道는 멀리 떨어져 있다. 그 좋아하는 것과 좋아하지 않는 것이 어디에서 오는가를 누가 알겠는가?(蘇轍).

어떤 이는 살고 타인들은 죽는 메커니즘은 모호하고 추측하기 어렵다. 만일 성인들이 알기가 힘들다고 하면, 항차 보통 사람들은 어떠하겠는가?(宋常星). 하늘은 그의 계획에서 생명을 고려하지 않거나 또는 그의 하는 일에서 죽음을 고려하지 않는다. 그것은 공평무사하다. 느슨하게 보면, 強固한 것이 柔弱한 것을 정복한다. 정확하게 보면, 유약한 것이 강고한 것을 정복한다. 고로, 강하고 딱딱한 것은 하늘이 싫어하는 것이다.(陸農師, 1042~1102, 학자).

성인들이 타인을 쉽사리 죽이지 않으며, 악한 일을 하는 이는 그들의 망을 미끄러져 나가나, 하늘의 망은 통과할 수 없다. 하늘은 인간처럼 악한 이를 맞아서 싸우기 위해 힘을 사용하지 않는다. 그러나 하늘은 항상 승리한다. 입으로 말하지 않지만, 소리의 반향보다 빨리 응답한다. 소집할 필요 없이도, 그 스스로 다가온다. 악은 악의 보상이 있다. 아무리 영리하더라도 그것을 피할 순 없다. 하늘은 무관심하며 마음에 두지 않으나, 그 보복은 정직하며 인간의 계획범위를 벗어나는 것이다. 그것은 악한 일을 한 사람을 그 망에서 빠져 나가게 하지 않는다. 성인들이 악한 행실을 한 자를 죽일 필요가 없다. 하늘이 그들을 위해 할 것이다(吳澄). 음과 양은 교대한다. 4계절은 오고 간다. 달은 커졌다 작아진다. 만물은 자기 시대가 있다. 그들은 소집할 필요가 없다(王安石). 싸우지 않기 때문에 이기고, 말하지 않기 때문에 답을 하며, 소집되지 않기 때문에 스스로 온다. 만일 이기기 위해 싸워야 한다면, 누군가는 아무리 그물코가 촘촘하더라도 도망갈 것이다. (李宏甫, 蘇轍의 주해의 재판에서, 공자와 노자의 차이는 별로 중요하지 않음을 주창함.) 天網恢恢 疎而不失은 중국에서는 속담이 되었다.

・・・

해석

대담히 하는 것을 두려워하지 않는 자는 죽음을 당한다. 겁쟁이가 되는 것을 두려워하지 않는 자는 살아남는다. 이 두 가지 행동에는 이로운 것도 있고 해로운 것도 있다. 하늘이 싫어하는 까닭을 누가 알랴! 그런 까닭에 성인조차 어떤 경우에는 어려워한다. '하늘의 도'는 다투지 않고도 잘 이기고, 말하지 않아도 잘 응답하며, 부르지 않아도 저절로 오고, 생각 없이도 잘 謀計한다. '하늘의 그물(天網)'은 넓고 성기지만 놓치는 일이 없다.

> 해설

小我(ego)의 판단으로 용감하면 죽게 되고, 즉 소아적 효율성에 과감하면 죽게 된다는 것이고, 대아적 효율성에 용기를 내면 살 것이다. 민심이 양지를 갖고 있기 때문에 정치가 잘못되면 국민이 용서를 안 한다. 국민들의 本心을 건드리는 것은 성인도 어렵게 여기는 것이다. 무수한 사람들의 마음을 움직이는 것은 道心 때문이다. 국민들의 本心 때문이다. 시민은 뉴타운 안 해준다고 화내는 것이 아니고, 공약을 실천하지 않으면 국민의 本心에 어긋나므로 화를 내는 것이다. 속았다는 마음이 작동했기 때문이다. 羞惡之心의 발로이다.

天之道는 다투지 않으면서 이긴다. 하늘에 의해 사람의 마음을 움직인다. 경제정책에서 自由市場原理에만 맡기면 안 된다. 케인즈의 이론이 등장하는 이유이다. 도가 우리를 밝게 해주는 것이 아니고, 도의 자정작용이 있지만, 인간이 노력해서 법대로 살면 도가 확충된다. 그러면 도가 작동을 잘 한다. 이것이 공자님의 人能弘道요 非道弘人의 참 뜻이다.

제74장
통치자는 폭력을 남용하여 백성을 진압하지 말라 ★

판사나 배심원이 맡은 '나쁜' 행동에 대하여 처벌하는 역할은 지도자의 역할수행이 아니다. 우선적으로 처벌은 효과적으로 행동을 통제하지 못한다. 처벌이 효과적이었다고 해도 무슨 지도자가 교습방법으로 공포를 이용하겠는가? 현명한 지도자라면 모든 행동에는 자연스러운 결과가 따른다는 것을 안다. 지도자의 할 일은 이러한 자연스러운 결과들에게 빛을 비추는 것이지 그 행동 자체를 공격하는 것이 아니다. 만일 지도자가 자연의 자리를 차지하여 판사나 배심원처럼 행동하면 최대한도로 기대할 수 있는 것은 아주 교묘한 과정의 모방일 뿐이다. 최소한도로, 지도자는 정의의 도구는 두 갈래의 길을 나눌 뿐이라는 것을 발견할 것이다. 타인을 처벌하는 것은 일을 처벌하는 것이다.

原文

民常不畏死 奈何以死懼之 若使民常畏死 而爲奇者 吾得執而殺之 孰敢 常有司殺者殺 夫代司殺者 是謂代大匠斲 夫代大匠斲者 希有不傷其手矣

주

奇: 괴이한 일, 사악한 일. 司殺者: 죽이는 일을 맡은 자. 大匠: 대목, 목수.

주해

노자는 묻는다. 만일 사람들이 죽음을 두려워하지 않는다면, 죽이겠다고 위협하는 일이 무슨 소용이 있겠는가? 만일 사람들이 죽기를 두려워하지 않는다면, 그것은 처벌이 과도하기 때문이다. 처벌이 과도하면 사람들은 생명을 돌보지 않는다. 생명을 돌보지 않으면 통치자의 힘은 그들에게는 별것 아니게 된다. 처벌들이 알맞으면 사람들은 죽음을 두려워한다. 그들이 죽음을 두려워하는 것은 그들이 생명을 즐기기 때문이다. 사람들이 생명을 즐기고 있음을 안다면 그들을 사형으로 위협할 수 있을 것이다(尹文: 처벌들이 통치를 위하여 의존할 수 없음을 뜻한다). 만일 사람들이 죽음을 두려워하지 않는다면 그들을 사형집행으로 위협하는 것이 무슨 소용이 있겠는가? 그리고 그들이 죽음을 두려워하고, 우리가 법을 위반하는 사람을 체포하여 사형집행을 한다면 한 사람을 죽임으로써 나머지 사람들을 통치할 수 있어야 한다. 그러나 많은 사람들을 죽이게 되면 범법자들이 더 많아진다. 따라서 처벌이 정답은 아니다(李息齊). 내가 처음 왕위에 등극했을 때는, 백성들은 무법하고 관리들은 부패했었다. 아침에 10명이 처형되었다면, 저녁에는 100명이 똑같은 법을 위반하고 있었다. 고대 성인(왕)들은 道에 관하여 무식했기 때문에 나는 도덕경에 의거하였다. 내가 읽어보니, '만일 국민들이 더 이상 죽음을 두려워하지 않으면 그들을 처형한다고 위협함이 무슨 효력이 있겠는가.' 나는 사형제도를 없애고, 징역형으로 대체 했다. 그때 이후로, 내 마음의 부담이 가벼워졌다. 진정으로, 이 책은 왕들의 가장 위대한 스승이다(明太祖, 1328~1398, 가난한 농부의 아들로 태어나고 불교승려가 됨. 몽골에 반기를 들어 명나라를 세움).

사악함은 불법적인 것을 뜻한다. 만일 사악하게 행동하여 법을 위반하고도 사람의 손에 재난을 겪지 않으면, 그들은 확실히 하늘에 의해 처벌을 당할 것이다(吳澄). 만일 통치자들이 道에 좇아서 가르치고 국민들이 대신에 사악함으로 응답한다면, 통치자들은 그들을 체포하여 사형에 처할 수 있는 권한을 보유한다. 그러나 노자는 제일차적으로 처벌에 의거하기 전에 道를 사용하여야 한다는 데에 관심이 있었다(河上公). '사형집행자가 退去할 것이다'는 '하늘의 그물은 모두 포용한다'이다. 그 그물코(mesh)는 넓지만 아무것도 도망갈 수 없다. 73장과 같은 것이다. 사형집행자는 하늘이다(呂惠卿). 하늘이 사형집행자이다. 만일 세상이 평화로운데도 사람들이 사악함과 저항운동에 연루되어 있다면, 확실히 그들은 하늘에 의해 버림을 받은 것이다. 만일 우리가 그들을 죽이면, 그를 죽인 것은 우리가 아니고 하늘이다. 그러나 하늘이 버리지 않은 사람을 죽인다면, 우리는 사형집행자의 자리를 차지하게 되는 것이다. 그리고 누구든지 사형집행자의 자리를 차지한 사람은 그 자신의 도끼가 닿는 곳에 자신들을 집어넣는 것이다(蘇轍). 위대한 목수는 자르지 않는다(呂氏春秋 1.4). 현명한 이만 생명보다 위대한 것을 욕망하고 죽음보다 더 큰 것을 미워하는 것이 아니다. 이것은 모든 이에게 眞이다. 그러나 賢者는 이것을 잊지 아니한다(孟子: 6A.10).

• • •

해석

백성들이 늘 '죽음'을 두려워하지 않는다면 어떻게 죽음으로 그들을 두렵게 할 수 있겠는가? 백성들이 언제나 '죽음'을 두려워하게 했는데도, 이상한 짓을 하는 자가 있다면 내가 잡아 죽일 것이다. 누가 감히 그런 일을 할 것인가? 늘 죽이는 일을 맡은 자가 있어 죽여야 한다. 대저 죽이는 일을 맡은 자를 대신하여 죽이는 것은 마치 큰 목수를 대신하여 나무를 자르는 것과 같은 일이다. 그런데 큰 목수를 대신하여 나무를 깎는 자는, 그 손을 다치지 않는 자 드물다.

해설

생명은 도(道)의 표현이므로 귀중한 것이다. 흔히 노자가 사형제도를 반대한 것으로 오해하고 있으나 평화주의자인 노자일지라도, 사형제도를 반대한 것은 아니다. 불가피한 경우 최후의 수단으로 사형을 시키더라도 조건을 붙이고 있는 것이다. 즉, 공정한 마음으로 사형을 집행할 수 있는 자, 국가가 담당해야 한다는 것이다.

自由民主秩序를 파괴하는 반(反) 헌법적인 목적과 행태를 보이는 정당은 해체되어야 하는 이유는 헌법을 수호하고 국민 모두의 생명을 위협하는 행동을 차단하여야 하기 때문이다. 俠客은 큰 목수를 대신하여 나무를 깎는 것과 같으니 이것도 삼갈 것이다. 협객은 홍길동과 같이 의협심이 강해서 억울한 사람을 위해서, 희생적으로 도움을 주고는 있으나, 이는 사실 국가공권력이 담당해야 하는 영역이다.

국가 공권력은 그 사회 내의 모든 폭력수단을 통제할 수 있는 최고의 힘이기 때문이다. 이 공권력이 도전을 받으면 아노미현상이 팽배해지고, 밀수, 방화, 조폭 등이 난무하는 무법질서가 만연하게 된다. 국가의 공권력(경찰, 군대, 안보요원 등)이 필요 한 이유이다. 우리나라의 법에서는 自救行爲는 금지된다. 억울한 일이 있어도 私人이 보복행위를 하는 것은 금지된다.

선한 이에게는 복을 욕심이 많은 이에게는 화를 내리는 것이 천도이다(天道 福善禍淫). 好善惡惡하는 것이 성인이다. 성인의 道는 선을 좋아하고 악을 미워한다. 小我(ego)는 통상 同好異惡한다. 정치집단인 정당은 같은 정치 이념과 동호리오인들의 집단이다. 그러므로 동호리오현상이 극심하다. 협객을 허용하면 협객 그 개인의 ego가 작용할 위험이 있다. 과잉행동이 유발될 가능성이 있는 것이다. 성인들은 백성들의 욕심을 그치게 하는 도리를 알아서, 위엄과 형벌을 숭상하지 않고 올바른 정책과 교육을 닦아서 생업을 갖게 해주고, '염치'를 알게 해주면 비록 상을 주더라도 도둑질하지 않을 것이다. 그러므로 악을 그치게 하는 도리는 근본을 알고 요령을 얻는데 있을 뿐이다.

복지정책의 근본은 1) 生業을 갖게 하고(일자리창출) 2) 부유하게 하고(富之-경제성장정책) 3) 敎之(禮義敎育, 弘益人間敎育). 자율적 인간교육을 통한 문화창달, 이 세 가지가 정책의 근본이어야 할 것이다. 사회문제의 기본을 다루어야 사회안정이 가능할 뿐만 아니라, 만민복지와 세계인류에게 공헌 할 수 있는 道德政治를 펼 수 있을 것이다. 孔子에게 정사를 맡기면 3년이면 다 이룰 수 있다고 말하였다. "2년이면 나라의 줄거리를 세우고 3년이면 이룰 수 있다"고 말하였다(論語 子路편).

제75장
세금을 너무 많이 걷지 말라. 탐욕은 금물이다 ★

지도자가 성취된 업적의 공덕 중 큰 몫을 차지하면 그 집단은 번영하지 못할 것이다. 지도자가 일이 일정한 방식으로 처리되도록 엄한 통제를 한다면 집단성원들은 저항하고 반항할 것이다. 만일 지도자가 비판적이고 가혹하다면 집단성원들은 둔감해지고 비응답적으로 될 것이다. 현명한 지도자는 탐욕스럽지 않으며 이기적이지 않고 방어적이지도 않으며, 또는 강요적이지도 않다. 이것이 지도자가 어느 사태도 자연스럽게 전개되도록 허용할 것이라고 신뢰를 받는 이유이다.

原文

民之饑 以其上食稅之多 是以饑 民之難治 以其上之有爲 是以難治 民之輕死 以其上求生之厚 是以輕死 夫唯無以生爲者 是賢於貴生

주

上: 위에 있는 자.

주해

금년은 기근의 해이다. 그리고 나의 수입은 부족하다. 어떻게 해야 할까요? 有若(공자의 제자)이 답한다. '10%의 세율로 복귀하시오.' 통치자(哀公-Lu 국)는 말한다. 그러나 나는 20% 세율로도 살아갈 수 없소. 그런데, 어떻게 10%로 생존할 수 있는가? 有若이 답한다. 국민이 원하지 않을 때엔, 왜 통치자가 원해야 하는가? 국민이 원한다면, 왜 통치자가 원해서는 안 되는가?(論語: 12.9). 국민들은 숨어버리고, 무질서가 만연하는데 이는 위에 있는 사람 때문이다. 밑에 있는 사람들은 윗사람을 추종한다(王弼). 윗사람이 너무 많이 가져가면, 아랫사람은 가난해 질 것이다. 윗사람이 너무 많은 강제력을 사용하면, 아랫사람들은 반란을 일으킬 것이다. 이것은 당연한 일이다. 국민들이 자신들의 생명이 더 중요하다고 생각하면, 그리고 그들이 타인의 생명을 무시하면, 왜 타인들이 죽음을 가볍게 여겨서는 안 되는가? 성인들은 강제되지 않는 한, 생명에 관하여 생각을 하지 않는다(李息齊). 강도나 도적들은 기근과 추위로 인해 발생한다. 만일 사람들이 배고프고 살아갈 다른 방도가 없을 때에는, 훔치는 것 이외에는 다른 선택지가 없다. 사람들이 훔칠 때엔, 그것은 윗사람들이 그렇게 강제하기 때문이다. 그들은 국민들이 도둑질에 의거하도록 강제하고 그 연후에 영리함과 법으로 통치하려고 한다. 그러나 법을 많이 만들수록 도둑은 더 늘어난다. 사형집행자의 도끼의 위협마저도 그들을 겁나게 하지 않는다. 국민들이 죽음에 의해서도 겁먹지 않는 이유는 윗사람들이 생명에 그만큼 관심이 많기 때문이다(德淸). 윗사람이 국민을 이끌기 위하여 강제력을 사용하면 국민들은 힘으로 대응한다. 따라서 복잡화가 커지면 국민들은 통치하기 힘들게 된다(蘇轍). '강제적'이란 통치자의 힘과 무기에 대한 사랑을 지칭한다. 그러나 무기가 많이 보급되면 무질서가 확실시 된다(王眞). 사람들이 자신들의 할당된 햇수를 살 수 없고 인생 중간에 사형에 처해지는 이유는 그들이 생명을 그 만큼 생각하기 때문이다. 반면에, 살아남기 위해 아무것도 하지 않는 사람들은 자신들의 생명을 연장할 수 있다(淮南子: 7, 122BC에 사망, 한나라 초대왕인 劉邦의 손자 劉安, 도교에 심취했었음).

살아남기 위해 아무것도 하지 않는 사람만이, 직함 또는 閑寂함에 동요되지 않는 사람만이, 금전 또는 특혜에 영향을 받지 않는 사람들만이, 황제에 봉사할 것을 거절하거나 그 밑의 군주를 위한 심부름을 거절하는 사람만이 생명을 사랑하는 이보다 더 존경을 받는다(河上公). 자연의 도는 항상 사물을 뒤집는다. 몸이 없는 물건은 산다. 몸이 있으면 죽는다. 살아남기 위해 그리고 특혜를 얻는 것은 죽음의 시작이다. 살아남지 않고 특혜를 빼앗김은 생명의 시작이다. 살기 위해 일하지 않는 사람은 장수한다. 마지막 두 개의 문장의 의미는 이렇다. 만일 이 몸을 갖지 않는다면, 무슨 근심이 내게 있겠는가?(王道). 만일 이 세 개중 하나만 이해한다면, 나머지 두 개도 이해할 수 있을 것이다(王旁-王安石의 아들).

・・・

해석

백성들이 굶주리는 것은 그 위(나라)에서 받아먹는 세금이 많기 때문이다. 이 때문에 백성들이 굶주린다. 백성을 다스리기 어려운 것은 그 위에서 간섭하기 때문이다. 이래서 다스리기 어려운 것이다. 백성들이 죽음을 가벼이 여기는 것은 그 위로 두터운 삶을 지나치게 추구하기 때문이다. 이래서 백성들이 죽음을 가벼이 여기는 것이다. 대저 살기 위해서 아무것도 하지 않는 자야말로 그 삶을 귀중히 여기는 사람보다 더 현명한 자이다.

해설

국민들이 굶주리는 것은 부당한 세금으로 수탈하기 때문이다. 국민들이 저항하고 반항하는 것은 난치(難治)하게 하는 지도자의 가혹한 통제 때문이다. 지도자가 비판적이고 가혹하면 성원들은 둔감해지고 비응답적으로 된다. 지배자가 사치일락을 일삼고 사리사욕을 채우기만 하면, 국민은 도심(道心)을 버리고 도의 표현인 생명(生命)마저도 가볍게 여기게 되어 살인, 강도 등 강력범이 증대할 것이다. 지배자들이 유위유욕(有爲有欲)의 정치로 사회를 병들게 하고 있으며, 생을 너무 집착하여 너무 호화롭게 하려는 데에서 국민들이 오히려 죽음조차 우습게 여기는 풍조가 만연해 지는 것이다.

모름지기 지도자는 내 욕심만 부리는 ego의 유위에서 벗어나 무지무욕(無知無欲)으로 '참나', 즉, 神性으로 복귀하여 탐욕과 사리사욕을 뛰어넘어 대아적 효율성을 높이고자 노력해야 할 것이다. 결국 自我(ego)는 죽어 없어져야 한다. 이렇게 될 때, 지도자는 도, 성령, 하느님과 연결된 참나, 靈我, 佛性, 法身, 사트바, 一心, 絕對智, 一切智, 얼, 니르바나, 보헤미아와 더불어 좋은 정치를 펼 수 있다.

이러한 것을 생명에 집착하지 않는 지도자가 생명을 귀하게 여기는 지도자보다 현명하다고 하는 것이다. 이러한 지도자는 공연한 억지, 공연한 간섭을 하여 강요하지 않고 사태가 자연스럽게 전개되도록 놔두는 여유를 갖는다. 과세율의 인하와 과세부담의 공평성, 경제규제의 철폐, 사회규제의 강화, 그리고 무엇보다도 지도자의 무지무욕, 불수불탐의 생활화로 경제의 활성화와 사회적 안정, 민생의 안정을 기할 필요를 말한다.

제76장
柔弱處上 – 산사람은 부드럽고 물렁하다 ○

탄생 시에는 사람은 융통성이 있고 유약하다. 사망 시에는, 사람은 굳어 있고 뭉쳐 있다. 식물과 나무들의 생명을 고찰해보라. 가장 왕성하게 성장할 적에는 이것들은 상대적으로 부드럽고 유연하다. 그러나 완전히 성장하고 죽기 시작할 때에는 이것들은 딱딱해지고 부셔지기 쉬운 것으로 된다. 성장을 마치고 굳어진 나무는 목재로 잘린다. 굳어진 집단지도자는 반복적이고 구조화된 훈련을 지도할 수는 있으나 생생한 집단과정에 대처할 수는 없다. 융통성 있고 흐르는 것은 무엇이든지 성장하는 경향이 있다. 엄격하고 굳어진 것은 어느 것이든 쇠약해지고 죽을 것이다.

原文

人之生也 柔弱 其死也 堅强萬物草木之生也 柔脆 其死也 枯槁
故堅强者 死之徒 柔弱者 生之徒 是以兵强則不勝 木强則兵强
大處下 柔弱處上

주

強大: 예컨대 나무줄기. 柔弱: 예컨대 나뭇가지나 잎. 柔脆: 柔弱, 부드럽고 연한. 枯槁: 말라 시들은 것. 兵: 칼로 끊기는 것.

• • •

해석

살아 있는 사람은 부드럽고 약하나 죽으면 굳고 뻣뻣하다. 만물과 초목도 살아서는 부드럽고 연하지만 죽으면 말라 딱딱하다. 그러므로 굳고 강한 것은 죽음의 무리이고, 부드럽고 약한 것은 삶의 무리이다. 이 때문에 군대가 지나치게 강하면 이기지 못하며, 나무가 강하면 부러진다. 強大한 것은 아래에 자리하고, 부드럽고 약한 것은 위에 자리한다.

해설

부드럽고 유연한 자세로 처세를 할 것을 말한다. 굳어 있으면 구조화된 훈련은 지휘할 수 있을지 모르나, 생생한 집단과정에 대처하기에는 적합하지 않다. 그러므로 전쟁에서도 병사가 강하기만 하고 융통성이 부족하면 패하게 된다.

제2차 대전당시 영국과 미국 등 연합군이 승리한 것도 독일군의 융통성의 부족과 지나친 합리성도 한 패인이었음을 기억할 필요가 있다. 노르망디 상륙작전에서 특히 나바론전투에서의 독일군과 연합군 특수부대와의 대결을 상기하라. 독일 장교들은 자신들의 투철한 합리주의를 믿은 나머지(유연성을 잃고 강고한 사고의 틀에 묶이어) 특수부대가 절벽을 기어오르는 기습작전에 대처하지 못했다.

석가가 不取外相 自心返照하라고 해서, 자신의 마음속 靈性의 말을 들어야 한다고 한 것은 살아 있는 신앙을 강조한 것이다. 우리는 각자 내면에 생생히 존재하는 순수한 알아차림을 놓치고 '형상'과 개념에 집착하는 병에 걸려 있으면 안 된다. '순수한 알아차림'으로 항상 존재하라. 이미 완전하고 淸淨하다. 그 자리에 있으면서 그 밖의 것을 찾지 말라. 이것이 佛性이요 本性이다. 靈性이다. 道이다. '참나'인 것이다. 개념으로도, 형상(form)으로도 찾지 말라. 초월하라. 개념이나 형상은 똥 막대기 같은 것이다. 생각을 멈추면 초월된다. 모든 인연법에서, 모든 인과법에서, 이분법에서 해방된다. 예수가 말하는 천국, 성스러움, 贖罪(redemption), 救援(salvation), 깨달음(enlightenment) 등도 마음 밖에서 찾으면 불가능하다. 一切唯心造이다. 유약한 것은 위에, 강대한 것은 밑에 자리한다. 위는 형이상의 세계요, 밑은 형이하의 세계이다. 위는 道니, 진리니, 原象, Idea요 밑은 형상의 변화이다. 위는 절대요, 밑은 상대이다. 그 상대는 절대의 변형된 모습이다. 절대와 상대는 하나(一)인 것이다. 唯一神이다.

제77장
天道는 높은 곳을 밀어내리고
낮은 곳을 끌어올린다 ○

자연적인 사건들은 순환적이고, 항상 한 극단에서 반대편을 향하여 변화한다.

활과 화살을 상상하라. 궁수가 활을 잡아당길 때, 멀리 떨어져 있던 활의 양쪽 끝이 가까이 다가서서, 줄과 나무 사이의 좁은 공간은 넓어지고, 쉬고 있던 활줄은 팽팽해진다. 궁수가 활을 놓을 때에, 다시 한 번 이 과정은 마치 긴장이 풀리듯이 반대로 진행된다. 그것이 자연의 방법이다. 즉, 긴장했던 것이 느슨해지고, 빈 공간은 채우며, 넘치는 것은 줄인다. 물질만능주의와 자연정복에 기초한 사회는 이 순환 고리를 극복하려고 작동한다. 어떤 것이 좋으면, 더욱 더 많은 것이 더 좋은 것이고, 절대적인 포식상태가 최선처럼 보인다. 동시에 가진 것이 거의 없는 사람들은 더 조금 갖게 된다.

현명한 지도자는 사물의 자연질서를 따르며, 소비사회를 모범적인 것으로 받아들이지 않는다. 타인에게 봉사하고 관대해짐으로써 지도자는 풍요를 안다. 사적 욕심 없음으로써 지도자는 타인이 스스로를 실현하도록 돕는다. 私心없는 촉진자로서, 칭찬이나 보수에는 무관심한 지도자는 힘이 강해지고 성공적이 된다. 지도자의 행동들은 정반대와 순환을 이해하는 것에 기초를 두었기 때문에 그 기능수행이 잘된다. 효과적인 행동은 다만 후진하는 것처럼 보일 뿐이다.

原文

天之道 其猶張弓與 高者抑之 下者擧之 有餘者損之 不足者補之 天之道 損有餘而補不足 人之道 則不然 損不足而奉有餘 孰能有餘而有以取於天者 唯有道者 是以聖人爲以不恃 功成而不處 其不欲見賢

주

與: 歟와 마찬가지로 疑問詞.

• • •

해석

하늘의 도(道)는 큰 활을 당기는 것과 같은 것인가? 높은 곳은 눌러 내리고, 낮은 곳은 들어 올린다. 남는 곳은 덜어주고 부족한 곳은 보태준다. '하늘의 도'는 이처럼 남는 것을 덜어 부족한 곳을 보충해준다. 그러나 '사람의 도(道)'는 그렇지 않으니, 부족한 자의 것을 덜어 남는 자를 돕는다. 누가 능히 남음이 있어서 천도를 받들어 취하는 자가 누구인가? 오직 '도'가 있는 자이다. 이래서 성인은 만물을 위하되 기대지 않으며, 공덕을 이루고도 '내 공덕'으로 삼지 않는다. 따라서 자신의 현명함을 나타내려 하지 않는다.

해설

福祉의 중요성을 강조한다. 남는 곳(부유한 자)에서 덜어서 부족한 곳을 채워준다. 이것이 天道이다. 人道는 반대로, 부족한 곳에서 덜어서 남는 곳을 도와준다. ego의 입장에서는 복지는 반대한다. 소아적 능률성에만 몰두하기 때문이다. 그러므로 사회의 지도자는 천도를 취한다. 대아적 효율성을 추구하기 때문이다. 국민이 바라는 것은 지력과 권력과 부력의 공평분배이다. 그리고 이것을 실천에 옮길 수 있는 것은 도인이나, 철학자 몇 명도 아니고 특정 종교 집단도 아니다. 오직 정치인뿐이다. 천도를 실현할 의지가 투철한 '의로운 정치인 집단' 뿐이다.

복지는 4端 가운데 정의(義)와 관련된다. 천도는 1941년 11월 28일 대한민국 임시정부가 밝힌 대한민국 건국강령에서 그 구체적인 내용을 찾아볼 수 있다. 궁극적 목적은 도덕국가, 통일된 복지국가이다. 시계열적 목표의 구체화가 필요하다. 현재로부터 시작하여 3만 불 시대에 접어들고 2020년까지 7대 경제 강국이 될 때까지 안보와 경제성장이 우선적 정책목표여야 한다. 이제까지의 현실 정치에서 혹은 인기영합에서든 정권쟁탈을 위해서건 여야를 막론하고 '보편적 복지'를 약속했다. 이를 실천하려면 천문학적인 예산이 예상된다. 화두는 "앞의 경제예측에 맞춰 세계 2등 국이라는 고지를 목표로 하자면, 보편적 복지를 욕심대로 시행하면 나라가 망할 지경이다. 어느 것을 희생시키고(잠정적 희생과 최소한의 공적복지) 5000년 만에 찾아오는 호기를 잡아 경제성장에 매진할 것이냐?"가 되겠다. 노자의 혜안에 비추어 답을 내려주기 바란다. 다만, 이를 국민투표에 붙여 국민적 결단으로 결정할 것을 제안하는 바이다.

복지 자본주의(welfare capitalism)는 근대 자본주의의 근대화후기로의 확대를 뜻한다. 국가권력의 추가적인 증대, 비 자본가적 계급의 확충이 지속될 것이다. 그러나 구조의 기본적인 변화는 없다. 스칸디나비아반도 사회가 근접하는 사회이다. 능동사회 구축에는 국가권력이 증대되어야 한다. 지속적으로 증대하고 있는 평등주의에 응답적이려면, 국가권력이 증대되는 것만이 최적의 대응성에 유리하기 때문이다. 생각건대, 보편적 복지에는 두 의미가 내재되어 있다. 즉, (1) 광의로는 모든 정책과 관련된 다른 제도와의 整合性 (2) 보건복지부의 정책(공적부조정책, 각종의 사회보험, 각종의 사회복지 서비스)이다.

모든 정책의 수혜자로서의 국민개인은,

1) 인간의 욕구체계상 하위단계에서부터 최상위 단계까지 충족되

어야 한다. 크게 보아, 국방과 치안 정책으로 모든 국민은 생명, 재산, 생존의 보장을 받는다. 安保 없이 복지 없다. 정치선진화 없이 국민의 복지는 불가능하다. 오히려 정치의 후진성 때문에 국민의 '정치적 효능감(political efficacy)'은 떨어진다. 이것도 逆福祉이다.

2) 국내적으로 복지정책수단에 의해 '삶의 질'이 향상될 것이 요구된다. '인간의 존엄성'을 극대화하는 것이 보편적인 목표이어야 한다. 교육은 개개인의 소질을 발견하는데 최선을 다 하는 교육이어야 한다. 지식 위주만 아니고, 그 지식을 활용하는 단계에까지 교육은 이루어져야 한다. 어떤 가치관을 함양해야 하는가가 문제이다. 천손으로서의 자긍심을 갖도록 하고, 홍익이념을 내면화하는 홍익인간으로 키워야 한다. 군자, 보살, 선비정신의 소유자가 이상적이다.

3) 복지정책도 다른 정책과의 연계의 틀 안에서 이해되어야 한다.

4) 기본적으로 개인의 문제는 개인 책임으로 해결해야 한다. 개인은 본래 자율적인 존재이다. 그렇기에, 각 개인은 선별적으로 복지수혜 대상자가 되어 공짜로 지원받는 것을 기꺼이 여기지 않을 것이다. 그러나 개인차원으로 해결할 수 없는 '사회문제'는 국가적 및 사회적 차원에서 해결해야 한다.

제78장

부드러우나 강한 것(Soft and Strong):
柔之勝强의 道理 ◎

물은 유동적이며 부드럽고 순종적이다. 그러나 물은 굳고 굽힐 줄 모르는 바위를 마모시킬 것이다. 규칙상, 유동적이며 부드럽고 순종적인 것이라면 굳어지고 딱딱한 것을 극복할 수 있을 것이다. 현명한 지도자는 순종이 저항을 극복하고 온유함이 강건한 방어망을 녹여버린다는 것을 알고 있다. 지도자는 집단 에너지의 힘과 쟁투를 벌이지 않으나, 유동적이며 순종하고 흡수하며 흘러가도록 놔둔다. 지도자는 신기정(神氣精)을 많이 낭비하는 것을 참아내야 한다. 지도자가 물과 같지 않다면, 지도자는 꺾일 것이다. 부드러워 질 수 있는 능력이 지도자를 지도자답게 만드는 것이다.

이것은 또 다른 역설이다. 즉, 부드러운 것이 강한 것이다.

原文

天下莫柔弱於水 而攻堅强者莫之能勝 以其無以易之 弱之勝强 柔之勝剛 天下莫不知 莫能行 是以聖人云 受國之垢 是謂社稷主 受國不祥 是爲天下王 正言若反

주

垢: 더러움과 욕되는 것. 社稷: 왕조시대에는 地神과 五穀神에게 제사지내는 제단이 있었으며, 이 제사의 주재자는 국왕이었다. 이와 관련하여 1사직은 나라의 독립을 상징하게 되었다.

• • •

해석

천하에 물보다 더 부드럽고 약한 것은 없다. 그러나 견고하고 강한 것을 공격하는 데에는 물보다 뛰어난 것은 없다. 이는 물이 바뀌지 않기 때문이다. 그러므로 부드러운 것이 강한 것을 이기고 약한 것이 강한 것을 이긴다는 이치를 천하에 모르는 사람이 없건만, 이것을 실천하는 사람이 없다. 이 때문에 성인들이 이르기를 "나라의 온갖 욕됨을 한 몸에 지는 사람을 社稷의 주인이라 하고, 나라의 온갖 재앙을 한 몸에 떠맡는 사람을 천하의 왕이라 한다"고 한 것이다. 올바른 말은 뒤집는 말이나 틀린 소리처럼 들리는 것이다.

해설

유약의 처세를 말한다. 나라의 치욕을 몸에 받아들일 수 있는 사람은 이를 사직이라 하고, 천하의 재액을 받아들일 수 있는 사람을 세계의 왕이라고 할 수 있다. 이러한 사람은 물과 같이 유약의 덕을 실천할 수 있는 사람이어야 한다. 개인생활에서나 국가생활에서 보통 강권을 발동하고, 억센 힘으로 해결하려고 한다. 이러한 강함은 참된 평화, 참된 행복을 가져 오는 것이 아니고 그 반대인 유약의 태도가 승리한다는 것이다. 강약을 상황에 맞게 쓸 줄 알아야 할 것이다. 이것이 도이기 때문이다. 노자의 본래 사상을 유지하면서 실생활에 적용할 때에는 '도'에 입각하는 것이 효과적일 것이다. 남성적인 것과 여성적인 것을 도에 맞게 쓰고, 재충전하기 위해 기도하는 생활을 해야 한다는 점은 이미 28장에서 자세히 설명한 바 있다. 나라, 천하의 치욕과 재앙을 받아들일 수 있는 이를 道人, 부처, 內聖外王이라고 할 수 있다. 부처의 마음은 떠오르는 생각이 그 어떤 생각이든지 집착하지 않을 수 있는 마음이다. 貪瞋痴, 공포(fear), 惡運, 不安(anxiery), 슬픔(sadness), 업장(karma) 등이 이미 텅 비어 있음을 아는 사람을 부처, 道人이라 할 수 있다. 모든 중생은 스스로 구제하는 것이지 남에 의해 구출되는 존재가 아니라는 것을 철저히 알아 간섭하고 평가하지 않는다. 모든 중생은 자율적 존재라는 것이다. 따라서 수도자나 정치인이 흔히 오해하듯이 '내가 중생을 구제하고자 한다'는 말은 틀린 말이다. 왜냐하면 自我(self, ego)는 없기 때문이다. '참나'로 사는 것이 道人이다.

제79장
天道無親-언제나 착한 사람 편에 선다 ◎

만일 어느 한 명의 집단성원과의 논쟁에 휘말리고, 당신이 원하는 대로 결론이 나지 않더라도, 당신의 진정한 감정을 견지하면서 타협하는 척 하지 말라. 당신의 입장을 우아하게 굽혀라. 실제로 전개되는 것을 촉진시키는 일에 복귀하여라. 옳고 또는 논쟁에서 승리하는 것은 당신이 할 일이 아니다. 다른 사람의 입장에서 단점을 찾는 것은 당신의 일이 아니니다. 다른 사람이 승리하더라도 외소해지는 것은 당신이 할 일이 아니다. 승리하든 패배하든, 현재 일어나고 있는 일을 촉진시키는 것이 당신이 할 일이다. 우리는 모두 하나이기 때문에 편을 들 만한 편이 없다. 모두 말하고 행한 다음, 현명한 지도자는 어떻든지 지금 일어나고 있는 일과 함께 가는 것이다.

原文

和大怨 必有餘怨 安可以爲善 是以聖人右介 而不責於人 故有德司介 無德司徹 天道無親 常與善人

주

왕필본에는 "聖人執左契"으로 되어 있으나, 백서본에는 "聖人右介" 성인이 도와준다로 되어 있다. 司介: 증문을 맡아 보는 자, 차용증서를 받는다. 司徹: 억지로 통하게 하는 자. 담보를 맡는다. 徹: 稅法의 이름. 10분의 1의 세금.

∙∙∙

해석

큰 분을 풀어도(화해시켜도) 반드시 마음속에는 원한이 남아 있으니, 이것이 어찌 좋다고 할 수 있겠는가? 이 때문에 성인은 왼쪽 어음(채권)을 잡고도 남에게 지불요구를 하지 않는다. 그러므로 '덕(德)이 있는 이는 문서(차용증서)를 맡지만, 덕이 없는 사람은 세금을 맡은 사람처럼 잡힘(담보)을 맡는다. 천도(하느님의 靈)는 사사롭게 친애하지 않고 언제나 착한 사람 편에 함께 한다.

해설

남에게 빚을 주어도 그 빚을 독촉하지 않으며, 친소가 없기에 어떤 특정인에게 특혜를 주거나 보조를 주거나 장학금을 주거나 자리, 공로상을 주거나 하지 않는다. 무위자연의 도를 체득하였기 때문에 가능한 것이다. 숨을 통한 공기, 그 에너지, 햇빛, 땅에서 나온 각종의 에너지원, 이 모든 것들은 공짜로 얻는다. 천지자연이 거저 주는 것이다. 그러면서 인간세계에서 친소를 두고 차별할 수 있겠는가? 상호 협조할 뿐 다투지 않는 것이 자연의 생태이다. 자연에서 배우자. 天道는 無親이요 常與善人한다. 우리들 사람과 사람이 이 세상에서 만나는 것은 눈먼 거북이가 바다 한 가운데에서 나무를 만나듯이 기적과 같은 것이다(盲龜遇木의 기적). 이 지구상 62억 인구 중에 우리가 만나는 사람은 몇 백 명에 지나지 않는다. 그렇게 만남은 귀한 것이다. 그 만남을 귀중히 여겨 서로 잘 융화를 이루어 살아야 한다. 우선 상대방에 대한 원망이 없어야 한다. 원망을 하는 자도 원망 이전에 갖고 있던 마음의 평화를 깨고 괴로워하므로 손해이니 빨리 털어버려야 본인에게 이롭다. 그러므로 "남 탓하지 말라!"는 천손이 지켜야 할 제일의 金言이어야 한다. 또한 금전거래를 하다가 약속을 지키지 않아 속이 상할 수도 있다. 그러면, 돈을 빌려준 동기부터 살펴서 이자를 받기로 했다면 얼른 잊어버리는 것이 본인의 정신 건강을 돕는 일이다. 많은 경우, 자신의 과욕이 원인이 되는 경우가 많다. 그러므로 천손을 위한 제2의 金言은 "自利利他가 준칙이다." 黃金律을 지켜야 하는 이유이기도 하다.

불교 교리에서도, 사람은 타인을 도울 수 없다고 한다. 자율적 존재이기 때문에 누구나 스스로 자각하여 고통으로부터 벗어난다는 '자율적 인간관'에 입각하여, 감히 남에게 가르친다거나 구제 한다거나 남을 비판하지 않는다. 중생은 이미 구원된 존재인데 그들은 단지 그 사실을 알아차리지 못할 뿐이다. 장학재단을 세워 인재를 키우는 것도 그들을 돕고자 하는 행위가 아니고, 이 법계(세상 전체)를 위한 행위이다. 이 전체의 범위가 확대되어 글로벌할 수도 있는 것이다. 우리 모두가 각자의 힘으로 살아야지 도움을 바라서는 안 된다. 거저 주어서도 안 된다. 스스로를 구출하도록 법보시를 해야 한다. 굼벵이도 밟으면 꿈틀한다. 그만큼 생명과 자존심을 귀히 여기는 것이다. 그러므로 천손을 위한 제3의 金言은 "自律的 人間觀을 생활화 한다"는 것이어야 한다.

소크라테스도 죽기 전에 친구한테 빌린 닭 한 마리를 갚지 못해 안타깝게 여겼다. 이처럼 우리는 남에게 진 빚을 갚아야 한다. 우리민족이 세상의 타민족에게 진 빚은 어떤 형태로든 갚아야 한다. 지금이 바로 그때이다. 고마운 마음으로 인류대민사업을 하여 갚아야 한다. 5천 년 역사에, 이 만큼 살아본 적은 처음이다. 인류문화의 발전에 기여할 때가 온 것이다. 조상의 얼을 빛내는 사업이어야 한다. 하느님과 부처님이 기뻐하시고 조력자를 보내 주실 것이다. 성령과 천상보살들과 신장님들을! 그러므로 천손을 위한 제4의 金言은 "우리들 천손은 인류를 위한 대민사업에 헌신적으로 참여하여 우리민족이 세계에 진 빚을 대신 갚고, 세계인류를 위하여 모범적인 빈곤퇴치운동에 능동적으로 참여하여 조상의 얼을 빛내야 한다"는 것이어야 한다.

제80장
단순한 삶-행복한 삶: 小國寡民과 創造産業 ◎

자유스럽기를 원한다면 단순하게 사는 것을 학습하라. 가진 것을 이용하고 당신이 있는 곳에 만족하라. 다른 곳으로 이사하거나, 배우자 또는 직업을 바꿈으로써 당신의 문제를 해결하는 시도를 중지하라. 자가용을 차고에 남겨두어라. 총이 있으면 집어치워라. 그 복잡한 컴퓨터를 팔아버리고 연필과 종이를 사용하던 것으로 복귀하라. 매번 새로운 책을 읽기보다 고전을 다시 읽어라.

그 지방에서 자란 음식(채소, 과일)을 먹어라. 간단하고, 오래 입을 수 있는 옷을 입어라. 집은 적고, 깔끔하고 청소하기 쉬운 것으로 유지하라. 약속이 없는 기간으로 달력을 비워두라. 영적인 연습(명상)시간을 가지고, 가족문화가 자라도록 하라.

물론 이 세상은 신기한 것과 모험적인 것으로 가득하다. 매일같이 새로운 기회들이 다가오고 있다.

原文

寡民 使有什佰之器而不用 使民重死而不遠徙 雖有舟與 無所乘之 雖有甲兵 無所陣之 使民復結繩而用之 甘其食 美其服 安其居 樂其俗 隣國相望 鷄犬之聲相聞 民至老死 不相往來

주

什佰: 什은 열 명, 伯은 백 명의 한 부대, 즉 군대로 보는 해석에 따른다.

・・・

해석

나라도 작고 백성도 적다하자. 열 사람, 백 사람이 함께 쓸 그릇을 두고도 쓰지 않게 한다. 백성들이 죽음을 무겁게 하여 먼 곳으로 이사하는 일이 없도록 한다. 비록 배와 수레가 있어도 타고 다닐 곳이 없다. 비록 갑옷과 무기가 있어도 진 칠 데가 없다. 백성들이 다시 노끈(繩)을 매어 셈을 하게 한다. 그 음식이 달고, 그 옷이 베옷 일지라도 아름답고, 오막살이일지라도 살기가 평안하고, 그 풍속이 즐겁다. 이웃 나라가 서로 바라다보이며, 닭이나 개의 우짖는 소리가 마주 들리는데 있을지라도, 백성들이 늙어 죽도록 서로 가고 오지 않는다.

해설

단순한 삶으로 행복지수를 높이자. 간디가 영국에 저항하여 독립운동을 할 때에 '영국의 제국주의 상징'이라고 생각을 해서인지, 영국의 기계문명에 반대하는 상징으로 늘 물레만 사용했다. 그것은 비폭력 무저항주의를 시범적으로 보이는 작위적인 노력이었다고 보아야 하지만, 그의 정신만은 배울 필요가 있다. 요즈음에는 기계문명을 거부하는 것이 사실상 불가능하다. 따라서 기계(컴퓨터, 기타 등)를 사용할 줄 알아야 한다. 펜 없는 행정, 서신 교환 없는 전자우편시대, 교통 통신이 급속도로 발전한 世邦化時代를 우리는 살고 있는 것이다. 소국과민(小國寡民)이라. 나라를 작게 하고 백성을 적게 하라. 남북한이 합치면 지금의 독일 인구하고 비슷한 8천만 정도가 될 것이다. 일단은 그것으로 만족하자.

지족사상(知足思想)이 행복을 가져 온다. 그래야만 새로운 힘을 얻어 다시 뛸 수 있다. 과거의 성취에 만족하고 즐거워 할 수 있어야 이상적인 상태로의 지속적인 진입(進入)을 하기 위한 창조를 신나게 할 수 있을 것이다. 창조 작업을 신명나게 하여 즐거움이 되어야 한다. 그런 사람이 많아져야 된다. 머리가 명석하고 예능적 자질이 우수한 우리 민족이므로 충분히 해 낼 수 있는 일이다. 새로운 시대를 여는 지도자가 유념할 일이다. 선진국에 진입하는 데에는 필수적으로 創造的인 두뇌의 개발이 국가적 사업으로 우선적으로 채택되어야 한다. 옛 조상들의 터전인 두만강 압록강 이남의 땅과 만주 평야의 회복을 지향하는 정책(統一政策과 捲土重來政策)

은 미래에 해결할 민족적 과제이다. 노자의 정치관을 엿볼 수 있다. "나라 작은 것이 걱정이 아니라 고르게 살지 못하는 것이 걱정이요, 가난한 것이 걱정이 아니요 안정하지 못한 것이 걱정이라"고 공자는 말하고 있다. 전쟁을 많이 하는 것이 국민의 마음을 不安하게 하고, 고르게 살지 못하는 것이 가난 그 자체보다도 더 걱정이라는 것이다. 전쟁 없고 평화롭게 골고루 배분적 정의에 맞도록 살아야 국민의 불만이 적다는 것이다. 이 문제를 해결하는 방법은 나라 전체가 경제발전을 통해 전체 파이를 키워야 절대적 불평등이 해결된다. 상대적 불평등 문제의 해법에는 여러 논설이 있지만, 나라발전에 기여한 만큼의 보상원칙을 지키되 가치분배상에서 양 당사자들이 큰 문제를 제기하지 않을 조건만 충족되면 협상도 바람직하고 효율성도 증대된 것으로 볼 수 있기 때문에 현실성이 가장 많은 기준이다. 가치배분의 형평성은 원래 윤리적인 개념으로써, 자유민주사회에서는 어느 누구도 공정성에 대한 가치판단을 독점할 수 없기 때문에 민주적인 절차를 밟아야 한다. 따라서 민주적인 협상절차는 절차적 차원에서의 형평성 확보의 충분조건이자, 결과적 공정성을 보장하는 필요조건이다. 이밖에 공평분배에 관한 논의에서, 분배 이후의 구조적 형태에 관한 것이다. 예를 들면, 마름모꼴은 중간계층이 두터운 것을 선호하고, 그 다음에 아치형은 기본적인 수요는 평등하게 배분하고 최상위층에게는 창조성을 자극한다는 평가가 가능하다. 아무튼 이러한 형태에 관한 선호도 협상, 국민투표 등 민주적인 절차가 필수적이다. 지난한 문제이다.

제81장
큰 公的인 것을 위해 私事로움을 추구한다
－大公有私의 삶과 福祉國家의 건설 ◎

듣기 좋은 것들을 말하는 것보다 단순하고 퉁명스런(날이 무딘) 진실을 말하는 것이 더 중요하다. 집단은 웅변시합장이 아니다. 논쟁에서 이기기보다는 모두를 대신하여 행동하는 것이 더 중요하다. 집단은 토론을 하는 사회가 아니다. 모든 것을 일정한 이론의 용어로 설명할 수 있는 것보다 현재 벌어지는 일에 현명하게 반응하는 것이 보다 더 중요하다.

집단은 대학의 학기말시험장이 아니다. 현명한 지도자는 일련의 성공들을 수집하지 않는다. 오히려 지도자는 실천적으로 다른 사람이 스스로 성공하는 법을 찾도록 도와준다. 그러므로 둘러 볼 것이 많이 있다. 타인과 성공을 공유하는 것은 대단히 성공적이다. 모든 성공의 창조 뒤에 숨은 유일의 원리는 모두를 축복하고 아무도 훼손하지 않는 것이 진정한 혜택이라는 것을 우리에게 가르친다.

현명한 지도자는 일을 처리하는 것에 대한 보상은 일 자체로부터 자연스럽게(저절로) 나온다는 것을 알고 있다.

原文

信言不美 美言不信 善者不辯 辯者不善 知者不博 博者不知 聖人不積 旣而爲人己愈有 旣以與人己愈多 天之道 利而不害 聖人之道 爲而不爭

주

不積: 積을 자로 읽히기도 한다. 쌓아 두지 않는다는 뜻이니, 성인의 마음은 빈 것 같아서 아무것도 쌓아둔 것이 없다는 것. 爲而不爭: 성인은 무위로써 행하기 때문에 다툼이 일어날 수 없다는 것. 旣: 다한다. 盡과 뜻이 같다. 皆의 뜻, 이미로 읽기도 한다. 愈: 益, 甚의 뜻. 與: 施子, 준다.

· · ·

해석

미더운 말은 아름답지 않고, 아름다운 말은 미덥지 않다. 착한 사람은 말 잘하지 못하고, 말 잘하는 사람은 착하지 않다. 아는 사람도 앎이 넓지 못하고, 앎이 넓다고 하는 사람도 다 아는 것 아니다. 성인은 아무것도 쌓아두지 않는다. 이미 남을 위해 도왔으나, 자기 것이 더욱 불어나고, 이미 남에게 베풀었으나 자기 것이 더욱 많아진다. 그래서 '하늘의 도'는 이롭게 하지 해롭게 하지 않으며, '성인의 도'는 위해주되 다투지 않는다.

해설

福祉政策의 원리를 강조하고 있다. 복지정책의 목적은 복지수혜자가 스스로 自立自助自足하여 행복을 추구할 수 있게 하고, 안으로 자주독립의 자세를 확립하여, 밖으로 인류공영에 이바지하도록 돕는 것이어야 한다. 그러기 위해서는 하나님이 우주만물에 에너지를 쏟아 부어 생장시키지만 아무것도 바라지 않는 것처럼 해주어야 한다. 국민 각자도 하나님의 영(靈)을 받아, 성령의 뜻을 알 수 있게 하여야 한다. '참나'를 아는 것이 지혜이며 견성이고, 소아에서 벗어나 대아의 경지에 오를 수 있어야 한다. 정치인에게도 대아(大我)의 봉사정신이 있어야 한다. 국민을 위해주되 국민과 다투지 않는다. 부쟁(不爭)이어야 한다. 이것이 '참나'를 깨달은 사람의 말이다. 확실히 노자는 영원한 생명인 '참나'를 깨달은 사람이었다. 따라서 그의 말은 단순히 老獪한 처세인이 되라는 것이 아니고, 純眞하고 素朴한 신앙인이 되어야 한다는 것을 알아들어야 한다.

통치자의 마음은 국민의 마음과 같이 하나가 되어야 한다. 국민이 슬프면 '내'가 슬퍼 미리 미리 이 같은 사태를 막아내는 정책을 시행토록 해야 한다. 국민이 기쁘면 '내'가 기쁘며, 부정부패와 비리를 보고 국민이 공분을 내면 '내'가 부끄러워하고 울분을 느끼며, 이러한 일이 나오지 않도록 미리 정책적 조치를 취하고 국민과 함께 영원하고 참된 '나'를 아는 것, 대아가 되는 것이 지혜이다. 天

之道는 利而不害이고 聖人之道는 爲而不爭이다. 남에게 베풀고 남을 위해주며 그 공덕을 하늘에 쌓는 것이다. 聖人不積이다. 돕는 것이 대아의 본분이지 그 어떤 대가를 바라지 않는다. 그 보상은 이미 하나님으로부터 받을 것이기 때문에 사람들을 섬길수록 자기 것은 더욱 불어나며, 성인이 백성을 사랑할수록 도는 그의 사랑을 더욱 풍성하게 그 내용을 드러낸다. 旣以爲人己愈有 旣以與人己愈多. 少私寡欲하고 남을 위하며 남에게 베푸니 오히려 자기 것이 더욱 많아진다. 聖人君子의 大公大義정신을 말한다. 그러므로 노자의 도덕원칙은 "큰 공적인 것을 위해 사사로움을 추구하는" 大公有私인 것이다.

요약하면, 무위자연의 진리를 不美, 不辯, 不博, 不積, 不爭 등의 말로 집약하고 있다. 그래서 利而不害 爲而不爭의 철학을 가르친다. 이 가르침은 도덕경 전체 81장의 내용을 요약하고 있다. 이롭게 해주되 해치지 않고, 위해주되 다투지 않는다. 이 말은 마음을 텅 비우고 받아들여야 하는 가르침인 것이다. 고로 성인들은 투쟁이 내포되지 않은 행위를 강조하는 것이다. 不爭, 不積(無執着)하면, 마음이 虛虛空空 텅 빈 상태로, 즉 實相으로 부처님처럼, 하느님처럼 다만 이롭게 위해주기만 하는 것이 바람직한 지도자상인 것이다.

지도자는 하나님(참나, 佛性, 天道)의 뜻을 대신 실천하는 사람이다. 이러한 뜻을 성경은 다음과 같이 기록하고 있다. "너희는 너희가 하나님의 성전인 것과 하나님의 성령이 너희 안에 계시는 것을 알지 못하느냐. 누구든지 하나님의 성전을 멸하면 하나님이 그 사람을 멸하시리라. 하나님의 성전은 거룩하니 너희도 그러하니라. 아무도 자신을 속이지 말라. 너희 중에 누구든지 이 세상에서 지혜 있는 줄로 생각하거든 어리석은 자가 되라. 그리하여야 지혜로운 자가 되리라. 이 세상 지혜는 하나님께 어리석은 것이니 기록된바 하나님은 지혜 있는 자들로 하여금 자기 꾀에 빠지게 하시는 이라 하였고 주께서 지혜 있는 자들의 생각을 헛것으로 아신다 하셨느니라. 그런즉 누구든지 사람을 자랑하지 말라. 만물이 다 너희 것임이라. (고린도전서 3:16~21)"

"그러나 우리가 성숙한 자들 중에서는 지혜를 말하노니 이는 이 세상의 지혜가 아니요 또 이 세상에서 없어질 통치자들의 지혜도 아니요, 오직 은밀한 가운데 있는 하나님의 지혜를 말하는 것으로서 곧 감추어졌던 것인데 하나님이 우리의 영광을 위하여 만세 전에 예정하신 것이라. (고린도전서 3:16~21)"

"하느님께서 성령을 통해 그것들을 우리에게 드러내주십니다. 성령께서는 모든 것을, 하느님의 깊은 생각들까지도 통찰하십니다. 그 '사람'의 '영'이 아니고서 누가 그 사람의 생각들을 알 수 있겠습니까? 그러니 '하느님의 영'이 아니고서는 아무도 '하느님의 생각들'을 알 수 없습니다. 우리는 '세상의 영'이 아니라 하느님으로부터 오는 '영(성령)'을 받았습니다. 그래서 우리는 하느님께서 우리에게 아낌없이 주신 것을 명확히 이해할 수 있습니다. (고린도 전서 2:10~12)"

지도자는 '참나'와 함께 존재하며, '참나'와 함께 생각하고, '참나'와 함께 희로애락하며 '참나'와 함께 색성향미촉의 오감을 감지하며, '참나'와 함께 선악을 구별하고 중대한 결정을 내리는 大菩薩이기를 바란다. 국민전체가 나인 경지, 그 '참나'를 준거로 어묵동정을 나타낸다. '참나'에게는 남 탓 없다. 또 남을 평가하고 비판하지 않는다. 오직 道만 있을 뿐이다. 소아인 ego를 초월하여, 대아적 효율성을 추구한다.

성령이 곧 '참나'이다. 성령은 하느님이요 불성이요, 萬法(일체의 물리현상과 심리현상)은 이 '성령'의 '순수한 알아차림'에 의해서만 존재한다. 즉, '참나'는 만법을 감지할 수 있다. 이 '참나'가 있어 느끼고 감정이 일어나며 개념을 사유할 수 있는 것이다. 이 '참나'의 알아차림은 이 순간 여기에서 모든 행위의 바탕이 되고 있다. 이와 같이 '참나'는 주관과 객관, 고금의 시간, 이곳과 저곳의 공간이 없으며, 일체의 무게, 수량, 長短, 高低, 遠近과 모든 법이 없이 텅 비어 있다가(虛虛空空), 형상이 나타나면 신령스럽게 알아맞히는(靈知) 자리이다. 하나는 만물의 근원이며 만법은 하나('참나')의 나툼이다. 이 萬法이 있어 '참나'가 현상계에 무량공덕을 들어낼 수 있는 것이다. 이렇게 돌고 도는 진리를 깨달은 지도자야말로 참 훌륭한 지도자라고 할 수 있다. 온갖 분별과 망상이 우리 마음의 일부이나, 이것들에 휘말리지 않고 그들을 直視하면, 우리의 내면은 질적 변화를 하게 된다. 온갖 잡념을 직시하면, 곧장 그 잡념을 초월한다. 자신의 생각을 멈추고 자신의 佛性을 직시한다. 단지 '모르는 마음'으로 돌아와 善惡好惡의 판단만 내려놓으면, 확 트여 명백할 것이다(信心銘). 화두, 염불에 몰입하여 분별 망상을 멈추면, '참나'가 들어나는 원리이다. 모든 것을 '알아차리는 자'를 주시하면 본래면목(眞面目)을 만난다. 그 '참나'는 형상과 모양이 없이 청정하다. 광명하다. 있는 그대로의 불성, 생사가 없고, 함이 없되 지극히 즐거우며, 항상 존재 하며, 자유자재하니 白雲流水가 이르는 곳마다 寂光土이다(鏡虛집 중 일부). 생사, 번뇌, 열반 등의 일체형상을 초월한 자리야말로 우리의 영원한 고향이다. 세세생생 여여하게 존재하는 자리이다. 이 참선을 가르친 것이 달마가 동쪽으로 온 까닭이다.

성인은 不積이다. 도무지 쌓아두지 않는다. 공자도 석가도 평소 마음에 쌓은 것 없이 無心으로 있다가, 覺이 生하면, 자비심을 발동하셨다. 노자가 이러한 것을 말하고 있는 것이다. 道紀, 즉 도의 실마리인 仁義禮智信을 返照하라. 매일 아침저녁으로 어묵동정에 항상 기억하라. 예수와 석가, 노자는 몸으로는 세 사람이나 靈(얼)으로는 하나이다. 그 얼은 유일신의 아들이요 곧 하느님이시다.

Ⅳ. Epilogue

　老子의 도덕경은 政治哲學書이자 處世經典이다. 隱遁과 無知無欲인 자리에서 절대적인 것, 영원불변의 진리, 일체만물의 근원을 천착하고 있다. 孔孟의 有知有欲의 名分主義와 대립시킨 사마천의 구분과는 달리 老莊의 철학을 總論으로, 孔孟의 유가적 가르침을 各論으로 보아도 무방하리라 본다.

　생멸 변화하는 현상을 넘어 영원불변하는 것을 천착하는 데에서, 종교적으로 자연의 진리인 '道'에 이르게 되는바, 이는 싯다르타가 발견한 '佛性', 예수가 목숨을 바쳐가며 설교한 '하나님', 이 모든 것이 이미 인간 내면에 자리 잡고 있음을 증험하고 간증한 것과 맥을 같이하고 있다.

　한편, 천부경에서는 桓因(한울님사상을 담고 있는바) 우주만물의 궁극적 진리의 말씀으로 창조론과 진화론, 유물론과 유심론을 아우르는 일원론적 진리를 선포하고 있으며 이로써 唯一神논쟁에 종지부를 찍었다. 중국에서 선불교가 노자의 사상에 영향을 많이 받고 있음은 부인할 수 없다. 노자의 도덕경을 곧잘 格言集, 箴言

集이라고 하는데, 확실히 구슬처럼 귀한 말들이 꽉 차 있다. 끝없는 교훈을 얻을 수 있다고 본다.

확실히 노자야말로 만인을 즐겁고 유익하게 할 진리를 전하는 경전이다. 마음의 평화, 조화로운 사회, 생명의 완전한 성취, 자유롭고 성숙한 인격의 성취에 도움을 줄 것이다. 타 종교의 경전과 더불어 노자의 도덕경은 오늘날의 한국 및 세계의 사회문제를 해결하여 能動社會를 건설할 수 있는 초석으로 삼을 수 있을 것이다. 하여, 해당되는 장의 해설에서 각기 그 해결책을 제시하였다. 결국은 통일된 민주복지국가를 지향해야 하는 바, 온 국민이 각자 타고난 소질을 최대한 발휘하여 민족적 사명을 완수하여 세계만방에 模範國을 건설하고 人類對民事業을 통하여 온 인류에게 이로운 일을 함으로써, 홍익인간의 이념을 성취하여야 한다.

이 리더십 책은, 이러한 일을 성취하는데 골간이 되는 지침(guide-line)역할을 수행하는데 遜色이 없으리라고 믿는다. 한 걸음 더 나아가, 종교개혁, 사회개혁의 지침서로도 도움을 줄 수 있으면 바람직스럽다.

수년간 리더십 강의를 해 본 경험으로, 이 책을 아주 쉽게 쓰려고 노력하였다. 우선 강의할 때의 기본 입장을 밝힌다. 리더십을 몸에 익히는 두 가지 방법이 있는바, (1) 많은 전기(처칠, 루즈벨트, 링컨의 자서전, 간디어록, 마틴 루터 킹 목사의 설교문 연구, 이순신 장군, 이승만 박사, 김구 선생 등등)를 자료로 역사적 인물의 리더십을 연구하는 것이고 (2) 자신의 리더십 맵(지도)을 작성하여 자신의 가치관을 확립하고 발전시키고 실생활에 적용해 가는 방법이다. 이 가운데 필자는 두 번째 방법을 강조하였다. follow-up study가 아직은 있을 수 없어서 그 효과에 관하여 무어라 말할 수는 없겠으나, 아직도 필자는 이 방법이 우수하리라고 믿는다. 첫 번째 방법은 예컨대, 그 偉人傳에 관한 지식은 많이 습득하겠으나, 후자처럼 '자신이 자신의 인생의 주인공'이라는 전제 아래 그 인생을 어떻게 성숙시킬 것인가는 독자 개인의 책임이기 때문이다. 본인이 본인 인생의 리더라는 것이다. 훨씬 실감나는 리더십 개발이 될 것이기 때문이다. 독자들은 老子공부를 통하여 자신의 리더십을 풍요롭게 하기를 바란다.

어려운 한자(漢子)는 字典을 찾아 음을 붙였다. 독자들은 玉篇을 찾지 않아도 보통 중학교 정도의 학력이라면 읽는데 별로 불편함이 없으리라고 본다. 젊은 독자들은 (i) 먼저 본문을 읽고, (ii) 그 다음 해설을 읽어 원문의 의미를 파악한 다음, (iii) 原譯된 부분을 따로 제시하였으니 이를 익혀서 원역을 가지고 (iv) 원문으로 들어가는 것이 순서일 것이라고 본다. (v) 본문과 해설 단계에서 노자의 뜻을 간파하는 것이 잘 되었으면, 원문의 번역부분과 원문을 공략하는 여유를 가질 수 있다. 여기까지 하면 이해를 심화시킬 수 있을 것이다. 독자들은 도덕경에 관한 심오한 대화의 장에 초대된 것이다. 물론 저자도 단지 방관자가 아닌 참여자로 수행의 대열에

낄 것이다. 그 다음에 더 중요한 것은, 그 지식에 비추어 자신을 수양하는데 유용하게 적용(apply)하는 것이다. 매일 한 장 또는 두 장씩 실천에 옮기는 훈련을 쌓기를 바란다. 여러분 각자가 모두 '참나'의 주인공이 되시기를 기도하는 바이다.

V. 감사의 말

이 책을 출간하는데, 커다란 도움을 주신 몇 분을 소개하는 바이다. 자료를 이용하고 공부에 도움을 준 분으로 홍익학당의 윤홍식 원장을 꼽지 않을 수 없다. 모르던 분야에 대한 많은 정보를 주신 데 대하여 감사하는 바이다. 그리고 이 분야에 권위자이신 漫步 黃善明 박사의 도움은 이루 말할 수 없다. 종교학을 전공한 황 박사는 여러 분야에 있어서 박학다식할 뿐 아니라, 그의 생활은 老子的이신 분이다. 이 자리를 빌어 그의 벗인 것만으로도 본인은 감지덕지할 뿐임을 밝히는 바이다. 또 한 분 빼놓을 수 없는 분은 여러 면에서 본인의 멘토로 도움을 주신 분인 바, 이 분은 필자를 이미 普照國師의 修心訣로 안내하시고, Victor Frankle의 명언인 'Ask what you can do for your destiny, Do not ask what your destiny can do for you'를 수시로 일깨워 주신 분이시다. 이번 노자를 공부하는 데에도 적지 않은 도움을 주셨다. 白骨難忘의 감사를 드리고 싶다. 이제 이분의 가르침을 조금은 알 수 있음을 기쁜 마음으로 전하고 싶을 뿐이다. 愚堂 金박사님! 감사합니다. 그리고 항상 저의 곁에서 귀감이 되어주신 姨從兄 尹義淳長老님, 이밖에도 본인에게 법명을 지어주신 通光 스님, 不動 禹承澤 法師, 尹虎均 교수님, 大愚 법사님 , 明鏡 金凡洙 교수님, 道明 尹鐘國 박사 등은 도반으로 또는 스님이나 선지식으로 본인에게 커다란 도움이 되었던 분들이다. 이 자리를 빌어 고마움의 뜻을 전하고 싶다.

眞政眞人의 강의와 人類對民事業에 관한 그의 아이디어는 충격적인 자극제를 제공하기에 충분하다. 필자는 해외 유학시절에도 항상 목말라 하는 것이 있었는데, 우리민족을 결집시킬 우리민족의 종교가 왜 없을까 하는 점이었다. 함석헌 선생님의 〈뜻으로 본 한국역사〉에서도 이에 대한 답을 얻지 못하였었다. 헌데 이번에 그 문제를 근본적으로 해결할 수 있어서 참으로 다행이다. 이제는 세계 어딜 가나 民族的 自矜心을 가질 수 있게 된 것이다. 天孫으로서의 단군의 후예들이 의거할 경전인 천부경으로 세계일화의 정신인 홍익인간이념을 펼칠 수 있어서 여간 다행스러운 일이 아닐 수 없다. 홍익학당의 윤홍식 원장님, 天符經을 집필하신 부산대학교의 최민자 박사, 그리고 眞政眞人님, 따밥사모의 不動 禹承澤 法師는 필자가 여생을 바치고 싶은 한민족문화진흥회(가칭)라는 공동체를 같이 이끄실 분들이다.

출판사의 편집진에게도 甚深한 고마움을 표하고 싶다.

끝으로, 老子의 리더십학습을 끝내면서 중학생부터 필자의 가슴에서 꿈으로 살아 숨 쉬고 있던 Hawthorne의 단편소설 〈큰 바위 얼굴〉을 소개하고자 한다. 그리하여, 마치 Ernest가 바라듯이 이 책을 "왜 최선이어야 하는가(Why not the Best?)"라는 一念에 공헌하는 바이다.

이야기의 플롯은 다음과 같이 전개된다. 미국 New Hampshire주에 위치한 시골의 깊은 산골, 커다란 바위에 새겨진 사람의 얼굴, 그 넓은 이마…. 미국 원주민(미국 인디언)의 민속적인 예언은 이 모습을 닮은 아들이 장차 태어날 것이라는 것이었다. 그는 당대에 가장 위대하고 가장 고상한 인물일 것이라는 예언이었다. 이 예언은 이 마을의 어느 순진한 청년 Ernest(earnest와 비슷한 이름, 가장 誠實하고 眞摯한 사람이라는 뜻-필자 주)에게 감명을 안겨주어, 자신 안에 이 영웅을 들어내 보이려는 꿈을 꾸고 있었다. 이와 같이 감명을 받은 사람들이 많았는데, 이들은 거부의 商人, 정복자인 將軍, 웅변을 잘하는 政治家, 그리고 마지막으로 명석한 作家가 그 시골길로 찾아와 사람들의 인정을 받고자 하였다. 그러나 그들은 조금씩의 결점이 있었다. 한편 활달하였으나 이젠 늙은 Ernest는 그 마을 언덕에서 농사를 짓다가 후에 그 지방의 平信徒 說敎者가 되어 있었다. 작가 Hawthorne은 앞의 세 사람과 대조적으로 예언에 따르지 못했음을 솔직하게 인정하고, 그의 시골길 방문을 'Ernest의 즉흥적인 日沒 垂訓(sunset sermons)'으로 끝을 맺는다.

'그 순간, 그가 말하고자 하는 생각에 일치하여, Ernest의 얼굴은 웅대한 표정이었고, 온정으로 가득 차 있었기에, 그 詩人은 참을 수 없는 충동에서 자신의 팔을 공중에 높이 들어 올리며 부르짖었다. "보시오! 보시오! Ernest 그 자신이 큰 바위 얼굴과 꼭 닮았소!"

사람들은 思慮깊은 그 시인이 말한 것이 옳다는 것을 알아차렸다. 예언은 실현되었다. 그러나 꼭 해야 할 말을 마치면서, Ernest는 그 시인의 팔을 잡고 서서히 집으로 향하였다. 이 큰 바위 얼굴을 꼭 닮은 사람이 나타나기를, 자신보다 더 현명하고 훌륭한 사람이 나타나기를 희망하면서!

       2014년 어느 가을날 仁川 우거에서 道眼識

참고문헌

Ackoff, Russell L. The Art of Problem Solving Accompanied by Ackoff's Fables (New York: John Wiley & Sons, 1978)

Aldous, Huxley, The Perennial Philosophy, 조옥경 옮김, 영원의 철학 (서울: 김영사, 2014)

Alford, Robert R. and Friedland, Roger Powers of Theory: Capitalism, state, and democracy (London: Cambridge Uni. Press, 1985)

Atmanda, Swami Sri, Dictionary of Bhagavad Gita(paperback) (New Dehli: Satyachetana Publications, 2005)

Chopra, Deepak The Seven Spiritual Laws of Success: A Practical Guide to the Fulfillment of Your Dreams (New World Library and Amber-Allen Publishing, Cal., USA, 1994)

Etzioni, Amitai, The Active Society: A Theory of Societal and Political Processes (The Free Press, New York, 1968)

Etzioni, Amitai, Social Problems (New Jersey: Prentice-Hall, 1978)

Etzioni, Amitai, A Comparative Analysis of Complex Organizations (New York: The Free Press, 1975)

Fukuyama, Francis, TRUST: The Social Virtues and the Creation of Prosperity (New York; The Free Press, 1996)

Heider, John, The Tao of Leadership: Lao Tzu's Tao Te Ching Adapted for a New Age (Hu-manics New Age, Atlanta Georgia, 1977)

Kennedy, Kayte(ed.), Love Precious Humanity: The Colected Wisdom of Harry Palmer (Altamonte Springs, FL.: Star's Edge International, 1999)

Northrop F.S.C., The Logic of the Sciences and the Humanities (Cleveland and New York, The World Pub. Co., 1967)

Pine, Red(translated) Lao-Tzu's TaoTeChing with selected commentaries from the past 2,000 years (Port Townsend, Washington: Copper Canyon Press, 2009)

Taylor, Jill Bolte Ph.D. My Stroke of Insight: A Brain Scientist's Personal Journey (New York: Penguin Group Inc., 2009)

Weede, Erich Economic Development, Social Order, And World Politics: With special emphasis on War, Freedom, the Rise and the Future of East Asia (Boulder, Colorado: Lynne Rienner Publishers, Ltd., 1996)

간디, 마하트마 지음, 함석헌·진영성 옮김, 날마다 한 생각 (서울: 삼미,2014)

갈홍 지음, 이준영 옮김, 抱朴子-인간은 죽음을 초월할 수 있는가 (서울: 자유문고, 2014)

그레이엄 앵거스 찰스 지음, 이현선 옮김, 정명도와 정이천의 철학 (서울: 심산, 2011)

權德周. 譯註, 書經 (서울: 平凡社, 1987)

김세정, 王陽明의 전습록 읽기 (서울: 세창출판사, 2014)

김영진, 한국인을 위한 윤리와 논리 (서울: 철학과현실사, 2000)

金相伯, 행복을 좇아가지 마라 (서울: 운주사, 2009)

金碩鎭, 大山周易講解(上經) (서울: 大有學堂, 1994)

金碩鎭, 미래를 여는 周易 (서울: 대유학당, 1995)

김용옥, 노자와 21세기 (상) (통나무, 서울 대한민국, 2000)

김용옥, 노자와 21세기 (하) (통나무, 서울 대한민국, 2000)

南晩星 譯解, 孫子兵法 (서울: 玄岩社, 1970)

南晩星 譯解, 六韜三略 (서울: 玄岩社, 1970)

남충희 번역·해설 老子 道德經 (서울: 도서출판 푸른나무, 2011)

老子 지음, 황병국 옮김, 老子 道德經 (서울: 범우사, 2013)

大愚 지음, 그곳엔 부처도 갈 수 없다. (서울: 한일사, 2002)

문을식, 바가바드기따-비움과 채움의 미학 (서울: 서강대학교출판부, 2012)

대한기독교서회, 성경전서 찬송가 개역개정판 2005.

朴永浩 옮기고 풀이 多夕 柳永模 명상록 (서울: 도서출판 두레, 2001)

법정, 텅 빈 충만 (서울: 샘터사, 2006)

서광스님 지음, 현대심리학으로 풀어본 대승기신론 (서울: 불광출판부, 2011)

사단법인 이순신리더십연구회, 9인의 명사 이순신을 말하다. (서울: 자연과인문, 2009)

成百曉 譯註, 論語集註 (서울: 한국인문고전연구소, 2013)

成百曉譯註, 孟子集註 (서울: 傳統文化硏究會, 2010)

聖悅 譯註, 달마어록Ⅰ二入四行論 (서울: 강남포교원, 불기 2544년(2010)

소강절 지음, 노영균 옮김, 皇極經世書 (서울: 대원기획출판, 2002.3)

宋復 著, 한국사회의 갈등구조 (서울: 현대문학, 1991)

쉬캉성 지음/유희재.신창호 옮김, 노자 평전 (서울: 미다수북스, 2005)

신병철 지음, 통찰의 기술 The Art of Business Insight (서울 지형, 2008)

沈載烈 講說, 普照法語 (서울: 보성문화사, 1995)

崇山, Dropping Ashes on the Buddha, 스티븐 미첼 편저 권지연 김영재 옮김, 부처가 부처를 묻다 (서울: 물병자리, 2011)

안동림역주, 碧巖錄 (서울: 현암사, 1999)

禹承澤 지음, 心想事成 금강경 (서울: 도서출판 장승, 2005)

禹承澤 지음, 날줄 원각경 (서울: 불광출판사, 2011) 특히 제4장 금강보살장.

우현민 역주, 노자 (서울: 박영신서 6, 1996)

禹玄民, 莊子 上, 下 (서울: 박영총서 7, 1996)

류시화 옮김, 존 C H 우 지음, 선의 황금시대 (서울: 경서원, 1986)

류영모 번역·박영호 풀이, 노자와 다석 다석 사상으로 다시 읽는 도덕경 (서울: 교양인, 2013)

義湘祖師 지음, 正和 풀어씀, 法性偈 마음 하나에 펼쳐진 우주 (서울: 도서출판 법공양, 2006)

이경은 옮김, 슈로모 아비네리저, 마르크스의 사회정치사상 (서울: 弘盛社, 1984) 특히 pp. 287-292. 역자 후기 李庚殷, 公共政策과 合理的 選擇 (서울: 박영사, 2004).

李庚殷, 행정학논문선집 I (파주: 한국학술정보, 2007)

李庚殷, 행정학논문선집 II (파주: 한국학술정보, 2009)

李東植 著, 韓國人의 主體性과 道 (서울: 一志社, 1974)

이민수, 장기근, 사서삼경 3: 대학.중용.효경 (서울: 평범사, 1987)

이어령, 지성에서 영성으로 (서울: 도서출판 열림원, 2010)

李栗谷 지음, 고산역해, 聖學輯要/격몽요결 (서울: 동서문화사, 2008)

이의철, 朱子語類考文解義 (서울 성균관대학교출판부, 2013)

이현주, 기독교인이 읽는 금강경 (서울: 샨티, 2006)

李烘雨, 대승기신론 통석 (파주: 김영사, 2007)

윤홍식, 윤홍식의 용호비결강의 (서울: 봉황동래, 2014)

윤홍식, 내안의 창조성을 깨우는 몰입 (서울: 봉황동래, 2014)

윤홍식, 선문답에서 배우는 禪의 지혜 (서울: 봉황동래, 2013)

返照禪의 길

장 쟈크 루소 (J.J. Rouseau), 김중현 옮김, 사회계약론 (서울: 펭귄클래식코리어, 2010)

淨空法師, 하혜경역, 了凡四訓 강술-改造命運心想事成(운명을 바꾸어 마음먹은 일을 이룬다.) (서울: 삼보제자, 불기 2550년(2006))

정도전, 심경호 옮김, 三峰集-조선을 설계하다. (서울: 한국고전번역원, 2013)

정법시대미래연구원, 대한민국 2013 (서울: 도서출판 정법시대, 2012)

正和 풀어씀, 의상조사지음, 법성계 (서울: 도서출판 법공양, 2000)

正和 풀어씀, 삶의 모습을 있는 그대로 (생활 속의 유식 30송) (서울: 도서출판 법공양, 2008)

민희식, 법화경과 신약성서 (서울: 도서출판 블루리본, 2010)

최민자 주해, 天符經: 三一神誥 參佺戒經 (서울: 도서출판 모시는 사람들, 2008)

캠피스, 토마스 아 지음 윤을수 옮김 박동호 윤문, 준주성범 (서울: 카톨릭출 판사, 2014)

吞虛지음, 吞虛錄: 미래사회의 주인공들에게 남긴 100년을 내다본 지혜 모음

(서울: 한겨레출판 주, 2012)

틱낫한 지음, 강옥구 옮김, 틱낫한 스님의 반야심경 (서울: 장경각 2008)

프란치스코 교황 지음, 진슬기 옮겨 엮음, 뒷담화만 하지 않아도 성인이 됩니다. (서울: 카톨릭출판사, 2014)

허균, 閒情錄 (서울: 솔출판사, 1997)

河正玉, 四書五經: 詩經 (서울: 平凡社, 1987)

咸錫憲 著, 뜻으로 본 韓國歷史 (서울: 三中堂, 1971)

咸錫憲 著, 하늘땅에 바른 숨 있어 (서울: 三民社, 1982)

慧能, 六祖壇經洪自誠 지음 김성중 옮김, 菜根譚 (서울: 홍익출판사, 2013)